读客® 这本史书真好看文库

轻松有趣，扎实有力

李斯

一个极端利己主义者的成败

李斯的成败告诉我们：
利己也许能获得荣华富贵，
极端利己却只能身败名裂！

翻开本书，
领略极端利己主义者李斯
大起大落的一生。

苏城育 著

江苏凤凰文艺出版社
JIANGSU PHOENIX LITERATURE AND
ART PUBLISHING

图书在版编目（CIP）数据

李斯：一个极端利己主义者的成败 / 苏城育著. ——
南京：江苏凤凰文艺出版社，2022.6
（这本史书真好看文库）
ISBN 978-7-5594-6841-3

Ⅰ.①李… Ⅱ.①苏… Ⅲ.①李斯（前?-前208）-
传记 Ⅳ.①B226.5

中国版本图书馆CIP数据核字(2022)第079606号

李斯：一个极端利己主义者的成败

苏城育 著

责任编辑　丁小卉

特约编辑　石祎睿　　乔佳晨

封面设计　温海英

责任印制　刘 巍

出版发行　江苏凤凰文艺出版社

　　　　　南京市中央路165号，邮编：210009

网　　址　http://www.jswenyi.com

印　　刷　三河市龙大印装有限公司

开　　本　710毫米×1000毫米 1/16

印　　张　20

字　　数　276千字

版　　次　2022年6月第1版

印　　次　2022年6月第1次印刷

书　　号　ISBN 978-7-5594-6841-3

定　　价　49.90元

目　录

序　章

黄犬之叹

想要看杀头，就得顶着火辣辣的太阳。

秦二世二年（前208年）七月的一天，咸阳城闹市人头攒动，行刑台被围得水泄不通。临近正午，烈日当空，滚滚热浪一点儿也拦不住民众围观的热情。看客们摩肩接踵，里三层外三层，仿佛一波一波涌动的潮水，哗啦啦、闹哄哄。

今天这场行刑可不一般，消息早就传开了，犯人将遭受极刑，比杀头还要血腥恐怖。更重要的是，即将被处决的不是一般人，而是大秦的丞相李斯。据说，丞相李斯"私通贼寇""谋反叛国"，秦二世下令，大刑伺候，将其腰斩于咸阳闹市。

日悬中天，午时将至。断头台上，铡刀寒光凛凛，刽子手冷面仁立，监斩官准备就绪。一辆又一辆囚车次第驶来，人群一阵骚动，纷纷让出一条道来。

一颗颗脑袋齐刷刷往领头的囚车上瞧，一位古稀老人被关押在里面，银发苍苍，低垂着头，目光黯淡，虚弱颓然。不必说，这便是即将遭受极刑的丞相李斯。

后面的囚车拘押着李斯的一家老小、三族亲戚。根据秦二世的指令，李斯将被"夷三族"，他的父族、母族、妻族也一并受到株连，全部处决。

领头的囚车停下，李斯缓缓下车，向断头台走去，每走一步，脚上的镣铐哗哗作响，像是哀鸣的丧钟、刺耳的凶铃。

李斯停下脚步，慢慢转过身来。他面色苍白，因为在暗无天日的牢房里关了许久，无神的双眼一时还不能适应炽热的阳光。他勉力抬起眼睑，寻找自己的儿子。

此刻与李斯一同受刑的是二儿子（名字不详）。父子相向而立，李斯那张布满皱纹、一直漠然灰暗的脸，忽然明亮生动起来。

"儿啊，你还记得从前在老家的日子吗？咱们父子一起，出东门，牵黄犬，逐狡兔，多么逍遥，多么自在！"

李斯远飞天外的遐思，很快被闹市的吵嚷喧嚣打断，瞬间从往昔的美梦中惊醒，被拉回现实。他眼里的光芒暗淡下来，喟然长叹："如今，我想要和你牵着咱家的黄犬，一起走出上蔡东门，去追逐狡兔，却再也不可能了！"（吾欲与若复牵黄犬，俱出上蔡东门，逐狡兔，岂可得乎！《史记·李斯列传》）

父子二人相拥而泣，声泪俱下，肝肠寸断。

鸟之将死，其鸣也哀；人之将死，其言也善。临终之际，李斯发出"黄犬之叹"，为人生作结语。当死亡近在咫尺时，他才发现，原来眼泪在囹圄中还没有流尽，本已如死灰般的一颗心，还有依恋、悔恨与惘然。

"陈酒行觞，夜以继日，强弩弋高鸟，走犬逐狡兔，此其为乐也。"（《淮南子·原道》）射箭打鸟、纵狗行猎、追逐狡兔，都是老百姓寻常的玩乐。李斯临刑前回首一生：这一生尝尽人生百味，当辉煌谢幕、繁华落尽时，他最怀念的还是年轻时在故乡那些平凡的日子、简单的快乐。

此刻，他站在命运的终点处，回头一眼望去，没看见别的，只瞧见人生的起点，瞧见那些早年间欢愉的岁月。命运像是一个圆，仿佛一场轮回，起点亦是终点。

他活的这七十多年，好像做了一个很深很长的梦。此刻大梦将醒，一切都结束了。

"午时已至，行刑！"

围观的看客们屏住呼吸，后排的人踮着脚尖，伸长脖子，睁大眼睛，生怕错过什么。一双双黑漆漆的眼睛里，充盈着猎奇、惊诧以及某种嗜血的亢奋。

看客们人挤人，围成一个大圈，将行刑台的方寸之地围拢在巨大的阴影里，那是死亡的阴影。日头正盛，光线的明与暗泾渭分明，仿佛阳世与阴间的区隔。

李斯一步步走向那阴影，铡刀和刽子手在等待着他，死亡在等待着他。他走向命运的尽头，带着一生的荣耀与悔恨、功勋与罪恶。

李斯究竟是个什么样的人？帝国的元勋？大秦的罪人？他是创建大一统王朝的圣贤，还是手上沾满百姓鲜血的恶魔？当真是一言难尽。

此刻，他站上行刑台，背对着围观的民众，也背向他充满争议的人生，背向他和大秦帝国这一段荣辱与共、辉煌又嗜血的历史。

人固有一死，故事的结局早已写在开头。重要的是，李斯如何将自己活成一段不朽的传奇，经历过怎样的奋斗与抗争，最终成就卓尔不凡的人生。

第一章

上蔡小吏平庸的前半生

让我们从终点往回看，回到大梦伊始的地方，考究他的来处，那个"出东门，牵黄犬，逐狡兔"的起点。

李斯出生于哪一年，史籍中没有确切记载。根据历史学家钱穆先生在《先秦诸子系年》中的考辨推断，李斯大约出生于公元前280年，那是周赧王三十五年，战国时代已经进入尾声。

关于李斯的出身，不妨来听听他的自我介绍。多年以后，已经功成名就的大秦丞相在一份奏书中这样说道："夫斯乃上蔡布衣，闾巷之黔首。"（《史记·李斯列传》）

"上蔡"是李斯的故乡。战国时期，秦、齐、楚、燕、韩、赵、魏七国纷争，上蔡（今河南驻马店上蔡）是楚国北部的一个县，一个无足轻重的小地方，远离乱世的动荡与喧嚣。

"布衣"说的是李斯的社会阶层，一介平民而已。贵族穿的是昂贵的绫罗绸缎，只有平民才会穿用麻、葛编织的廉价布衣。

"闾巷"形容的是李斯的生长环境，乡里民间，穷街陋巷。他的家位于"上蔡东门"，即城邑东城门附近一带。闾，原意是里门。据《周礼》，"五家为比，五比为闾"。乡村建制中，二十五个家庭组成一"闾"，同住在一个巷子里。"闾巷"一词泛指寻常百姓生活、居住的地方。

"黔首"是李斯最初的政治身份。在秦朝，平民百姓被称为"黔首"。"黔"指黑色，根据阴阳家的"五德终始说"，历朝历代按照金、木、水、火、土五行轮替，秦朝乃是水德，水德崇尚黑色，大秦的衣服、旌旗等都以黑为主色。

　　平民出身的李斯，长大成人之后，在上蔡郡的官府里谋得一份差事，成为一名"郡小吏"。具体担任什么岗位说法不一，有人说他负责文书簿记，也有人说他是粮仓管理员。但有一点确定无疑，并且值得注意，那就是李斯早年间"吏"的身份。

　　人们常将"官吏"并称，其实在古代，"官"与"吏"泾渭分明，是两种截然不同的身份。

　　官是上等人，吏是下等人；官是管理者，吏是办事员；官统筹管理、发号施令，吏领受命令、具体执行。官可以步步高升、前途无量，吏则地位卑微、升迁无望。

　　吏虽然在官衙里做事，地位却相当于平民百姓，并没有太多特权。吏最重要的特点，是以专业技能为上级官员服务，务实、功利、实干、讲求效率，这些特质对李斯此后的行事风格影响深远。多年以后，当李斯执掌秦国朝政之时，他大力推行的一条政策，叫作"以法为教，以吏为师"，将"吏"的精神在整个官僚系统推而广之。当然，这是后话。

　　一直到二十多岁，李斯都在家乡上蔡郡度过。他和芸芸众生一样，出生，成长，结婚，生子，谋一份养家糊口的差事，日子平淡，生活庸常。

　　这样一个默默无闻的人，关于他乏善可陈的前半生，史书上记载寥寥。从李斯临终前的回忆我们知道，那时候，他时常带着两个年幼的儿子，牵着黄狗，追逐狡兔，在上蔡东门外的原野上，恣意欢畅地奔跑嬉戏，奔跑在蓝天白云之下，奔跑在无忧无虑的逍遥岁月里。

　　看似平平无奇的郡小吏，其实已经在某些方面显露出不同寻常之处。

　　譬如他写得一手极漂亮的字，或遒劲雄健，或矫若游龙，挥洒自如。他能言善辩，而且颇具文采，写文章是一把好手，郡府里文书的活儿想必被他包揽了。

时光飞逝，不知不觉间已经走过二十多个年头，李斯有时候会想：难道我这辈子就这样，在上蔡安居度日，了此余生了吗？他的内心始终有一股焦虑与不甘在涌动。

李斯一直密切关注外面的世界，上蔡之外那个广阔的天下。他所处的时代，正在发生着惊天动地的变化。大争之世，七雄并峙，诸侯争霸，各国君王励精图治、变法革新。时势造英雄，各路豪杰你方唱罢我登场，叱咤风云。

李斯对那些布衣庶民平步青云的传奇故事特别感兴趣。他听说，身佩六国相印、名噪一时的苏秦，原来只是个洛阳的穷小子；秦国相国范雎，早间年家境贫寒，在魏国时得罪权贵险些被打死。李斯常想：他们可以做到，我为什么不行！

李斯觉得，他好像赤着脚一动不动地站在时代的洪流里，任由时代的洪流滚滚向前，而他一直在原地踏步。他想要改变，可是，如何跨出第一步？他时常苦思，总是不得要领，直到偶然瞧见"两只老鼠"。

两只老鼠引发的惊奇时刻

李斯的前半生宛如一条平缓流淌、毫无波澜的河流，在那个平平无奇的午后，静若止水的河面终于泛起一丝涟漪。

那一天，李斯在郡府吏舍的茅房里上厕所，眼皮底下忽然有什么东西一掠而过。他低头四顾，借着昏暗微弱的光线，瞧见一只老鼠躲在角落的阴影里。

老鼠身形瘦小，烂皮包骨，毛色灰黑无光。李斯眯眼细看，不觉一阵恶心反胃，又黑又脏的老鼠正在舔食粪便，还发出微弱尖利的吱吱声，叫得卑卑怯怯、惶惶不安。

茅厕外面突然传来几声犬吠，狗并没有闯进来，只闻其声；老鼠如临大敌，左冲右突，四下奔窜，逃命似的往鼠洞里钻。不一会儿，惊魂未定的老鼠从洞口探出脑袋，四下张望。李斯起身闹出点响动，老鼠立马吓得一溜烟缩回洞里。（见吏舍厕中鼠食不洁，近人犬，数惊恐之。《史记·李斯列传》）

厕中小鼠总是习惯躲藏在暗处，似乎它的生命从根本上就见不得光。它既怕狗，也怕人，仓皇苟且地活在黑暗之中。它与茅厕这个肮脏不洁、臭气熏天的环境是那么契合，人在其中待上片刻都迫不及待想要尽快离开，而厕鼠日日夜夜生活在其间，逐渐对不洁与恶臭无感，与肮脏腐臭的环境融为一体。

从茅厕里出来之后，厕中老鼠这幅画面一直烙印在李斯脑海里。那只肮脏丑陋的老鼠仿佛钻进他的心里，恣意地狂突乱窜，吱吱叫唤不停，搅得他心神不宁。他心中萦绕着难以名状的复杂感受，他既嫌弃厌恶，又莫名地心生一丝悲凉，心有戚戚焉。

起初，李斯还不能够完全厘清这些微妙复杂的感受，直到他在郡府粮仓里瞧见另一只老鼠。

硕大肥胖，这是粮仓之鼠留给李斯的第一印象。它正躺在金黄的谷堆里，吭哧吭哧啃着粟米，大快朵颐。皮毛黄灿灿，映照着粟谷的光泽，油光发亮，看起来一点儿也不脏。满仓的粮食都是它的，它完全不必为填饱肚子发愁，饱食终日的仓鼠与它在茅厕里的同类不同，浑然不知饥肠辘辘是什么滋味。

"硕鼠硕鼠，无食我黍！三岁贯女，莫我肯顾。"（大肥鼠呀大肥鼠，不要再偷吃我种的黍谷！这么多年费心伺候你，你却对我毫无回报与照顾。《诗经·魏风·硕鼠》）

《诗经》里所形容的不正是这种贪婪可憎的动物吗？李斯惊讶地发现，不仅外在形貌上，更重要的是生存状态上，两只老鼠迥然不同。"厕中鼠"活得战战兢兢、仓皇不安；"仓中鼠"终日栖息在粮仓这间大房子里，惬意闲适，日子舒坦极了，它既不怕人也不怕狗，见人来了并不躲藏，还会用贼眉鼠眼瞪着你，鹊巢鸠占，一副"我才是粮仓主人"的派头。（斯入仓，观仓中鼠，食积粟，居大庑之下，不见人犬之忧。《史记·李斯列传》）

同样是老鼠，差别竟然如此之大！

"哲学始于惊奇。"古希腊哲学家柏拉图如是说。亚里士多德也认为，"由于惊异，人们才开始哲学思考"。当你对习以为常的生活、司空见惯的现象，突然感到惊奇的那一刻，哲学就发生了。因为，任何习以为常都不是理所当然，任何司空见惯都有其背后的奥秘值得去探寻。

撞见厕鼠与仓鼠，正是李斯人生中意义重大的"惊奇时刻"。

从郡府回到家里，他像魔怔了似的，满脑子都是两只老鼠的画面来回切换，挥之不去。

"爹爹，你在想什么呢？带我去追野兔吧！"

大儿子李由拉着李斯的衣角轻轻摇起来。李斯怔怔地出神，随口说："爹爹在茅房瞧见一只老鼠，又小又脏；在粮仓里又瞧见一只老鼠，又大又肥。爹爹在想，这是为什么呢？"

还不满十岁的李由笑嘻嘻地说："这还不简单，因为一个在茅房里，一个在粮仓里呗！"

李斯心中一凛，犹如当头棒喝。童言无忌，最深刻的道理往往最简单。

老鼠当然不是他关心的重点，仓鼠与厕鼠都只是象征性的符号，李斯从它们身上，看到的是人类的处境。同样是老鼠，生存境遇的差别如此之大，人又何尝不是如此。关键是，造成这种天壤之别的原因何在？

李斯的结论是："人之贤不肖譬如鼠矣，在所自处耳！"（《史记·李斯列传》）

人这一生过得好与坏，最重要的影响因素在于他的"所自处"。他的出身，他的外部生活环境，他所身处的社会阶层，这些外在因素很大程度上决定了人生的成败。

在这里，李斯敏锐地洞察了命运的偶然性，与范缜的"坠溷飘茵"之论有异曲同工之妙。

南朝梁代时期，思想家范缜与好友谈及人生富贵的问题，好友向他请教富贵与因果的关系。范缜回答："不同人的人生，好像树上的花朵，原本都是从同一根树枝上生长出来，开出一样的花蒂。后来刮起大风，花瓣随风飘散，有的被风吹拂到窗帘上，飘落在富贵人家的座垫上；有的从篱笆墙散落，飘进厕所里。这就是富贵的因果。"（人之生譬如一树花，同发一枝，俱开一蒂，随风而堕，自有拂帘幌坠，于茵席之上；自有关篱墙，落于粪溷之侧。《梁书·儒林传·范缜传》）

范缜认为，富贵的因果犹如随风四散的花朵，随机、偶然，毫无道理。李斯也看到了这种残酷的偶然性：有人生来贫贱困苦，有人生来地位显赫，没有什么道理可讲。

接下来的问题是，应当如何面对这样的偶然性，乖乖认命吗？还是与命运一搏？

李斯渐渐理解，为何他见到厕鼠之后"心有戚戚焉"。厕鼠的画面是一面镜子，反观自照，他从中窥见自己。一个无足轻重的郡小吏，成日里看人脸色、受人驱使、任人欺侮，与厕中之鼠何异？不同的是，老鼠没有耻感，并不觉得自己卑贱，不觉得肮脏恶臭有什么问题。人有这样的自觉，能够跳脱出自身，反观自己的生活。李斯莫名地心生悲凉，不是替厕鼠感到可怜，而是自怜自哀。

"我这一辈子，难道就这样了吗？"他害怕平庸，害怕人生像往河面上扔出小石头，无声无息，激不起一丝水花。他害怕贫贱，害怕贫贱的日子像每一天从东边升起的日头，终究是一场无可更改的宿命轮回，那多令人绝望。

李斯一边沉思，一边喃喃自语："厕中之鼠就只能一辈子困在茅房里吗？"

小李由还以为父亲在向他提问，大声说："茅房多脏多臭呀！老鼠为什么不搬家呢？像院子里的蚂蚁一样！"

对啊，"搬家"！树挪死，人挪活。生存环境可以改变，人的命运一定可以逆转！

打从出生时起，李斯一直生活在上蔡。他意识到，只有"搬家"，离开所处的环境，如一潭死水的生活才能有所改变。

离乡之前，李斯先要辞掉郡府里的小吏职务。

上蔡郡守颇感意外，对他说："李斯你颇有文采，办事得力，这些本官是知道的。在郡府里当差，吃公家饭，虽说不能大富大贵，也算饱暖无虞。你也老大不小了，有家有室，何故贸然辞职啊？"

既然去意已决，也没什么好隐瞒的，李斯回答："我不求饱暖无虞，求的正是大富大贵。"

郡守一怔，冷笑一声："口气倒不小啊！富贵自有天命，你一介布衣，难道有通天的阶梯？哪里来的大富大贵？在你的春秋大梦里吗？"

"苏秦身佩六国相印之前，也是一介布衣。管仲九合诸侯之前，曾经做过微贱的商贩。百里奚辅佐秦穆公称霸西戎之前，沦为俘虏、奴隶，被秦穆公以五张羊皮赎回，终成大业。时势造英雄，机会总是有的，我想离开上蔡，出去闯一闯！"

"说得轻巧，古往今来，能有几个苏秦、几个管仲？出去闯一闯容易，你想过没有，要是最终一败涂地，落得个竹篮打水一场空，怎么办？"

"最终一败涂地，那也好过一辈子卑贱、穷困。郡守大人懂得什么是卑贱、什么是穷困吗？卑贱不只是地位低下，它是一种莫大的悲哀；穷困不只是没钱吃饭，它是一种巨大的耻辱。终日里受人白眼、看人脸色，卑躬屈膝，命如草芥，这一切都因卑贱、穷困而起。大人你说，我该不该出去闯一闯、搏一搏呢？"

李斯知道，郡守说对了一件事，想要飞黄腾达，必须找到向上爬的"通天阶梯"。

在战国时代的社会"金字塔"里，不同"楼层"住着不同的人，从高到低，大致可以进行如下划分：

一、贵族。天子、诸侯、大夫，他们住在最顶层，是高居塔尖的统治阶级。贵族实行世卿世禄制，父死子继，世代承袭，垄断身份爵位、土地采邑以及赋税收入。

二、庶民。"庶"的本义是次一等，庶子就是次于嫡长子，庶民是次于贵族的平民。农民、工匠、商人、胥吏等都在此列。李斯的出身，当处于这一阶层。

三、奴隶。蝼蚁般寄居在社会最底层，与庶人自由民的身份不同，人身自由的丧失是奴隶最主要的特征。

原本，不同"楼层"的人，如同仓鼠与厕鼠的分别，悲欢不相通，境遇各不同。然而，春秋、战国正是社会大变革时期，原本固若金汤的"金字塔"，根基正在动摇。

春秋以降，"士"阶层崛起，文士、武士、侠士、隐士、策士、方士……各种类型的士人如雨后春笋般涌现。士人本是贵族阶级的最下层，又与庶民离得近，处于贵族与平民之间，可上可下。李斯正是这样一位夹缝中谋出路的"士"。

当时，诸侯争霸，需要谋士、武将等各色人才。各国君王招贤纳士，不看重门第出身，只要能够帮助君王图谋霸业，便唯才是举。在风起云涌的乱世，身份壁垒可以被打破，寒微之士可以平步青云，梦想家可以实现胸中抱负。

那个时代，士人空前活跃，他们周游列国，游说诸侯，为君王出谋划策、纵横捭阖。李斯要走的，正是这样一条路。首先，以游士、策士身份，寄身于豪门贵族，成为门客。然后，通过贵族的引荐，得到机会向君王进行游说。到时候，他将摇唇鼓舌，展现他治国平天下的谋略与智慧，赢得君王赏识，继而建功立业。

路径已然清晰，前路豁然开朗，仿佛在漫天迷雾的幽暗丛林里行走，当迷雾被驱散时，柳暗花明，一片新天地展现在眼前。

李斯迈出改变命运的第一步，辞去郡小吏的职务，抛家舍业，不留一丝退路。他孤身离开上蔡，告别家乡，也告别庸庸碌碌的前半生。

远行的第一站是兰陵，在那里，他要找一个人。

"逆袭"启示录：迈出改变命运的第一步

李斯人生的开局，可以说"输在起跑线上"。

出身贫寒，职位低微，年近而立，一事无成。

他渴望改变，唯有以这种强烈的渴望作为内在驱动力，才能扭转人生的败局。

李斯由"两只老鼠"见微知著，参悟命运的密码，明晰人生的目标与方向。这是李斯对于自身命运的觉醒时刻。这样的觉醒，恍如一束光照亮平庸黯淡的生活。

人的一生中，总会出现这样的觉醒时刻，请务必珍惜。但请不要相信，觉醒靠的是灵光一现、偶然天降的顿悟。所有刹那的顿悟，都来自对生活长久不懈的观察与思考，都是日积月累、水滴石穿的结果。

李斯由鼠及人，看到了人与人之间境遇的差别，看到了社会资源分配的不公。命运原来是一道残酷的选择题：你要做饱食无忧的仓鼠，还是食不果腹的厕鼠？

李斯做出他的选择，他要自己为命运这艘大船掌舵。

毅然辞去郡小吏的职务，抛家舍业，选择"裸辞"，一切归零，重新出发，何尝不是一种冒险？但不迈出这一步，维持原状，改变就永远不会发生。

炙热的进取心，拼搏的精神，昂扬的生命姿态，是"老鼠哲学"华彩的篇章。"老鼠哲学"是李斯立身处世的基本准则，是他一生命运沉浮的密码，是我们更加深刻地认识这个人物的钥匙。

渴望，觉醒，然后行动。"逆袭"的故事，就这样开始了。

第二章

学问的求索：探寻"帝王之术"

一位名师，两位高徒

离开上蔡之后，李斯并没有急于投身仕途、游说诸侯，而是选择拜师求学。

春秋、战国时期，诸子学说林立，百家争鸣，同时私学兴起，打破官府对教育的垄断，各学派的思想家们一边著书立说，一边聚徒讲学。许多叱咤风云的王侯将相，建功立业之前，都曾经寻访名师、求学问道。

李斯深知，闯荡天下，肚子里要有货。他立志辅佐君王创立一番功业，但仍感到心中存有许多困惑，需要名师点拨。恰好，楚国兰陵（今山东省临沂市兰陵县）有一位当世大儒。李斯从上蔡出发，直奔兰陵，拜访荀子。

荀子，名况，字卿（一说"荀卿"是当时人们对他的尊称），赵国人，先秦儒家学派最后一位大师。荀子游历齐、秦、燕、魏等国，在齐国临淄，曾在天下闻名的学术中心稷下学宫讲学，先后三次担任"祭酒"（学宫负责人），名噪一时。后来，应楚国相国春申君黄歇邀请，荀子来到楚国出任兰陵令。春申君死于朝堂斗争，荀子随之被免官，晚年蛰居于兰陵乡间，远离尘世喧嚣，开班授徒，终日与学生们坐而论道，悠游自在。

不速之客的造访打破了兰陵乡野的宁静。李斯风尘仆仆，慕名而来。主、客二人对坐于庭院，茂林修竹之中，隐隐传来啁啾之声。伴着茶香与鸟鸣，荀子与李斯品茗对谈。

荀子鹤发童颜，精神矍铄，看起来慈眉善目，微笑问道："年轻的后生，所为何来？"

"久闻先生博古通今，学贯天人，晚辈仰慕之至，特为求学问道而来。"李斯恭恭敬敬地奉上束脩——捆成一扎的十条肉脯干，那是学生拜师入学时送给老师的酬金。

"学海无涯，天底下的学问庞杂繁芜、浩如烟海，不知道你想求的是什么学，问的是什么道？"荀子看似随口一问，实则问到关键处。

"我想学'帝王之术'！"李斯不假思索地回答。

"帝王之术？何谓'帝王之术'？"荀子白眉微微一挑，面上仍不动声色。

李斯经过短暂思考，回答："三皇五帝统御九州的法则，诸侯雄主成就霸业的谋略，圣君帝王一统天下的秘诀，这就是晚辈想要学习的'帝王之术'。"

"学这'帝王之术'，意欲何为？"

"为了在这大争之世搅动风云，辅佐明君贤主，建立不世功业，震古烁今，志得意满，也算不枉此生！"李斯丝毫不遮掩他的雄心壮志与功名欲望。

荀子似乎被年轻人的慷慨激昂打动，微微点头，继而若有所思，忽然转头，向身边一位公子问道："韩非，依你之见，何为'帝王之术'？"

李斯早就注意到，一位锦衣华服的公子一直恭谨地侍立在荀子旁边，长身玉立，气度雍容俊雅。

这位名叫韩非的青年拱手行礼，言道："学生听闻，当年申不害在韩国推行变法，提出'术'治，主要论及君王如何驾驭臣下。依申子所言，君如身，臣如手，身体一定要能够完全掌控双手。申子由此总结出一套帝王驭臣之术，颇有见地。不过，在学生看来，治国理政仅凭此道，终究过于偏狭，不够全面。'帝王之术'究竟是什么？学生认识尚浅，仍在摸索探究，还请先生不吝赐教。"

李斯发现，韩非说起话来有些磕巴，语速缓慢，但表意清晰，观点新颖，既谦逊有礼又充满自信，令他暗自佩服、心生仰慕。

荀子说："术，终究是细枝末节。道，方为万物之本。老子曰：'有道无术，术尚可求也。有术无道，止于术。'庄子曰：'以道驭术，术必成。离道之术，术必衰。'其中深意，你们可明白？"

韩非、李斯齐声说："学生愚钝，还请先生教诲。"

荀子微笑道："莫急。求学之路漫漫，须得一生求索，不急于一时一刻。"

从此，李斯拜入荀子门下，开始了在兰陵的求学生涯。

荀子的学说以儒家思想为根基，吸收墨、道、法等各家之长，对儒学加以发展，自成一套宏大渊博的思想体系。作为荀卿门徒，李斯这一生，从为人处世到治国理政，都深受荀子思想的影响。

首先，不得不提荀子赫赫有名的"性恶论"。

入学不久，李斯就迫不及待地向老师请教他长久以来的一大困惑。

"孟子说，人性向善，就好像水往低处流一样。水没有不往低处流的，人没有不向善的，这是世间常理。如果水流受拍打飞溅起来，或者受到压力逆行流上山岗，这都不是水的本性，而是外部的力量迫使它如此。人做坏事也一样，并非其本性，而是受到环境、形势的逼迫。孟子行善之说流传甚广，可是学生听闻，先生对此说不以为然，多有批评，不知是否确有其事？"（人性之善也，犹水之就下也。人无有不善，水无有不下。《孟子·告子上》）

同为战国时期的儒学大宗师，荀子与孟子经常被放在一起比较，在人的本性问题上，他们针锋相对。

荀子说："水流的比喻的确巧妙，只可惜孟子完全搞错了水流的方向。我的观点恰恰相反，人的本性为恶，就像水往低处流，这才是世间常理。正是后天环境、形势所产生的外力，令河水逆流，才使恶人向善。"

"还请先生不厌其烦，为学生详解其中奥义。"

"李斯，你回答我，如果真像孟子所说，天下所有人都善良无邪，这世间为何还有那么多的争斗与冲突，甚至不惜发动战争令对手亡国灭族？"

李斯想了想，说："天下熙熙，皆为利来；天下攘攘，皆为利往。世人争斗不休，无非是为了一个'利'字。"

"说得不错。目好色，耳好声，口好味，心好利，喜好声色是人与生俱来的本性。人生而有欲，欲望求而不得，就会产生争夺，进而造成纷乱。"

"所以孟子才说，养心莫善于寡欲。"

荀子摇摇头："仅凭养心，并不能真正消除人的欲望。对此，圣人早已开出药方。圣人通过对人自然本性的教化，制定出礼义道德和法律制度。正因为人的本性为恶，才需要圣人教化臣民，需要礼义、法制引导人们向善。"（故圣人化性而起伪，伪起而生礼义，礼义生而制法度。《荀子·性恶》）

"人之性恶，其善者伪也。"（《荀子·性恶》）这是荀子得出的一个重要结论。欲望是天生的，人性中根植着恶的因素，天然有向恶的趋向，而善良则是后天人为纠正的结果。"伪"，在这里是"人为、后天"的意思。

"性恶论"令荀子在后世备受争议，甚至背负骂名。其实，荀子并不是鼓动人们去作恶，恰恰相反，他真正想说的是，人性虽然本恶，但完全可以通过教化向善，前提是首先得承认人的欲望客观存在，承认它是人性中的一部分。

正是在这个意义上，"性恶论"成为法家思想的逻辑起点。人生而有欲，为一己私利而争斗不休，所以需要以法来制恶，通过法律、规章、制度进行约束管理。

"性恶论"不回避人追逐利益的本性，纵观李斯一生的为人处世，无疑深受此说影响。"性恶论"深深嵌入他的精神世界，与他强烈的功名欲望水乳交融，共同构成李斯人生观、价值观的底色。

与此同时，李斯从荀子庞大渊博的思想体系中，成功寻觅到他想要的"帝王之术"——法家学说。

儒、墨、道、法、阴阳、纵横等诸子百家，首先都要回答一个共同的问题：当时那样一个纷争动荡的乱世，出路究竟在哪里？对此，孔子找到了"仁"，孟子找到了"义"，老子找到了"无为"，墨子找到了"兼爱""非攻"。而荀子，承袭孔孟学说，进一步提出"隆礼""重法"的主张。

荀子认为，礼是治理国家的根本，但治理国家单纯依靠"礼"恐怕不够，还需要"法"作为补充手段。荀子回答了"礼"与"法"的关系：礼与法并举，德与刑并重。礼是法的依据和总纲，法是礼的体现和确认。

荀子的思想体现出融合儒、法二家的鲜明特点。儒学是他的根基，在此基础上援法入儒，为儒学引入了法家的观念，好像种下一棵小树苗。没想到，这棵小树苗意外地在他的两个学生——李斯、韩非身上生根发芽。

荀子强调礼义为根本，守住了儒学的基本立场，他的两个学生显然更看重"法"的因素。时日一久，学生与老师分歧愈深，走上两条截然不同的思想道路，渐行渐远。

师与徒论争，儒与法分途

都说"师父领进门"，不知道荀子是否心存遗憾，没有能够将他最优秀的两位得意门生领进儒学孔门。

有一次，荀子前往赵国，李斯、陈嚣等学生同行。赵孝成王接见荀子师徒，赵国将军临武君陪同。

"乱世之中，兵强者胜。请教诸位高贤，用兵之道的关键是什么？"

赵孝成王抛出话题，众人各抒己见，展开一场"议兵"之争。

既然问到老本行，临武君当仁不让，抢先回答："臣戎马半生，以实战经验来看，上得天时，下得地利，密切观察敌人的变动，比敌人后出发，比敌人先到达，这是用兵的要术。"

"不对。"荀子声音不大，却有一股不容置疑的气度，"用兵之道的根本，在于统一人民、凝聚人心。弓和箭不协调，即便精于射术的后羿也不能射中目标；六匹骏马不能相互配合，即便善于驾驭的造父也不能去往远方；士人、民众不亲附，即便商汤、周武这样的圣君也不能够征战得胜。所以，善于亲附人民的人，就是善于用兵的人，用兵的要术在于亲附人民。"

随后，荀子的学生陈嚣接力，向老师的观点发难。

"先生谈论用兵，常以仁义作为根本，仁就是爱人，义就是讲道理。既然爱人而且讲道理，那为何还需要用兵呢？众所周知，凡是大兴兵戎之事，都是为了争夺利益啊。"

"这不是你所能够了解的。"荀子对自己的学生也毫不客气，"仁者爱人，正因为爱人，所以憎恶危害他人的事情；义者讲道理，正因为讲道理，所以憎恶扰乱他人的事情。用兵的目的，是为了禁止强暴、消除危害，并不是你所说的为了争夺利益。所以，仁者之兵，所停留之处都会得到治理，所经过之处都会得到教化，好像及时雨降临，民众无不愉悦欢喜。"

荀子接连驳斥了临武君、陈嚣。李斯登场，最后的好戏开始。

李斯定一定神，清一清嗓子，缓步迈入大殿中央，从容言道："学生以为，想要成就霸业，不在于仁义，而在于一个'便'字。"

儒家仁义礼教的道理听得多了，李斯提出一个全新的视角，赵孝成王感到新奇："请问'便'字何解？"

"让我们目光向西，且看关中秦国，经过秦孝公、秦惠文王、秦武王、秦昭襄王四代君王励精图治，秦国终于达到今日之强盛，兵锋雄霸四海之内，威势横行诸侯之间。这一切，并非通过施行仁义达成，世人口中的'虎狼之秦'，素来最轻视仁义礼教。以学生愚见，秦国强大，无非是懂得充分利用有利的形势，顺应时代的潮流，不断发展壮大自己罢了。"（秦四世有胜，兵强海内，威行诸侯，非以仁义为之也，以便从事而已。《荀子·议兵》）

　　赵孝成王、临武君点头称是，对此颇为赞同。

　　"这些事情，不是你所能够了解的。"荀子不慌不忙，从容地反驳，"李斯你对于'便'的理解，还是太过浅薄。你所谓的便，是不便利的便，我所说的仁义，才是最大的便利（汝所谓便者，不便之便也；吾所谓仁义者，大便之便也。《荀子·议兵》）。仁义，用来修明政治，政治修明，人民就会亲近君王、喜爱君王，甚至愿意为君王牺牲自己，所以才有那句话：'凡事关键在于君王，将帅是无关根本的小事。'至于你所说的秦国，即使历经四代发展国力已经如此强大，却还总是提心吊胆、惶恐不安，害怕全天下诸侯联合起来攻打它——这就是'末世之兵'啊！因为它没有牢牢把握住'仁义'这一根本。李斯啊，你不去探寻事物的根本，反而热衷于索求细枝末节，舍本而逐末，这样的作为，这样的风气，正是如今这个世道混乱不堪的原因啊！"

　　围绕"用兵之要"这一主题，荀子舌战群贤，通过一一辩驳不同人的观点，表达他的军事思想，所反驳的人当中包括他的学生李斯。荀子雄辩滔滔，给李斯扣上一顶"乱世之源"的大帽子，显然对学生一点儿也没有嘴下留情。

　　这场论争的详细情形见于《荀子·议兵》。《荀子》一书由荀卿及其弟子编著而成，值得玩味的是，书中唯一提到李斯的地方正是这一场论争。李斯与荀子思想观念的分歧在这里浮出水面。

　　荀子坚守儒家的立场，认为即便是战争这样的武事，也要恪守仁义之道，坚甲利兵是次要的末节，仁义才是根本。李斯对此显然不太认同。他以秦国为例，指出秦国强大的关键在于"以便从事"，"便"指有利的形势、便利的条件。像秦国那样，因势利导，把握时机，实现富国强兵，才是第一要务。发展是最硬的道理，强大是最高的目标，谁拳头硬谁就有话语权，至于仁义礼教，姑且先搁置一边。从一个"便"字，李斯思想中的实用主义、功利主义色彩可见一斑。

与荀子在学术理念上出现分歧的学生，还有韩非。

韩非与李斯年纪相当（据钱穆《先秦诸子系年》），但和李斯出身平民不同，韩非是来自韩国的王族子弟。当时的韩国，君王昏庸、奸佞当道，眼见国家内忧外患、日渐衰弱，韩非忧心如焚，多次上书韩王，大声疾呼，劝谏韩王励精图治、变法革新，可惜并没有引起韩王重视。韩非幽愤无奈，转而求学寻道、著书立说，来到楚国，拜入荀子门下。（非见韩之削弱，数以书谏韩王，韩王不能用。《史记·老子韩非列传》）

韩非虽然患有口吃的毛病，一着急说起话来结结巴巴，但丝毫无损他身上的光彩。他孤高狂傲，性情张扬恣肆，善于作文，不仅文采斐然，而且观点犀利、见解独到，即便是同样精通文章辞赋的李斯也自叹弗如。论才学，李斯坦率地承认，他不如韩非。（非为人口吃，不能道说，而善著书。与李斯俱事荀卿，斯自以为不如非。《史记·老子韩非列传》）

虽然同在荀子门下求学，但李斯、韩非二人不论是学问的关注点还是人生的志趣都大相径庭，堪称云泥之别。韩非身上洋溢着某种不食人间烟火的天真与赤诚，他终日思考的都是"天上的事情"，譬如探究"什么是权力""国家兴衰治乱的根源何在"之类的抽象理论问题。而李斯半辈子在社会底层摸爬滚打，所思考的都是"人间的事情"，譬如"所学理论如何在现实中发挥效用""哪家学说更有利于辅佐君王"，等等，功利而现实。

二人殊途同归，都走上法家的道路，共同成为战国后期法家学派的代表人物。

同窗时期，他们思想契合、亦友亦师，说韩非是李斯的另一位老师也不为过，李斯从韩非身上吸收了诸多法家思想观念。韩非的文章和思想好似烈酒，辛辣浓烈，具有一种难以言喻的魔力，大胆、新颖、激进，常有惊人之语。

韩、李二人时常秉烛夜谈。譬如那一夜，窗外凉风习习，明月高悬，一阵狂风透过窗牖吹拂入屋，烛火骤然熄灭，屋子暗了下来。

黑暗中，李斯心有所感，长叹一声："而今乱世，列国纷争不休，百姓水深火热，正如无穷之暗夜，长夜难明，不知黎明何时将至。"

韩非摸黑点亮一盏灯火，举着烛台向李斯靠近："我辈学人，上下求索，勤学问道，正是为了寻得火种，照亮暗夜，呼唤黎明。"

"公子博学多才，见识高远，可是已有所得？"

韩非挥毫泼墨，借着微弱的烛光，在竹简上写下几个大字。李斯俯身凑近一瞧，分别是"仁""义""礼"。三字娟秀蕴藉，宛如三位谦谦君子，温文儒雅，玉树临风。

李斯大感意外："难道公子也认为，行王道、施仁政、兴礼义，方能平定天下？"

韩非摇摇头："不然。试问近世以来，有几位君王遵从儒家这些理念？有几个国家践行王道仁政？"

"恐怕一个都没有。"

"正是如此。诸侯列国争斗不休，说到底究竟比拼的是什么？依我之见，上古之世，人们比拼的是道德；中古之世，人们比拼的是智谋；当今乱世，人们比拼的却是气力。谁的力量强，谁就能得胜，弱小只能挨打，小国只能被大国吞并。正因如此，乱世之中，礼乐教化、德治仁政之路恐怕都走不通，只能别寻他法。"（上古竞于道德，中世逐于智谋，当今争于气力。《韩非子·五蠹》）

韩非再次笔走龙蛇，写下三个大字："法""术""势"。此三字与彼三字不同，力透纸背，张扬狂狷，盛势凌人。它们不再是谦谦君子，神似三位威猛凶悍的武将军，披坚执锐，威风八面。李斯不禁击节叫好，在他心目中，这三个字的神采方才字如其人，与韩非骄矜狂傲的性情、新锐犀利的思想相吻合。

"天下因何而乱，又因何而治？我想，其中奥秘在于这三个字。简而言之，抱法处势则治，背法去势则乱（《韩非子·难势》）。治乱世需用重典，大争之世呼唤铁血与强权。数百年来，列国变法图强，秦国商鞅提出了'法'，韩国申不害提出了'术'，赵国慎到提出了'势'。倘若能够将此三者融合为一，依法治国，捍卫君权，何愁乱世不平、天下不治！"

韩非将先秦法家学说中的"法""术""势"等观念熔于一炉，成为后世公认的法家思想集大成者。

"法"是国家颁布的法令制度。法令首先要统一，遵守法令就赏，违反法令就罚。韩非主张"严刑""重罚"，无论赏还是罚，都必须牢牢掌握在君主一人手中。

"术"是君主控制和驾驭臣下的权术，包括任免、考察、奖惩，乃至于生杀予夺等一系列手段。韩非指出，君王应当将这套驾驭臣子的统治术隐藏在内心深处，保持神秘感，让臣子猜不透君王的想法，唯有如此君王才能牢牢地控制臣下。

"势"是君主的权势，统治者享有的权力、威势。君王要有威严，才能服人。韩非说，虎豹之所以令人畏惧，是因为它锐利的爪牙，而"势"，正是君王的爪牙，是统治者无象无形却威力无边的武器。如同鱼儿离不开水，君王离不开他的"势"。

由此可以看出，先秦法家思想更多的是一种服务于封建君主的统治术，是一种产生于专制时代的权术理论，与现代社会依法治国的法治思想存在本质区别，不可混为一谈。

不论李斯还是韩非，都没有全盘接受老师的思想，他们从荀子丰富庞杂的思想体系中，汲取对自己有益的部分，拿来发展自己的学说。在儒、法之间，李斯坚定地成为法家学说的信徒。

儒家的礼义与法家的刑罚，向来是君主统御天下的左右手。礼义是无形的精神约束，刑罚是有形的惩治手段。春秋战国时代礼崩乐坏，礼义的约束力已经彻底失效，儒家思想多少显得有些不合时宜，君主急需一种实用有效的方法来维护统治。各国掀起风起云涌的变法运动，魏国李悝变法、楚国吴起变法、韩国申不害变法、秦国商鞅变法……变法革新是战国时代高歌猛进的主旋律，探究富国强兵之道、帝王统御之术的法家思想，因其现实性与实用性，找到了它的用武之地。

平乱与治国，法家学说最能派上用场。急切地想要有所作为的李斯，终于寻得他的"帝王之术"。

辞别荀子，李斯言志抒怀

在兰陵，李斯过着避世隐居的生活，躬耕陇亩，求学问道，两耳不闻窗外事，一心只读圣贤书。琅琅书声回荡于茂林修竹，清风摇曳竹海，也摇曳着悄然消逝的时光。有时候，李斯恍然间不知今夕何夕，仿佛岁月的河流不再流淌，时间已然静止。

平静如水的日子里，李斯的内心却像岩浆一般灼热沸腾，焦虑与急切在潜滋暗涌。他年近而立才离乡闯荡，每一天焚膏继晷、夙兴夜寐地勤学苦读，可不是为了一辈子埋首书斋、成为一个坐而论道的学究。

学以致用才是李斯拜师的目的，当他认为"帝王之术"已经学成，便到了辞别的时候。

怎样跟荀子开这个口，左思右想，他决定开诚布公，与老师谈一谈心里话。

"先生，关于何谓'耻辱'，何谓'悲哀'，学生近日有所领悟。"

荀子见李斯神色郑重，知道他有话要说，微笑道："但说无妨。"

"学生以为，人生在世，最大的耻辱莫过于卑贱，最深的悲哀莫过于穷困。俗语有云，仓廪实而知礼节，衣食足而知荣辱。衣不蔽体，食不果腹，谈何礼义廉耻？"

一上来就抛出这么一个立场鲜明、极易引发争议的观点，好似平地乍起惊雷。荀子了解李斯饱受贫困之苦的出身，知道他心里始终有一团火，燃烧着对卑贱命运的不甘、对贫穷困苦的愤懑。荀子没有急于反驳，让他继续说下去。

"当今世上似乎有这样一种风气，尤其在儒者之中颇为盛行：一个人，长期处于卑贱的地位、困苦的环境，却还要非议世道，说三道四，声称自己厌恶富贵荣华、功名利禄，打着'无为'的旗号，标榜自己与世无争，甘愿庸庸碌碌、无所作为。我认为，这些通通是虚伪矫饰，并非士人内心的本意。谁的本心，不是希望衣食无忧、日子过得好一点儿呢？"（故诟莫大于卑贱，而悲莫甚于穷困。久处卑贱之位，困苦之地，非世而恶利，自托于无为，此非士之情也。《史记·李斯列传》）

话说到这儿，荀子大概猜到李斯的用意。他的这个学生，向来不避讳谈及名利，从不掩饰对于功名利禄的渴望。

荀子说："人各有志，有人志在庙堂，有人志在乡野；有人追寻学问，有人渴求功名；有人想做鸿鹄翱翔苍穹，有人却只愿是闲云中一只野鹤。你的志向，想必早已了然笃定。"

"学生出身寒微，能够摆脱贫贱，封侯拜相，辅佐君王成就大业，这是李斯一生的志向！"

"欲成大业，长路漫漫，并非朝夕之间能够一蹴而就。这条路应该怎么走，想必你筹谋良久，已经胸有成算。"

"不错！乱世之中，想要有所作为，只等一个良机。我听人说，'得时无怠，时不再来。'当机会来临，千万不能懈怠，一旦错过，追悔莫及。当今天下，诸侯列国龙争虎斗，正是游客策士施展才华、实现抱负的最好时机！"

"七国诸侯各自雄踞一方，你打算前往何处，游说哪一国君王？"

"秦国。"李斯没有片刻犹豫。

"哦，秦国……"荀子并不意外，在赵国议兵时，李斯就以秦国作为范例阐述己见，看来他对于这个日益崛起的西方大国青睐已久，"十几年前，为师也曾经游历秦国。"

"依先生所见，秦国是一个怎样的国家？"

"秦国关塞险要，地形便利，山川秀美，物产极为丰富。当初，一进入秦国国境，我便开始观察它的风俗，那里民风淳朴，音乐不流于淫靡污秽，服饰端庄不轻佻，庶民害怕因官吏而显得极为顺从，真像是古时候的人民。都邑的官府里，官吏面目肃然，无不恭敬、敦厚、忠信而不懈怠，真像是古时候的官吏。进入国都咸阳，我着重观察士大夫的言行举止，他们走出家门，进入公门，工作完成后离开公门，回到家中，整个过程中丝毫没有沉湎于任何个人私事，不勾结，不结党，明智通达，公正无私，真像是古时候的士大夫。秦国的朝廷，各种政事处理得毫无遗留，安闲得好像没有什么需要治理，真像是古时候的朝廷。所以，秦国能够历经四代而长盛不衰，的确有它的道理，并非侥幸。"

李斯喜不自胜，更加坚定自己的选择。

不料，荀子话锋一转。

"以上这些都是秦国的长处，秦国的短处也显而易见。如果以圣王功名来衡量，秦国还差得远呢！"

"差在何处？"李斯急切地问。

"差在哪里呢？大概是没有'儒'吧。治国，如果纯粹坚定地使用儒家之道，就能够称王；如果混杂地使用一部分儒道，那就只能称霸；全然放弃儒道，那么终将灭亡，这正是秦国的不足和隐忧。"（是何也？则其殆无儒邪？故曰：粹而王，驳而霸，无一焉而亡。此亦秦之所短也。《荀子·强国》）

荀子谈到一个大问题，关于春秋、战国时期的"王霸论争"。

先秦思想家们提出两条治国平天下的"道"：王道与霸道。简而言之，王道，由儒家倡导，主张君主以仁义治天下。霸道，由法家倡导，奉行武力、法治、强权。

秦国自从商鞅变法以来，奉行法家路线，历代君王对儒家倡导的王道毫无兴趣。荀子对于秦国的看法无疑是复杂的，既盛赞秦国明晰的制度、高效的治理、淳朴的民风，同时又对历代秦王轻视儒者、不行王道扼腕叹息。

与荀子不同，李斯的想法简单而笃定，没有因为荀子的话而有一丝动摇。

"学生以为，乱世之中，恐怕唯有'霸道'才能平定天下。如今秦王有吞并列国、统御九州的雄心壮志，这正是像我这样的布衣策士四方奔走、游说君王、一展抱负的最佳时机。身处于卑贱的地位，却不努力去改变自身的处境，就像是禽鹿看见肉食却不吃。这样的人，白白长了一副人的面孔，勉强直立行走，其实与禽鹿走兽没有什么分别。"（今秦王欲吞天下，称帝而治，此布衣驰骛之时而游说者之秋也。处卑贱之位而计不为者，此禽鹿视肉，人面而能强行耳。《史记·李斯列传》）

鹿是草食性动物，鹿不吃肉这一点，被古人赋予特殊的意涵，人们认为鹿具有灵性，不吃肉是因为它的高贵与性灵。然而在李斯眼中，这一点却成为一种不懂得为自己谋取利益的愚蠢，功利主义的价值观在这里鲜明昭彰。

李斯想要在卑贱中寻求尊严，在困顿中逆转命运，一心渴求功名，就像是濒死的人渴望救命的水一样。他一直强调的"得时无怠"，正是出于这种急迫。

荀子的心绪颇为复杂，他明白，李斯是留不住的。作为老师，临别之际，荀子诲人不倦，给学生上最后一堂课。

"李斯，你敏而好学，身处卑位却能够志存高远，勤勉求学孜孜不倦，这是你的可贵之处。为师相信，将来你必定功成名遂、大有作为。为师授徒讲学多年，迎来送往，学生们终将一一离去。如今你即将远行，送你最后一句话：'物禁大盛'，切记切记。"

"多谢先生殷殷教诲，学生谨记。"李斯起身作揖，恭谨地向老师告别。

"物禁大盛"，天底下的事物最害怕的就是太过于兴盛。盛极必衰，物极必反，富贵功名太盛，往往离灾殃就不远了。荀子一点儿都不怀疑李斯将来能够赢得他所渴求的一切，他唯一担心的是，福祸相依，李斯终将为富贵功名所伤。须知富贵与功名，既可以是蜜糖，也可以是砒霜。

这样的警世恒言，年轻的李斯还不能够领会其中深意。此时的他一无所有，充满匮乏感和不满足，索取和获得才是第一要务，他急切地需要那些浮华的东西，填满内心空空荡荡的欲望深潭。要到许多年以后，当他功成名就，繁华落尽，才能蓦然惊觉，深切地领悟什么叫作"物禁大盛"。

对于李斯选择秦国作为奋斗的舞台，荀子究竟抱持什么样的态度？根据西汉人桓宽编著的《盐铁论》记载，李斯入秦，多年后秦始皇任命他为丞相，位极人臣，风头无两。荀卿听到这个消息，一点儿都高兴不起来，烦闷得连饭都吃不下，因为他看到李斯终将遭受不测的祸患。（李斯之相秦也，始皇任之，人臣无二，而荀卿为之不食，睹其罹不测之祸。《盐铁论·毁学》）

李斯成为大秦丞相的时候，荀子应当已经过世，这则记载的真实性恐怕需要打一个问号。即便如此，结合荀子一贯以来对秦国的看法，他对李斯入秦持保留态度，大抵是可信的。

与荀子一样，对李斯入秦未必完全认同的人，或许还有韩非。

临行之前，韩非为李斯饯行："今日兰陵一别，不知何时才能再次相见。山长水远，前路迢迢，请君珍重！"

"公子经纶大才，李斯时常自愧不如。公子不如同我一道前往秦国，游说秦王，共创一番功业。"

韩非摇摇头，说："世人都说，秦国似虎狼，西方夷狄之国也，我向来无意为秦效力。终有一日，我也将辞别恩师，届时将回归韩国。故土难离，叶落归根，从何处来，便回何处去吧。"

"足下乃韩国公子，身份高贵，本该归国大有一番作为。可我听说，公子曾经多次上书韩王，力陈时弊，韩王却充耳不闻，公子一片拳拳报国之心付之东流。倘若注定徒劳无功，又何苦非要归韩不可？"

李斯的话说到韩非的痛处，透过《孤愤》《说难》这些文章，李斯从字里行间读出韩非看似洒脱不羁的性情之下，内心深重的失意和幽愤。

韩非喟然叹息，良久无言，许久才淡淡地说："归韩原因无他，只因为我是韩人，韩国是我的故国啊。"

"故国？"李斯嘴角浮现一丝嘲弄的冷笑，不是在嘲笑韩非，而是在嘲笑他自己。

韩非问："足下是楚人，眼下又身在楚国，为何不效力故国，反而舍近求远、远走他乡？"

"楚王才德平庸，不足以事奉。综观今日之天下，秦国之外的六国皆已显露衰败之象。试看六国之君王，要么庸庸碌碌，要么沉迷声色，要么抱残守缺。我以为，天下终将归于一统，而最有可能统一天下的，非秦国莫属。欲成大事，机会只在秦国！"李斯的回答斩钉截铁。

楚国曾经是南方一大强国，战国中期，楚怀王疏远三闾大夫屈原这样的忠臣，任用奸佞，甚至楚怀王本人被诱骗入秦，最终死在秦国。继位的楚顷襄王更是糊涂昏聩，楚国自此由强大走向衰败。李斯出生后的第三年，秦国大将白起攻破楚都鄢郢，楚顷襄王迁都于陈，称陈郢。李斯出生、成长于楚国兵败国破、失地迁都的动乱之中，对眼前的时局看得一清二楚。经过利弊权衡，他判定楚王不足以成大事，秦国之外的其他国家也是如此。

"即便如此，难道足下就不想为故国尽一份力？"

"故国？试问公子一片赤诚对待故国，故国又如何对待公子？李斯在楚国，只不过一员小吏而已，楚国有没有我李斯，并没有什么分别。李斯一介布衣，哪里能够施展才华，哪里就是我的故国！"

韩非轻叹一声，不再多言。他与李斯虽然在治国思想上颇为契合，但终究出身不同、禀性各异，注定了他们终将走上截然不同的人生道路。

两位青年才俊兰陵辞别，那时候的李斯和韩非还不知道，他们之间的恩怨情仇远远没有结束。多年以后二人针锋相对、水火不容，甚至到了你死我活的地步，究其根源，或许早早就埋在了此时对于"何谓故国"的不同理解上。

"逆袭"启示录：思想是最强大的武器

李斯离开上蔡，并不急于投身仕途。

功名不易得，空有宏图大志远远不够，还需要强大的智力支持。他选择求学问道，拜名师，学本事，这是他"鲤鱼跃龙门"的捷径，是他得以跻身贵族阶层的"敲门砖"。

李斯的求学姿态无疑是务实的，他要学的，是能够经世致用的学问，是能够让他飞黄腾达的"帝王之术"。

李斯与荀子、韩非因缘际会于兰陵。儒家还是法家？王道还是霸道？李斯又一次面临关键抉择。

兰陵数年，在与荀子、韩非的思想碰撞与观念交锋之中，李斯坚定地成为法家学说的信徒，法家思想深入他的心灵，此生一以贯之。

凭借刻苦努力，获得真才实学，离开兰陵之时，李斯已经成为饱学之士，底气十足。他学而优则仕，以"帝王之术"敲开秦国王宫的大门。

李斯从一员小吏，逆袭成为大秦丞相，靠的不是雕虫小技、旁门左道、权术谋略，而是以扎实的学问、深刻的思想作为根基。"帝王之术"是李斯安身立命之本，是他畅通于仕途最强大的武器。

得益于那个百家争鸣的大时代，学术大爆发，有着繁荣丰盛的"思想市场"。思想虽然无形，却有万钧之力。思想理念所爆发出的巨大能量，能够深刻地作用于现实世界。譬如法家思想，既塑造了李斯的人生观，也塑造了大秦的国家精神。

第三章

宏运的开端：李斯入秦

虎狼之秦

离开兰陵，李斯日夜兼程、义无反顾地奔赴他心目中的富贵"粮仓"——秦国。那么，秦国究竟是一个怎样的国家？

西周之初，秦人祖先原本是居住在今山东省的嬴姓东夷族群。公元前770年，周平王东迁，将国都由镐京（今陕西西安）迁到洛邑（今河南洛阳），宣告西周结束，开启东周春秋、战国时代。东迁过程中，秦襄公率领秦人沿途护送周天子，护驾有功，被封为诸侯，秦国由此跻身诸侯国之列。

战国时期，秦孝公任用贤才、励精图治，起用商鞅革新变法，主要措施包括：奖励军功，激励士兵奋勇杀敌；奖励农耕，保障粮草充足；推行法治，令官吏各司其职、国民安分守己。秦国因变法而富强。从秦孝公开始，秦惠文王、秦武王、秦昭襄王，一代代秦王发愤图强，正如李斯在赵国议兵时所说，大秦历经"四世有胜，兵强海内，威行诸侯"。

秦国在天下人心目中的形象十分独特，一句话概括，叫作"虎狼之秦"。

谋士苏秦曾对楚威王说："夫秦，虎狼之国也，有吞天下之心。"楚威王也持相同看法："秦有举巴蜀、并汉中之心。秦，虎狼之国，不可亲

也。"（《战国策·楚策一》）

当年，楚怀王非要孤身犯险前往秦国，三闾大夫屈原劝阻的理由是："秦虎狼之国，不可信。"（《史记·屈原贾生列传》）

类似的言论还可以找到很多，在当时其他诸侯国的人看来，秦国犹如一头雄霸于西方的野兽。"虎狼之秦"这一比喻，正是深入认识这个国家的一把钥匙。

"虎狼之秦"最表层的意思是形容秦人凶残、暴虐、彪悍，这或许与商鞅变法中设立的"首功"制度有关。

商鞅在秦国建立"军功爵"制度，士兵从高到低分为二十等爵位，以战场上砍掉敌人的脑袋数量作为论功行赏、分封爵位的依据。在这样的激励制度下，士兵们在战场上杀红了眼，争先恐后，不留活口，甚至殃及老弱妇孺等无辜平民。秦军将士的凶狠残忍，如野兽一般，令六国军民为之胆寒，世人都说秦国是一个"崇尚首功的国家"，并且对此流露出深深的厌恶与憎恨。

秦国以武力作为立国之根基，秦人素有尚武、好战的习性。有人这样形容秦人：一听说要打仗，秦人便亢奋不已，大力踩脚，赤膊上阵，迎着白晃晃的利刃，踏着熊熊燃烧的炭火，拼死搏命的勇士比比皆是。（闻战，顿足徒裼，犯白刃，蹈炉炭，断死于前者，皆是也。《韩非子·初见秦》）

除了凶狠这一点，再深入挖掘，"虎狼之秦"还有更为丰富的文化意涵。"虎狼"之说，其实是中原国家在辱骂秦人"野蛮""未开化""不知礼义廉耻"。

当时天下的政治、文化中心在黄河中下游的中原地区，中原国家将边远地区少数民族称为"蛮夷""戎狄"，将其视为文明尚未开化的落后民族。他们对远在西部边陲的秦国也保持了同样的看法。

秦国地处关中，在"战国七雄"中位置最为偏西，秦人长期与西戎等民族杂居，耳濡目染，深受影响，形成有别于中原国家的独特的秦文化。

秦人民风古朴，性情彪悍，尚武好战，的确处处与中原诸国大相径庭。

一位名叫朱己的魏国大臣曾经说过这样一番话："秦与戎翟同俗，有虎狼之心，贪戾好利无信，不识礼义德行。苟有利焉，不顾亲戚兄弟，若禽兽耳。"（《史记·魏世家》）朱己谈到秦国与戎狄习俗近似，同时引出秦国文化的另一大特点：功利主义。

秦人奉行的功利主义，同样与"军功爵"制度密切相关。不论门第出身，一律按照所立军功大小进行赏赐，立多大功，就能够得到相应的利益。这样的制度设计很大程度上塑造了秦人好利、争胜的性格。在其他国家的人看来，"好利"意味着"无信""寡义"，只要是有利可图，连亲戚兄弟都可以不顾，与虎狼禽兽没有什么分别。

燕国太子丹曾说："秦国只要一天不占尽天下土地，迫使海内诸侯臣服，它的欲望就一天不会得到满足。"（今秦有贪饕之心，而欲不可足也。非尽天下之地，臣海内之王者，其意不餍。《战国策·燕策三》）由此可见，秦国的"贪欲""好利"，背后是历代秦王致力于吞并诸侯列国，某种程度上可以说，秦国所贪的"利"，乃是一统天下之大利。在那个风云变幻的时代，秦国是开拓进取的国家，秦人是昂扬奋进的国民。

以虎狼比喻秦国，细细品味，还可以从中感受到，其他国家在对这个日益崛起的西方大国鄙夷、仇恨中又夹杂着一丝畏惧。正是秦国不断向东扩张、大有雄霸天下的势头，才使得"虎狼之秦"成为六国人口中频频提及的流行语。

当初商鞅游说秦孝公，第一次谈"帝道"，第二次谈"王道"，秦孝公都毫无兴趣。直到第三次，商鞅谈"霸道"，秦孝公才欣然接受。可见秦国东出争霸的雄心由来已久，已经注入历代秦王的血液里。

李斯清楚地看到，秦国"有席卷天下，包举宇内，囊括四海之意，并吞八荒之心。"（贾谊《过秦论》）历代秦王的雄心壮志，他们所要实现的宏图伟业，为李斯实现个人抱负提供了绝佳的舞台。秦国重利、轻义、务实的文化特征，与同样抱持功利主义的李斯可谓一拍即合，无怪乎李斯在七大诸侯国之中，不做第二选择。

也许冥冥之中，一切自有定数，说不清究竟是大秦选择了李斯，还是李斯选择了大秦。

当李斯马不停蹄来到秦国都城咸阳时，恰逢秦庄襄王嬴子楚去世，时年十三岁的公子嬴政登上秦王之位。这一年是秦庄襄王三年（前247年）。次年，嬴政改元，是为秦王政元年（前246年）。

李斯入秦之际，秦国正处在政权交替时期，此时执掌秦国朝政的不是少年秦王，而是相国吕不韦。

投奔吕不韦

吕不韦原本是一名活跃于韩国阳翟（今河南禹州）的大商人，以"贩贱卖贵"作为经商发财的秘诀。他长年周游列国，低价买进货品，再运输到异地高价卖出，赚取差价利润。日积月累，靠着娴熟老到的经商手段，吕老板积累了万金家财。

虽然以商贾为业，吕老板却有一颗想要从政的心。关于经商还是从政的问题，他和父亲有过一段著名的对谈。

吕不韦问："农夫耕田的利润，最多能有几倍？"

吕父回答："十倍。"

"商人贩卖珠玉的利润，最多能有几倍？"

"百倍。"

"如果我成功拥立一个人成为国家的君王，这件事的利润能有几倍？"

这一问令人惊奇，从商业利润的角度去评估拥立国君这样的政治行动，视角独特，闻所未闻。虽然政治行动不会有什么具体的利润数字，但也不是没有"利润"可言，只是这"利润"抽象无形，难以量化。吕不韦这一问，看似突兀，实则问得奇崛，问得巧妙。

吕父思考良久，回答："拥立君王的利润将有无数倍，不可胜计。"

吕不韦点点头，他心中早有答案，只不过以提问的方式，来推演其中的逻辑，引出自己的观点。他向父亲吐露心声："这世上从来不缺乏辛勤劳苦的人，可瞧瞧那些田野里挥汗如雨的农夫，他们不辞辛劳，寒耕热耘，却还是衣不暖身、食不果腹；古往今来，唯有建立国家、拥立君王这样的大事，才能泽被后世，万古流芳，我想要从事这样的事业。"（今力田疾作，不得暖衣余食；今建国立君，泽可以遗世。愿往事之。《战国策·秦策五》）

在赵国邯郸偶然发现嬴异人，成为吕不韦弃商从政的关键转折点。

嬴异人来自秦国王室，是秦昭襄王的孙子、太子安国君的儿子。当时，各国之间经常互派公子王孙作为人质，以此换取两国邦交互信，嬴异人就是被送到赵国的"质子"。

秦与赵是战国后期分庭抗礼的两大强国，两国关系交恶。嬴异人在赵国的处境很是艰难，吃穿用度不足，穷困潦倒，郁郁寡欢。秦太子安国君有二十多个儿子，异人排行居中，非嫡非长，并不受器重，是个无足轻重的角色。

这个倒霉的嬴异人，"姥姥不疼，舅舅不爱"，母国不管，敌国怠慢。可就是这样一位落魄王孙，吕不韦见到他的第一面，就发出那句著名的感叹："此奇货可居也！"

在吕不韦眼中，嬴异人如同一件待价而沽的商品，而且不是普通商品，是潜藏着巨大利润的"奇货"。眼光毒辣的吕老板，从落难公子身上发现巨大的"商机"——此人秦国王孙的身份是一张"入场券"，代表着将来可以一争王位的资格。

吕不韦前往异人住处，但见门庭冷落，家徒四壁，开口第一句话便说："公子家的门庭如此窄小，我能够光大公子的门庭。"

异人懒散不羁，正在自斟自酌，对来客正眼都不瞧一眼，冷笑一声，反唇相讥："足下还是先光大自家门庭，再来光大我家的吧。"

吕不韦笑着说："公子有所不知，我家的门庭，可得等公子的门庭阔大了，才能随之阔大啊！"（子不知也，吾门待子门而大。《史记·吕不韦列传》）

这段打哑谜似的言语交锋，话中有话，意味深长。异人这才放下酒杯，仔细打量这位不速之客，发现来者绝非凡俗，急忙整肃衣冠，起身相迎。

吕不韦与嬴异人结为同盟，并且将他那一套做生意的法则，活灵活现地运用在政治活动上。

做生意的法则之一：要舍得下本，有投入才能有收益。

吕不韦两头下本，一头是嬴异人。吕不韦慷慨资助他的生活，承包他的日常生活用度，还将舞女赵姬送到嬴异人身边，赵姬诞下一子，便是嬴政——将来一统天下的秦始皇。另一头是秦国王室。吕不韦购置各种奇珍异宝，前往秦国，将珍宝赠予太子安国君之妻华阳夫人，以及她的姐姐、弟弟阳泉君等人，这些人都是秦国的当权派。吕不韦散尽家财，为异人积极运作关系，扩展人脉。

做生意的法则之二：再好的"奇货"也需要包装和营销。

吕不韦特地嘱咐异人，给你的那些金银别都挥霍了，要拨出一部分用来结交邯郸的高朋宾客，多花钱，多请客，将嬴异人的好名声传出去，最好传出邯郸，传回咸阳。与此同时，吕不韦在咸阳积极营造舆论，四处传播"异人贤明睿智，结交诸侯宾客遍天下"，为异人在秦国朝堂、王室之中打造良好的形象。

秦昭襄王五十年（前257年），秦国大军攻打赵国都城邯郸。秦人既然打上门来，那就休怪赵人不客气，赵国方面决定杀掉异人。危难之际，吕不韦贿赂城门守卫六百斤黄金，成功帮助异人逃出邯郸，平安回到秦国。

回到咸阳，嬴异人夺嫡争位的"战争"才刚刚开始。

吕不韦以重金贿赂华阳夫人的姐姐，请她当说客，在华阳夫人耳边敲边鼓。吕不韦抓住华阳夫人"膝下无子"的命门，面授机宜，教给华阳夫人姐姐一套说辞。

"妹妹，我听人说，那些以美貌侍奉男子的女人，当她们的美貌随着岁月消逝，男人的宠爱也会随之消失。如今，夫人侍奉太子安国君，十分得宠，但是你没有子嗣，将来芳华不再，可怎么办呀？当务之急，是要尽快在安国君二十多个儿子当中，挑选一位孝顺贤能的公子，收养他做你的嫡子，册立为继承人。"

"以色事人者，色衰而爱弛"的观点，以及"膝下无子"的隐忧，都说到华阳夫人的痛处。她说："安国君子嗣众多，选谁合适呢？"

"公子异人呀！我听说，异人贤德聪慧，在赵国为质的时候广泛结交诸侯宾客，声名在外。提拔他为嫡嗣，夫人的难题迎刃而解，必将终身尊荣。其实，这些年我送给夫人的奇珍异宝，都是异人的一片心意。夫人您就是异人的天，异人在赵国的时候日夜哭泣，思念太子和夫人。"（因言子楚贤智，结诸侯宾客遍天下，常曰："楚也以夫人为天，日夜泣思太子及夫人。"《史记·吕不韦列传》）

华阳夫人面露喜色："看来，我真得见见这个异人了。"

当异人一身楚人服饰出现在华阳夫人面前时，华阳夫人又是惊讶，又是欢喜。她本是楚国人，远嫁秦国多年，此刻见到楚服倍感亲切。这自然是吕不韦给异人出的绝妙主意，虽然略显刻意做作，但人心都是肉长的，华阳夫人还是颇为感动。

异人扑通一声跪下，唤了一声"母亲"。

华阳夫人喜不自胜，笑着说："我是楚人，从今往后，我儿就叫子楚吧。"

她将异人改名为"子楚"，意思是"楚国人的儿子"。嬴异人从此有了再生之母，成为嬴子楚。当吕不韦、嬴子楚攻克华阳夫人这座"堡垒"后，距离成功便只有一步之遥。

华阳夫人在安国君面前大哭一场，说："臣妾这辈子，既有大幸，又有大不幸。大幸是得到太子宠爱，大不幸是未能生育、膝下无子。这大概是我的命吧，直到我遇到子楚。如今臣妾既然有了儿子，想要立子楚为嫡嗣，好让臣妾晚年有个托付依靠，太子能答应吗？"

一来安国君对华阳夫人言听计从，二来吕不韦为嬴子楚营造的好名声开始奏效，安国君也对这个儿子颇有好感，于是立其为嫡嗣，即秦太子嫡子，子楚就此成为名正言顺的王位继承人。

话分两头，嬴子楚的儿子嬴政还在邯郸城中，备受煎熬地度过昏暗无光的童年。

秦昭襄王四十八年（前259年），嬴政出生于赵国邯郸。嬴子楚逃离赵国那一年，嬴政才两岁。慌乱危急之中，吕不韦虽然成功帮助嬴子楚逃出邯郸，但没能够将赵姬、嬴政一同带回秦国，母子二人被困在虎穴龙潭之中。

嬴子楚作为秦国质子，擅自逃离赵国，赵国方面曾经想要杀掉他的妻儿。所幸赵姬母家在邯郸也算是当地豪族，将母子二人藏匿起来，避过风头，才得以存活。（赵欲杀子楚妻子，子楚夫人赵豪家女也，得匿，以故母子竟得活。《史记·吕不韦列传》）

躲得过一时，躲不过一世。秦、赵两国之间剑拔弩张，关系趋于恶化。可以想见，作为滞留在赵国的秦国王孙，嬴政和他父亲当年的处境一样，不会有什么好日子过。他在赵国的童年岁月，用三个关键词足以概括。

一、"屈辱的噩梦"。

秦、赵两国交恶，留困在赵国的人质随时可能被撕票。嬴政的童年是一场不堪回首的噩梦，东躲西藏，饱尝被欺侮的滋味，生活在屈辱与恐惧之中，时时有性命之忧。悲惨的童年为嬴政内心灌注了深深的不安全感。

二、"身份的错位"。

他在邯郸出生、成长，母亲是赵国人，这是嬴政与赵国的特殊渊源。

然而，困顿的遭遇一直在提醒他：你是秦国王孙。嬴政打从记事起，就清晰地意识到自己"外国人""异乡人"的处境，以及"赵国之仇敌"的身份。周围全是敌人，在赵国毫无归属感，又多年不得归秦，真正的祖国遥远而陌生，嬴政像一头流浪无依的孤狼，渐渐养成疏离、冷漠的性情。

三、"仇恨的滋养"。

被仇视，被迫害，年纪尚幼就清晰地感受到外界的敌意与嫌恶，心灵被仇恨所滋养。少年嬴政小小的身躯背负着深重的国仇家恨，一方面磨炼了他坚韧不拔的意志、刚强不屈的品格；另一方面，当这位千古一帝长大成人之后，他展现在世人面前的那种残酷、暴戾、凶狠的性情，是否也和早年间的苦难经历息息相关呢？

少年嬴政焦急地等待着离开邯郸、回到秦国的日子早点儿到来。

话说嬴政的曾祖父秦昭襄王在位五十多年，可谓一代雄主，此后继位的却是两位短命的秦王。秦昭襄王五十六年（前251年），老秦王薨逝，五十三岁的太子安国君继位，是为秦孝文王，华阳夫人成为华阳太后，嬴子楚成为太子。这一时期，赵国方面大约是考虑到嬴子楚已经正式被立为秦太子，便将赵姬、嬴政母子送回秦国，此时嬴政九岁左右。

秦孝文王为先王服丧一年之后才正式即位，却在即位三天之后死亡，死因不详。

嬴子楚继位，是为秦庄襄王。投桃报李的时候到了，吕不韦被任命为相国，封文信侯，食邑洛阳十万户。这笔"奇货可居"的投资、利润不可计数的生意，终于赢得回报。

嬴子楚在位三年多，于秦庄襄王三年（前247年）五月去世，死因同样不明。

年仅十三岁的嬴政即位，新王年纪尚幼，未能亲政，尊吕不韦为"仲父"。吕不韦把持国政，权倾朝野。

幼主初立，权相专政，大秦的历史翻开新的一页，正处在一个全新的时间节点上。李斯正是在这个时候来到秦国的。

李斯看得很清楚，眼下乃至未来十年之内，在秦王成年亲政之前，吕不韦才是这个国家真正的话事人。于是，他敲开相国府的大门。

当时，"战国四公子"闻名天下，分别是魏国信陵君、楚国春申君、赵国平原君、齐国孟尝君。这些豪门政要、王族公子大行养士之风，招徕奇人异士，每一位公子门下都聚集门客上千。吕不韦认为，以秦国之强大，以他大秦相国地位之显赫，门客数量却远远比不上"四公子"，面子还往哪儿搁？于是也开始招贤纳士、网罗贤才，赐予他们丰厚待遇，很快吕氏门下食客多达三千人。（吕不韦以秦之强，羞不如，亦招致士，厚遇之，至食客三千人。《史记·吕不韦列传》）

权贵养士，正是李斯走上仕途的好机会，他踏进的不只是相国府的大门，更是秦国权力殿堂的大门。

"足下来自何处？是何出身？"

也许是前来投奔的宾客游士实在太多，也许是眼前这个人衣衫朴素、外貌平平无奇，吕不韦显得有些漫不经心，专注地喝着他的茶，压根儿没拿正眼瞧一瞧来客。

"回禀相邦，在下李斯，原是楚国上蔡郡一员胥吏。"

"哦，郡县小吏……有什么本事，可以为本相效力？"吕不韦的语气颇有些轻蔑。

"在下以为，郡县小吏虽然职位低微，却是国之栋梁。治国之道，国不可无法，而法不可无吏，数以万计的郡县小吏才是国家政策法令真正的执行者。当初，商君在秦国推行变法，曾言道，一定要设置好法官，以及主持法律事务的官吏，以他们作为天下人的老师，如此方能使万民不至于陷入危险境地。"（为置法官，置主法之吏，以为天下师，令万民无陷于险危。《商君书·定分》）

"国不可无法，法不可无吏……说得好！足下见识不凡，不知可有师承？"吕不韦这才放下手中茶碗，仔细打量对方。

"学生求学于兰陵荀卿门下，习学治国平天下的帝王之术。"

"原来是荀卿高徒，失敬失敬。足下来得正好，我听说荀卿著述颇丰，荀卿门徒同样学识渊博。本相正令门下宾客搜罗天下学人文章著述，编撰一部大书，海纳古往今来天地万物之事理。足下此来，恰逢其时啊。"

吕不韦正在组织门客编写一部大书，名为《吕氏春秋》。最终成书总计二十余万字，分为八览、六论、十二纪。此书带有百科全书的性质，不拘泥于一家一派的思想观念，具有兼容并包、海纳百川的特征，是先秦杂家学派的代表作。传说此书编撰过程中，吕不韦在咸阳街市的大门上悬赏，只要有人能够对书中内容增加、删减一个字，而且改得好、改得妙、改得有理有据，便赏赐千金。（时诸侯多辩士，如荀卿之徒，著书布天下。吕不韦乃使其客人人著所闻，集论以为八览、六论、十二纪，二十余万言，以为备天地万物古今之事，号曰《吕氏春秋》。布咸阳市门，悬赏千金其上，延诸侯游士宾客有能增损一字者予千金。《史记·吕不韦列传》）

李斯投身吕不韦，成为吕相三千门客中的一员，相府的"舍人"是他入秦之后的第一个身份。所谓"舍人"，即依附于权贵，在主人门下寄食，为主人担当一定职事，也许是杂役，也许是侍从或亲信，因人而异。"舍人"不是正式的官职，只是一种低微的身份。

然而，鹤立鸡群总是特别显眼，李斯很快从三千门客中脱颖而出，赢得吕不韦的赏识。

"足下经纶大才，做我相府小小舍人，实在委屈。本相有意提拔足下入朝为官，只是不知依足下之意，想要进入哪个衙署、出任什么官职呢？"

李斯正思索如何回答，吕不韦半开玩笑似的补了句："太大的官可不行呦！"

李斯接过话头："多谢相邦栽培，我初入秦国，无尺寸之功，哪敢奢望什么大官。职位高低不打紧，只希望能够离秦王越近越好，好让李斯为大秦多尽一份力。"

"离秦王越近越好……"吕不韦何等精明,一琢磨就领会李斯的心思,拊掌大笑道,"好你个李斯!既然如此,便如你意,到大王身边,做个侍卫郎官如何?"

"一切听从相邦安排,臣李斯再拜,叩谢相邦!"

郎官是君王身边的侍从,负责宫廷宿卫、出充车骑。从相府的"舍人"到秦王宫的"郎",这次看似平常的人事调动,实则意义非凡。一来,虽然只是低级官吏,但李斯终于有了正式官职;二来,郎官的特点的确如李斯所愿——离秦王很近,他结束短暂的相府舍人生涯,进入秦王宫,来到嬴政身边。

嬴政与李斯,这两位大秦帝国未来的构建者初次相遇的时候,一位是未及弱冠、没有实权的少年君王,另一位是无足轻重、执戟而立的侍卫郎官。君臣二人风云际会,他们之间会碰撞出怎样的火花?

李斯游说秦王

作为郎官侍从,李斯近水楼台,能够侍立在旁,观察年轻的秦王。

这时候,李斯已经三十多岁,嬴政则是十三岁的少年。李斯发现,嬴政很少露出笑容,喜怒不形于色,两道剑眉总是凝重地紧蹙在一起。

早年间在赵国颠沛流离的经历,令嬴政格外早熟,他少年老成,性情有些孤僻,从不轻易表露情绪,让人猜不透他的心思。

嬴政高鼻梁,浓眉眼,眉宇间流露着清冷与萧索,带着一股庄严而神秘的气息,整个人看起来是那样高贵而孤傲,不怒自威。安静,是嬴政留给李斯的突出印象,他沉默寡言,总是陷入沉思之中,安静得令人心悸,像一头狮子无声无息地伏卧在幽深的丛林里。

李斯能看到嬴政眼里的光,那张清冷萧索的脸上,不经意间流露出的刚勇狠劲，那股独属于嬴姓秦人的狠劲，藏也藏不住。李斯看得出来，嬴政韬光养晦，有意收敛锋芒。他尚未成年，名为秦王，实为虚君，还不是大秦朝堂真正的话事人，只能默默地积蓄力量，平静耐心地等待执掌朝政的那一天。年幼的狮子按兵不动地蛰伏着，只为有朝一日雄狮觉醒，成为真正的森林之王。

李斯每天侍立于嬴政身侧，感到与秦王近在咫尺，又遥不可及。君臣有别，身份悬殊，一个小小侍从，按规矩，哪有什么资格与君王交谈。

可是，什么事都按规矩来，又有什么意思！

李斯心想：吕相将我带到秦王身边，已经为我创造了极为有利的条件，接下来只能靠自己了，机会是需要自己去创造的。

和许多谋臣、策士一样，李斯要向君王进行游说，献上平定天下的谋略。他苦心研学多年的"帝王之术"终于要派上用场了。

一个看似普通的午后，嬴政正在内殿批阅奏章。虽然还没有亲政，但他每天仍然坚持阅览大量文书，勤勉为政的习惯伴随他一生。

案牍劳形，埋首文山卷海许久，嬴政似有些困倦，以手托腮，微微闭目养神。大殿之内，闷热又宁静，仅有嬴政和几名侍卫，四下再无他人。

时机到了。李斯的心突突猛跳，他深吸一口气，屏息凝神，仿佛一名即将身赴战场的士兵，鼓足全部的勇气。

机会只有一次，成败在此一举。

李斯匍匐跪地，高声说出精心准备好的开场白："下臣郎官李斯，曾师从荀卿，习学帝王之术。大王今日如若拨冗得闲，臣想同大王谈一谈，欲成大业，成功与失败的关键所在。"

嬴政慵懒的眼神瞥了一眼跪地的郎官，等待他继续说下去。李斯哪敢擅自抬起头来，他的心都快跳到嗓子眼儿了，见秦王依然静默，没有同意也没有反对，只能硬着头皮，继续往下说：

"臣以为，功业成败的关键在于时机，更准确地说，在于人对时机的把握。"

万事开头难，游说君王的第一步，必须抛出一个吸引人的话题，或者不同凡响的观点，才能先声夺人，勾起君王的好奇心，唯有如此，谈话才有可能继续下去。

"时机？详细说说。"嬴政开口了。他随手摊开面前的书简，一边低头阅览一边听李斯进言，仿佛与一个小小郎官谈话还不足以让他投入全部注意力，一心两用也可。

"时机"这个新颖的切入点，果然成功引起秦王的兴趣，李斯一直提着的一口气稍稍得以舒缓。

"据下臣观察，许多失败的人有一个共同的特点，就是将能否成事寄托于他人，总是在观望别人的动向，等待别人的失败，最终白白错过属于自己的有利时机。而那些成就大业的人则不同，转瞬即逝的机会犹如一道狭窄细微的缝隙，但他们有一双锐利洞明的眼睛，能够在毫厘之间发现这道缝隙，趁着尚且有机可乘的短暂时间，下狠心去干，迅速采取行动，最终取得成功。"（胥人者，去其几也。成大功者，在因瑕衅而遂忍之。《史记·李斯列传》）

"说得不错，但你说的这些，与本王何干？"嬴政语声漠然，手不释卷，头也不抬。

"眼下，一个万世不遇、千载难逢的大好时机，正摆在大王面前！就看大王究竟是紧紧抓住，还是白白错失！"说到这儿，李斯壮着胆，抬起头来看嬴政的反应。

卖关子是一项重要的游说技巧，先抛出一个与对方相关的结论，但不急于论证说明，抛下鱼饵，只等大鱼上钩。

"起来说话。"嬴政放下书简，抬起头来，直勾勾地盯着李斯，"说吧，什么样的大好时机？"

李斯站起身来，他从秦王眼神中一闪即逝的微妙变化里看出，嬴政的心似有所动。既然对方的胃口已经被成功吊起来，那就不急着马上给出答案，接下来应当放缓节奏，开始兜圈子。因为论证说理需要一个谋篇布局的过程，讲究层层递进、不疾不徐。

"且听臣从头道来。昔日，秦穆公称霸于西方，却最终没有能够东出吞并关东诸国，是什么原因？因为那个时候，诸侯国尚且众多，周天子的威望德行还没有衰微，因此，五位霸主（指齐桓公、晋文公、秦穆公等"春秋五霸"）交替兴起，共同维护着周王室脆弱的尊位。一句话，彼时大秦东出的时机还不成熟。"

"你说的这些，尽人皆知，有什么新鲜？"

"臣想说的是，风云陡转，世事变迁，如今的情形已经大不相同！"

"有何不同？"

"自从秦孝公以来，周王室日渐衰微，列国诸侯互相兼并，函谷关以东形成六国分立、争战不休的局面。再反观大秦，秦国乘胜慑服列国诸侯，已经整整六代。如今，诸侯归顺秦国，有如一国之郡县服从它的中央朝廷一样。以秦国的强大、大王的贤明，消灭诸侯、成就帝业、实现天下一统，轻易得如同扫除灶上的灰尘一般。这就是臣所说的，万世不遇、千载难逢的大好时机！"（今诸侯服秦，譬若郡县。夫以秦之强，大王之贤，由灶上骚除，足以灭诸侯，成帝业，为天下一统，此万世之一时也。《史记·李斯列传》）

嬴政虽然少年老成，终究是热血激荡、壮志凌云的年轻人，高声说："成就帝业，一统天下，寡人平生之志也！"

李斯趁热打铁："大好时机当前，倘若不能抓住，不仅仅错失良机，更将导致灾殃降临。以当前的局面来看，秦国如若有所懈怠，不能够急速推进统一大业，等到诸侯列国再度强大，聚齐起来结成合纵联盟，共同对抗秦国，到那时，即使拥有上古黄帝那样的贤德，也无法吞并六国。正所谓，'得时无怠，时不再来'。兴亡成败转瞬之间，一刻耽误不得，请大王慎察明鉴。"（今怠而不急就，诸侯复强，相聚约从，虽有黄帝之贤，不能并也。《史记·李斯列传》）

战国中后期，秦国成为七雄之中头号军事强国，围绕着秦与六国之间的攻防关系，形成两种外交斗争策略。关东六国联合起来对抗秦国，在地图上看起来好像南北纵向连结的一条线，因此名为"合纵"；若是秦国联合六国中的某一国或数国，瓦解六国联盟，在地图上呈现东西横向串联的形态，因此叫作"连横"。

面对强大的秦国，六国在合纵与连横之间反复摇摆，没有永远的敌人，也没有永远的朋友，于是构成战国时期错综复杂的国际局势。李斯指出，秦国必须抓紧时机，防范六国合纵联盟做大做强。

"正是如此！"嬴政拍案而起，疾步来到李斯面前，一只手紧紧握住李斯手臂。李斯能够清晰地感受到秦王手上的力道，他知道，游说成功了。

"这位郎官，叫什么名字？来自何处？"

"下臣李斯，来自楚国上蔡郡，曾在荀卿门下求学。入秦之后，原为相府舍人，经由吕相邦推荐，入宫为郎官，得幸侍奉大王身侧。"

"哦，原来是荀卿高徒、吕相门客，如此高才卓识，当个小小郎官委屈了。"

嬴政任命李斯为长史。长史这一官职，设置在丞相、大将军等高官的幕府中，作为幕僚属官，负责顾问参谋，相当于秘书长或幕僚长的角色。李斯究竟在哪位高官府上担任长史，没有确切记载。无论如何，从郎到长史，从下级侍从到中级官员，李斯的仕途实现了一次大跨越。

李斯初次游说秦王，进献他的"帝王之术"，小试牛刀，初露锋芒。他懂得抛议题、卖关子、吊胃口，懂得精心铺垫、层层推进，在大秦的舞台上甫一登场就展现出高超的说服艺术、精妙的论辩技巧。

然而，奇技淫巧终究是小道，在语言技巧之上，李斯初次游说还有更加深刻厚重的东西，或许能够给予我们更为丰富的启迪。

首先，在议题的选择上，李斯从大处着眼，从秦国的头等大事谈起。李斯这一番策论，抓住统一大业这一根本，像凌厉射出、精准命中的箭，说到嬴政的心坎儿上。

其次，格局宏大，视野宽广。李斯初步显露出一名政治家的战略眼光。他纵论"万世一时"，一下子拉长时间的维度。他的论说富有壮怀激烈、波澜壮阔的史诗意味，核心论点振奋人心——历代秦王打下坚实基础，秦国已经具备兼并六国的条件，恢宏大业就在眼前！

最后，李斯成功唤起嬴政"得时无怠"的紧迫感。他敏锐地看到历史的大势所趋，提醒嬴政，一万世才出现一次的机会终于来了！李斯同时强调，趁着当前六国皆弱的局面，统一的步伐必须加快；否则一旦六国变强，联合抗秦，统一的最佳时机将转瞬即逝。

得遇时机，必须牢牢抓住，这是李斯给少年秦王上的第一课。

打响间谍战

初次游说，李斯立足于宏观战略层面，为嬴政勾画出一张一统天下的宏伟蓝图，令少年秦王心潮澎湃。可振奋之余，嬴政还是觉得混一六合、天下归一的景象那么遥远，有如镜中花、水中月。

统一大业，前路漫漫，岂是一朝一夕可以完成的？如今确立了目标，明晰了方向，蓝图已经绘就，接下来应当怎么做，该有些具体的计策方略。

嬴政问李斯："剪灭六国，寡人平生之志！这是万世之大业，旷古未有，何其艰难。李长史有何奇谋韬略，可令六国归服？"

李斯回答："臣以为，灭六国的关键，在于破合纵。而破合纵的关键，在于离间之计。"

"哦……离间之计，倒也稀松平常，除掉几个敌国的大臣没有问题，可寡人想要除掉的，是一整个国家。"

战国时期，间谍行动是诸侯列国普遍采用的一种斗争手段。嬴政原以为李斯能够说出什么新颖奇巧的神机妙策，没想到是平平无奇的离间计，不免有些失望。

"臣的离间之计，与别人不同。以往的离间行动，往往针对的是一人一事、一城一池，孤立而分散，所发挥的效用有限，臣姑且将其称为'小离间'。臣的离间，却是'大离间'，不仅可以为大王除一人，更可以为大王灭一国！"

"大离间？听着倒新鲜，大在何处啊？"

"大离间之大，就在于它与沙场用兵紧密结合。兼并六国，终究需要用兵，需要大秦百万雄师浴血奋战。但是，秦国以一敌六，奔袭千里，劳师动众，耗资甚巨，国力难以负担。臣的离间方略，便是在与六国决战之前，扰乱六国政局，最大程度削弱其国力，使我秦军能够以最小的代价踏平六国。用间在先，用兵在后；征伐为主，离间为辅，以离间助力征伐，相辅相成，事半功倍，如此大业可期！"

"妙哉斯言！李长史这'大离间'，该从何处着手？"

"臣建议，第一步，大王秘密派遣一批足智多谋、能言善辩的谍者，携带大量金玉珍宝，前往各诸侯国，替大王游说四方。"

"诸侯君王坐享一国之财，怎会看得上区区珍宝？"

"金玉珍宝不是献给诸侯君王，而是赠予各国朝中的权贵大臣。以财物贿赂这些掌握实权的公卿大臣，只要他们愿意接纳大王一片心意，就能够为我所用。"

"倘若他们不为所动呢？"

"总会有一些不识时务、顽固不化的人，他们对大王毫无用处，将来甚至可能成为统一道路上的阻碍，留之何用？必须早日铲除，以利剑刺杀，以绝后患。如此，列国朝中大臣，要么为我所用，要么身死族灭，诸侯手下再无可用之人，到那时，陛下兴王师、遣良将，六国必将望风披靡，天下可图也。"（阴遣谋士赍持金玉，以游说诸侯。诸侯名士可下以财者，厚遗结之；不肯者，利剑刺之。《史记·李斯列传》）

李斯的这一套离间谋略，步步为营，环环相扣，以各国朝中那些贪财好利的官僚大臣作为突破口，离间其君臣关系，使君臣之间互相猜忌，朝廷上下离心离德。到那时，不等外来势力入侵，各国内部已经先行瓦解。

李斯的不同凡响之处在于，他把往常单一、散点的间谍行动进行统筹整合、系统规划，离间计不再是不入流的雕虫小技、旁门左道，而是作为国家军事行动的辅助方略，被融入秦国的统一战争当中，起到缩减战争成本、加速统一进程的重要作用。

事实上，当时向嬴政提出离间方略的，不只李斯一人，还有顿弱、尉缭等谋臣，个个都是足智多谋的传奇人物。

顿弱，出身来历不详，人们只知道，他和李斯一样，也是从外国来到秦国谋求功名的游说之士。顿弱对嬴政说："兼并六国，关键在于韩、魏两国。人一旦被扼住咽喉，伤害胸腹，便有性命之忧。从地理位置上看，韩国正是天下的咽喉，魏国则是天下的胸腹。一个要冲，一个腹地，自古皆乃兵家必争之地。现在，我有破韩灭魏之计，只要大王拿出百万两黄金，我和间谍策士一起潜入韩、魏，开展游说活动，贿赂拉拢两国执掌权柄的社稷之臣，让他们弃暗投明帮助秦国。韩、魏一旦归附于秦，那么大王便可以图谋天下。"

计策虽好，可是对于这种狮子大开口的要求，嬴政不得不慎重："先生张口就是黄金万两，说得轻巧。先生有所不知，秦国穷得很哪，恐怕拿不出这么多金银。"

顿弱明白，嬴政的"哭穷"只是托辞而已，关键问题并不在于金钱的多少，他说："当今天下兵戈扰攘，无一日安宁，不是列国诸侯大搞合纵联合抗秦，就是秦国联合他国实行连横。依我的分析，天下大势，未来的走向无非两种：如果最终连横成功，秦国就将称帝；如果合纵成功，楚国就将称霸。秦国一旦称帝，那么全天下的财富都是大王的囊中之物。如果楚国称霸，大王就算今天死守着这黄金万两，将来它们也终究不属于大王。百万黄金与天下财富，孰轻孰重，还请大王明察。"

嬴政拊掌称善，从国库中拨出黄金万两，派遣顿弱前去韩、魏、燕、齐等国游走活动。在此后秦国兼并六国的战争中，顿弱的间谍活动发挥了重要作用。

另一位向嬴政献上反间计的关键人物是尉缭。尉缭，来自魏国大梁（今河南开封），缭是他的名，至于姓什么史籍失载，他担任过秦国的国尉，后世称其为"尉缭"。尉缭于秦王政十年（前237年）来到秦国寻找机会，嬴政向他请教平定天下的方略。

"以今日秦国之强大，诸侯畏惧臣服，唯一令人忧心的是，诸侯列国如果结成合纵联盟，出其不意，攻其不备，发动对秦国的突袭，危害就大了。六国之中任何一国，与秦国单打独斗都毫无胜算，但六国合而为一，拧成一股绳，大王还能高枕无忧吗？"

"先生所言极是，先生对于六国合纵，定有破解之法。"

"希望大王不要吝惜珍宝财物，散尽千金，派人前去贿赂六国朝廷里执政掌权的公卿大臣，以此扰乱六国联合抗秦的图谋。大王最多不过损失数十万黄金，却能够尽数铲除天下诸侯，这笔买卖划不划算，显而易见。"（愿大王毋爱财物，赂其豪臣，以乱其谋，不过亡三十万金，则诸侯可尽。《史记·秦始皇本纪》）

英雄所见略同，尉缭的建议与李斯、顿弱不谋而合，也得到嬴政的认可。

嬴政任命尉缭为国尉，主管军事，采纳李斯、尉缭的离间计策，李斯负责间谍行动的具体策划执行。〔以（尉缭）为秦国尉，卒用其计策，而李斯用事。《史记·秦始皇本纪》〕

在当时的秦国朝堂上，主张离间策略的还有姚贾、陈驰、荆苏、苏涓、任固等一批策士、谋臣，组成颇具规模的"军师联盟"。在这个联盟中，李斯与尉缭是两大核心人物。

李斯领导"军师联盟"，发动针对东方六国大范围、大规模的"间谍战"，开辟统一战争的第二条"战线"。秦国的间谍们带着大量金银潜入敌国，刺探情报，行贿大臣，分裂离间，甚至大搞暗杀行动。

间谍行动发生在看不见硝烟的秘密战场，谍影重重，虽然隐秘却厥功至伟。它与秦军正面战场的军事进攻相互配合，许多时候成功扭转战局，对大秦铁骑扫荡六国、最终完成统一，起到了重要的作用。

李斯在间谍战中表现出众，出任长史没多久，职位再获擢升，嬴政拜李斯为客卿。

"客"指从其他国家来到秦国的宾客，秦王拜"客"为"卿"，"客卿"是在朝廷中有正式官职的外客，属于大臣级别的顾问，秦王遇到重大决策会向客卿咨询意见。

客卿制度是李斯这样的外国人在秦国入仕为官的重要途径。在李斯之前，张仪、范雎、蔡泽都曾经担任过客卿，以此为跳板，最终跃升相国之位。

李斯从相府的舍人，到宫中的郎官，再到长史、客卿，可谓厚积薄发，官运亨通，官职短时间内实现"三级跳"，一条鸿运坦途、康庄大道摆在他面前，前景一片光明。

然而，天有不测风云，时局瞬息万变，在李斯正打算大展拳脚之时，秦国接连发生重大的政治风波，李斯不可避免地被卷入其中。

"逆袭"启示录：因时而动，顺势而为

李斯对嬴政说，你遇到了一万世才有一次的机会。

李斯第一次与秦王深谈，谈的就是统一天下的大事，谈的就是"万世之一时"。对于"时机"的敏感，对于"形势"的把握，李斯异于常人。

时也，势也。"时机"需要洞察，"形势"需要顺应。

李斯观察到，天下大势形成"一超多强"的局面，秦国这个超级大国是最有可能完成统一大业的国家。他对时局的发展、未来的形势有着清醒深刻的认识。

不仅善于观察，李斯更懂得选择与取舍，懂得借力，懂得顺势。他审时度势，闻风而动，来到施展才华的舞台、实现抱负的天地，搅动天下风云。

"得时无怠，时不再来；天予不取，反为之灾。"（《国语·越语》）

机会转瞬即逝，把握机会是一种能力。时不我待的紧迫感，机敏睿智的洞察力，主动进取的上进心，因时应势的行动力，缺一不可。

统一大业，是嬴政的"万世一时"，又何尝不是李斯的"万世一时"？

大时代的浪潮滚滚向前，李斯的宏图大业才刚刚开始。

第四章

厄运的逆转：雄文谏逐客

嫪毐之乱

从秦王政元年到十年是李斯入秦的第一个十年，他是大秦政坛上的配角。那时候，嬴政也是配角，年轻的秦王尚未亲政，把持朝政的主角们是相国吕不韦、太后赵姬、长信侯嫪毐等人。

秦王政九年（前238年），"嫪毐之乱"爆发。

这还得从嬴政生母赵太后说起。嬴政之父秦庄襄王死后，赵姬成了守寡的太后。嬴政少年时期，赵姬时常与旧相好吕不韦幽会私通，而且不顾秦王年纪越来越大，丝毫不加收敛。（秦王年少，太后时时窃私通吕不韦。……始皇帝益壮，太后淫不止。《史记·吕不韦列传》）

嬴政一天天长大，纸包不住火，吕不韦与赵姬这见不得光的关系越来越难以掩人耳目，"嬴政是吕不韦私生子"的流言一度甚嚣尘上。

吕不韦心里像是埋了一颗雷，不知道什么时候会引爆。他只知道，再这样下去，总有一天丑事将公之于众，势必危及自己在秦国的权势地位。身为大秦相国、秦王仲父，他决不允许这样的事情发生。

吕不韦急于摆脱赵姬的纠缠，从危险中脱身，想出一条金蝉脱壳之计。他为自己找了个替身——嫪毐，据说此人也是赵姬当年在赵国邯郸的旧相识，将此人送到赵姬身边，好生伺候太后，吕不韦便可全身而退。

但如何将嫪毐送入后宫，而且不引人怀疑，让他名正言顺地留在太后身边呢？思来想去，吕不韦觉得"太监"身份是个绝佳的掩护。

于是，吕不韦命人捏造罪名，告发嫪毐有罪，而且是那种按法律应当被施以宫刑的大罪。嫪毐入狱受审，赵姬私下送给主审法官一份金银重礼，法官心领神会，只是装装样子，并没有对嫪毐真的施加宫刑。经过这么一番折腾，嫪毐只要刮掉脸上浓密的胡须，在外人眼中，就摇身一变成了阉人。然后他顺理成章地以宦官身份进宫，成为赵姬的男宠。

在吕不韦眼中，嫪毐只不过是个工具，或者说用来交易的商品，替他满足赵姬的欲望，换取太平无事。他这种将人视为货物的商人思维，这回栽了大跟头。

吕不韦忽略了一点，人心不足蛇吞象，嫪毐不甘心只当一个男宠。在太后赵姬的大力支持下，他的权势迅速膨胀，被封为长信侯，家童数千人，想要当官而投入嫪毐门下做舍人的宾客多达千余人。嫪毐积极培植势力，逐渐形成一个不容小觑的政治集团，开始染指朝政。

后来，赵姬怀有身孕，为避人耳目，迁居到雍城（今陕西省宝鸡市凤翔区南），生下两个儿子。嫪毐有了儿子，野心更加膨胀，甚至萌生让他的儿子做秦王的念头。

嫪毐是吕不韦养的蛊，是吕不韦一手扶植起来的恶兽。对于嫪毐的崛起，吕不韦没有料到，当他意识到大事不妙时，为时已晚，事情渐渐超出他可以掌控的范围。

大秦的朝堂表面上风平浪静，实则暗潮汹涌。身处其中，谁也无法独善其身，包括李斯。

李斯自从被任命为客卿之后，在外国来客群体中官职最高，颇具名望。在各国宾客的一次聚会上，众人免不了谈论起当前云谲波诡的朝局。

"现如今，秦国上上下下，从普通老百姓到百官群臣，都在问同一个问题：'我到底应该支持长信侯嫪氏，还是依附于文信侯吕氏呢？'真是个令人犯难的选择，诸位怎么选？"（秦自四境之内，执法以下，至于长

挽者，故毕曰：与嫪氏乎？与吕氏乎？《战国策·魏策四》）

"要我说，自然是嫪氏。长信侯权势日盛大家都看在眼里，况且，长信侯背后可是太后呀！"

"错！大错！嫪氏之德行实在令人不敢恭维，只不过一时小人得志而已。依我看，吕相邦治国理政十余年，颇有建树，他才是大秦真正的国之栋梁。"

"李客卿，为何半天不言语，你怎么选？"

"这还用问？李客卿可是相府出身，自然是站在吕相这一边喽！"

李斯面色凝重，说："我哪一边都不选。我只知道一件事，为人臣子，各安其位，切勿玩火，玩火必自焚。"

"这是何意？谁在玩火？"

李斯笑而不答。面对迷雾一般的时局，他拨云见日，看到一些别人没有看到的东西。

在许多人看来，当时大秦朝堂的局面是吕不韦与嫪毐两派势力分庭抗礼。然而，这样的观察只看到表面，忽视了正在潜滋暗长的第三股势力——即将成年的秦王。嬴政年岁渐长，很快就要亲政，要拿回吕不韦、赵姬、嫪毐手中的权力。到那时，朝堂权力格局必将重新洗牌。

暴风雨来临前，如此宁静。李斯的心却一点儿都不能安宁，他意识到，关键的抉择摆在面前，必须早做筹谋，有所行动。否则，当暴风骤雨一来，恐有性命之忧。

吕不韦、嫪毐、嬴政三足鼎立，嬴政以一打二，谈何容易？目前还不具备反击的力量。李斯看得出，这些年，嬴政表面上装聋作哑，其实一直在韬光养晦、积蓄力量。

李斯想找一个合适的时机，与秦王谈一谈。终于，机会来了。

嫪毐日益骄奢，有一回和宦官们在一起喝酒、赌博，喝得酩酊大醉。其间，兴许是赌输了，嫪毐露出市井泼皮的嘴脸，瞪大双眼，厉声呵斥："大胆！我是秦王的假父！你们这些小子也配跟我作对！"（"吾乃皇帝

之假父也，窦人子何敢乃与我亢！"《说苑·正谏》）

"假父"，就是义父、干爹。在场的人一下子怔住了，嫪毐如何发迹，以及他那尴尬、丑陋、见不得光的真实身份，大家伙儿心知肚明。那段时间，秦国朝堂形成一道奇特的景观：一个秽乱宫闱的"秘密"尽人皆知，却又人人避而不谈，仿佛只要不去谈论它，丑闻就不存在。没想到，嫪毐酒后失言，祸从口出，竟然主动撕开盖在宫闱秘闻上的"遮羞布"，撕掉大秦王室最后一点儿尊严和体面。

事情闹得沸沸扬扬，李斯断定，一定有人将嫪毐的酒后狂言报告给了嬴政，虽然嬴政没有对此发一言，但他不可能不知道这件事。李斯正好借此机会，向嬴政进言。

李斯觐见秦王，请秦王屏退左右，对嬴政说："近日，长信侯酒后失状，猖狂胡言，想必大王已经知晓。"

嬴政沉静得令人心悸，他的眼睛像钩子似的，紧盯着李斯，面无表情。

李斯的猜测是对的，嬴政当然已经知晓，他既屈辱又愤恨，但还是将冲天的怒火压抑下来。不仅如此，更早之前，嬴政收到匿名举报，有人告发嫪毐是假宦官，与太后私通，还生下两个儿子。举报信上还说，嫪毐与赵姬约定："一旦秦王驾崩，就由咱们的儿子继位！"表面上，这封举报信石沉大海，嬴政对此不置一词；实际上，他已经暗中启动对嫪毐的调查，他需要查明真相，获得实证，才能揭穿"假父"真面目。

李斯突然将这件所有人都讳莫如深的事情摆出来，嬴政多少有些意外，他说："满朝文武，没有哪一位大臣胆敢与寡人提及此事，还是当时在场的一个小太监向寡人密报。李客卿与寡人言及此事，是何用意？"

"臣没有别的意思，只是想提醒大王，长信侯恐有不臣之心，希望大王早做防范。"

李斯与嫪毐素无来往，更鄙夷其为人，从骨子里瞧不起嫪毐。而且，在他看来，嫪毐这伙人分明在玩火自焚，十分危险，君子不立于危墙之下，他绝无可能依附于嫪毐势力。

"寡人听说，今日之秦国，从庶民到大臣，都在问同一个问题：到底应该支持嫪氏，还是支持吕氏？李斯，你怎么选？"

"在臣看来，问出这一问题的人，皆为愚民庸臣，因为他们竟然看不出，谁才是大秦真正的主人。大秦不姓吕，更不姓嫪，大秦姓嬴，这是再清楚不过的事情。"

"是啊，大秦姓嬴，寡人就算是再年少无德，也不能令大秦改姓啊！不过，你今日跟寡人说这些，就不怕你的恩主与你为难？"

"臣的恩主？"李斯心里一惊，表面上仍不动声色。

"寡人没记错的话，当年是仲父推荐你入宫的吧？"

"臣曾为相府舍人不假，但身为大秦臣子，效忠的恩主只有秦王一人。"

"可今日之秦王，却被一个'仲父'、一个'假父'骑在头上，这样的秦王，还是你愿意效忠的恩主吗？"

"臣的老师荀子在讲解《易经》中的需卦时曾说道：'需者，等待也。若能保持贞正，以正待邪，则虽险无阻，无所不及。'大王加冠亲政在即，即将宏图大展，只需要再耐心等待些时日。"

"你与寡人说这些，图的是什么？"嬴政目光灼灼，逼视李斯，察探他的意图，审视他的忠诚。

李斯不假思索，回答："图利。"

这个如此直白、没有任何修饰的答案令人意外，嬴政笑道："哈！你倒是坦诚。"

"臣愿意与大王谈一谈何谓'利'。李斯向来是个图利的人，锦衣玉食，荣华富贵，为一己之私利而奔忙。但臣更明白一点，唯有大秦繁盛，国泰民安，国家有大利，臣民才能有小利。臣背井离乡，不远千里来到秦国，正是为了辅佐圣贤明君，创万世之基业，为国家图谋大利，功成之后，难道还担心得不到一点儿私人小利吗？"

在李斯眼中，嫪毐是恶势力，吕不韦是旧势力，嬴政是新势力。李斯毫不犹豫地做出他的选择：与恶势力为敌，与旧势力切割，与新势力合流，坚定地站在他相信一定能赢的那一边。

通过这些年的接触，嬴政越来越了解李斯。这个楚国来的客卿，虽然在他面前总是表现出一副唯唯诺诺、恭敬顺从的模样，但难掩其身上的光芒。此人睿智精明，博学多闻，嬴政尤为欣赏他的胸襟与气度，初次游说之时，李斯便纵论统一大业，挥斥方遒，和嬴政一样胸怀大志。亲政在即，嬴政身边需要这样得力的帮手。

"李斯，寡人加冠亲政的那一天，你一定不能缺席，一定要亲眼见证寡人成为大秦真正的王！"

"臣翘首以盼，期望那一天早日到来！"

后宫的淫乱污浊，太后的恣意妄为，嫪毐的专横跋扈，这一切嬴政岂能毫不知情。但在秦王政九年四月之前，他始终没有轻举妄动，长久的静默和等待，好像老鹰在安静地等待猎物一步步进入它所布设的天罗地网之中。

秦王政九年四月，嬴政前往雍城，举行加冠大典。反戈一击的决战时刻终于到了。

古时候，男子二十岁左右举行加冠礼，由长辈为他戴上一顶帽子，标志其长大成人。嬴政行冠礼，除了成年，更重要的是标志着他即将亲政，掌握在吕不韦、赵姬、嫪毐等人的朝政大权即将被收回。

加冠典礼为什么不在咸阳而选在雍城举行？表面的原因是，雍城是秦国先前的国都，大秦先王的宗庙一直在雍城，依照古制，王者的冠礼应当在宗庙里进行，嬴政需要在先祖面前加冠成人。然而，除了这一点，嬴政此时离开咸阳，恐怕别有深意。

在雍城蕲年宫，文武百官注目之下，时年二十二岁的嬴政佩戴冠冕，手持宝剑，面目庄重肃然。这一刻，他等了将近十年。行加冠之礼后，他就是秦国真正的君王。

李斯在群臣班列之中，亲眼见证这历史性的一刻，不禁心潮澎湃、意气风发。王者君临天下，大秦进入全新的时代。李斯不仅要做新时代的见证者，更要做参与者、建设者，成为时代洪流的弄潮儿。

就在此时，咸阳传来消息：嫪毐发动叛乱！

"长信侯嫪毐假借秦王御玺及太后玉玺，调集王城戍卫，自咸阳出发，往雍城方向攻来！"

嬴政即将亲政，嫪毐心慌意乱，预感到危险正在逼近。关于他和赵姬，早就流言四起，怕是瞒不住了。嫪毐心想，嬴政掌权后第一个要对付的一定是他，与其坐以待毙，不如先发制人。趁着嬴政离开咸阳，君臣倾囊而出，国都空虚，嫪毐认为这是个大好时机，决定孤注一掷。

他盗用秦王和太后的印玺调兵遣将，集结他所能调动的各路人马，包括咸阳王宫的戍卫和骑兵、他的舍人门客、已经笼络许久的少数民族首领戎翟君等，进攻的目标直指雍城蕲年宫。（长信侯毐作乱而觉，矫王御玺及太后玺，以发县卒及卫卒、官骑、戎翟君公、舍人，将欲攻蕲年宫为乱。《史记·秦始皇本纪》）

刚刚亲政，王冠还没戴稳，就遭遇叛乱，满朝文武可都瞧着，年轻的秦王将如何应对。

嬴政面色冷峻，似乎并不惊讶。当恶狼终于露出獠牙时，雄狮从沉睡中醒来，利剑出鞘，一击制敌。

"昌平君、昌文君听令，领兵前往王都，铲平嫪毐贼党！"

值得注意的是，嬴政派出两位来自楚国的大臣带兵平乱，却没有选择他的"仲父"。吕不韦此时究竟人在何处？依常理推断，秦王举行加冠大典，这么重要的场合，相国应当出席，此时吕不韦很可能也在雍城。

王师出发之前，嬴政向全军将士允诺："生擒嫪毐的将士，赏钱一百万；将嫪毐击毙的，赏钱五十万；擒杀嫪毐党羽，皆论功行赏，人人有份！"

嫪毐临时组建起来的叛军，还没走出几里地，迎头遭遇从雍城杀来的王师。群情激昂的王师与乌合之众的叛军相遇，结果可想而知。叛军被杀了个片甲不留、鸟散鱼溃，嫪毐和他的两个儿子被活捉。

"大王，贼首嫪毐带到！"

嬴政一见嫪毐，怒发冲冠："逆贼，你知罪吗？"

嫪毐匍匐跪地，额头磕出血来，不停求饶："臣知罪，罪该万死！求大王开恩，饶过嫪毐一命！"

"李斯出列，你熟知律法，告诉嫪毐，盗窃御玺，谋逆造反，妄图弑君，依秦律，该如何论处？"

李斯回答："依秦律，当车裂，夷三族。"

嫪毐大惊，高喊道："只求秦王看在太后的面子上，开恩哪！"

嬴政被彻底激怒："你还有脸提太后！无耻逆贼，正是你寡廉鲜耻，秽乱宫闱，令大秦在六国面前蒙羞，令大秦太后成为天下人的笑柄！将你碎尸万段、食肉寝皮，都难解寡人心头之恨！"

嫪毐被夷三族，处以"车裂"之刑，即五马分尸。

负责处刑的执法官遇到难题："两位小……小公子，应当如何处置？还请大王明示。"

嬴政怒道："哪里来的小公子？两个孽种，都给我杀了，装囊扑杀！"

嫪毐与赵姬所生的两个儿子，也就是嬴政同母异父的两个弟弟，这时候还是小孩儿。他们被装进袋子里，活活摔死。

处决嫪毐一家还不够，他已经在朝中形成一个政治集团，斩草要除根。二十余名参与叛乱的骨干人物被枭首，砍头后将头颅挂在树木等高处示众。嫪毐的门客四千余人全部被抄没家产，轻者服劳役三年，重者被流放蜀地。搜捕残党的行动一直持续到这一年九月，嫪毐党羽才被清剿完毕。

嬴政以雷霆之势平叛止乱，再也没有人胆敢小觑这位年轻的秦王。此时的吕不韦，不知心中作何感想。吕不韦虽然没有参与嫪毐叛乱，但正是他瞒天过海，将嫪毐送到太后身边。追究起来，他才是嫪毐之乱的罪魁祸首。嫪毐已被诛杀，吕不韦岂能独善其身？

吕不韦倒台

嬴政的下一个目标正是吕不韦。比起嫪毐之流，把持朝政多年的吕相邦才是秦王亲政最大的障碍。嬴政很快发现，对付他的仲父可比处置嫪毐困难得多。

当吕不韦可能被惩处的消息传出时，朝堂上立马炸开了锅，各路宾客、辩士一拨接着一拨，纷纷前来劝阻。嬴政不厌其烦，正思考如何对付这帮人，忽然发现，前来劝谏的吕氏宾客当中少了一个重要人物。

"传召客卿李斯！"

李斯入宫来，嬴政面色诡谲，似笑非笑地说："今日寡人请你看出戏，你可瞧好了。"

很快，吕氏宾客又成群结队地来了，一字排开，轮流发言，还是老一套说辞。

"吕相邦为大秦鞠躬尽瘁，与嫪毐逆贼绝非同流，并无大错！"

"相邦三朝元老，于国有功，恳请大王三思！"

"大王亲政不久，离不开吕相辅弼，此时罢黜宰执大臣，无异于动摇朝廷根基，恐生祸乱！"

李斯在一旁听着，心突突地越跳越快，这出戏可一点儿都不好玩儿。他用眼角余光斜睨一眼秦王，只见嬴政脸色冷峻，原本半天没说话，任由宾客们吵吵嚷嚷，忽然冒出一句。

"李客卿，你怎么看？"

李斯闻言一凛，瞬间明白嬴政找他来的用意。这是一场对他究竟忠诚于谁的测试，既让他站出来对付这帮吕氏门客，也逼迫他明确表态，一箭双雕。

李斯毕竟出身相府舍人，吕不韦提拔他入宫为官，对他有知遇之恩。虽然他在相府的时间并不长，但朝中也有不少人，将他视为吕不韦阵营的人。李斯知道，为了明哲保身，必须与吕不韦切割，彻底撇清关系。

嬴政的目光聚焦在李斯身上，李斯不用看，也能感受到那逼人的目光。他深吸一口气，步入殿中央，来到诸位吕氏宾客面前，高声道："诸君所言，大谬！"

众宾客哗然："何谬之有？足下莫要信口开河！"

"吕相于国有功，但亦有过。有功则赏，有过则罚，功不能抵过，此乃法治之真意。诸位将功与过混为一谈，此错一也；大秦是王上的大秦，除了王上，大秦没有离不开的人，诸位却声称大秦离不开吕相，此错二也；诸君还说，吕相并无大错。吕相究竟有没有错，大错还是小错，王上自有定夺，不是尔等几张嘴可以轻易论断的，越俎代庖，妄断是非，此错三也！"

嬴政虽然没有说话，但冷峻的脸色有所缓和，面露一丝喜悦。

诸位宾客面面相觑，没想到半路杀出个雄辩的李斯，找不到有力的反驳角度，只能指着李斯鼻子，怒骂道："李斯，你也曾为相府门客，相邦待你有恩，你竟然忘恩负义，落井下石，置相邦于险境！"

"对！你过河拆桥，以怨报德，非君子所为！"

"岂止非君子所为，你背槽抛粪，简直禽兽不如！"

牲口吃完槽里的食物，就背过身来拉屎，"背槽抛粪"形容人忘恩负义，像牲畜一样。众宾客不停往李斯身上泼脏水，李斯面不改色，高昂着头，拂袖背身，不再与他们争辩。

宾客们还想继续争吵，嬴政呵斥道："够了！"

吕氏宾客们很快被打发走，殿内只剩下嬴政和李斯二人。

"为君难哪！"嬴政轻叹一口气。

嬴政在他面前这么一叹气，李斯忽然感觉与秦王的距离一下子亲近许多。这位一向令人感到疏离、冷漠的年轻君王，忽然有了一丝人性的温度。

"你也瞧见了，寡人这个仲父，好大的能耐啊，这还没怎么着呢，门下宾客成群结队，天天来谏，说来说去全是那一番话，寡人的耳朵都快听出老茧来了。李斯你说，寡人应该怎么办？"

"此乃国之大事，李斯不敢妄言，冒昧提出几点浅见，供大王参详。窃以为，嫪毐一族刚刚剿灭，朝堂仍然动荡不安，不宜大动干戈，此其一；吕相邦执政多年，不可否认，拥趸众多，声望卓著，此其二；相邦罪不至死，死罪可免，但活罪难逃，此其三也。至于如何处置，大王自有圣断。"

嬴政点点头："你说的这几条，切中肯綮，看得很准哪。"

嬴政的确动过除掉吕不韦的念头，谨慎起见，先放出风声，试探舆论。这一试，还真试出舆论与朝局的一些真相。正如李斯所言，吕不韦把持朝政十余年，树大根深，深孚众望，如果准备不充分，除掉吕不韦容易，但恐怕将引发朝堂动荡。吕不韦暂时杀不得，至少在刚刚平息嫪毐之乱的这个时间节点，还不是处置他的最佳时机，须得从长计议、循序渐进。（王欲诛相国，为其奉先王功大，及宾客辩士为游说者众，王不忍致法。《史记·吕不韦列传》）

吕不韦功劳再大，也必须为他在嫪毐之乱中所犯下的错误付出代价。哪怕再多人劝谏，嬴政心意坚决，并不打算让吕不韦毫发无损地逃过这一劫。在处决嫪毐一个月后，嬴政下令，免去吕不韦相国之位，宣判他政治生命的终结。

满朝文武由此都见识到嬴政行事有多么强悍狠绝。更狠的还在后面，因为还有一位关键人物——他的生母赵太后需要处置。

对赵太后，向来寡言的嬴政只说了两句话。

第一句，"将太后迁居雍地械阳宫，寡人与太后今生今世永不相见"。

说是迁居，其实是将赵姬驱逐出咸阳，软禁在雍地。赵姬与吕不韦旧相好的关系，已经是尽人皆知的"秘密"，二人不能都留在咸阳，必须有一人离开。两人相比较，嬴政似乎更难以面对他的母亲，他夹在人子与君王的双重角色之间，爱与恨交织，既感到羞耻又出离愤怒，复杂浓烈的情感折磨着他。他在动乱罹患中出生、成长，早就磨炼出一副铁石心肠，最终国君的身份战胜儿子的身份，他公开发下毒誓，与赵姬

"永世不相见"。

但是，为君王者，并不能随心所欲。许多大臣认为嬴政驱逐生母的举动大不孝，都来劝谏秦王收回成命。来劝谏的人越来越多，嬴政不胜其烦，由烦转怒，便有了第二句话。

"从今天起，谁再敢进谏太后之事，寡人就将他乱刀砍死，用荆棘插满他的脊背，斩断他的四肢，将尸体丢弃在城门楼下！"（敢以太后事谏者，戮而杀之，从蒺藜其脊肉，干四支而积之阙下！《说苑·正谏》）

君无戏言，嬴政不是放狠话吓唬大臣而已。禁令下达后，仍有不怕死的人直谏，嬴政言出必行，一共杀了二十七个谏言者。尸体堆积在城门楼下，不允许收尸，供人观瞻，以儆效尤。

第二十八个前来送死的人名叫茅焦，一位来自齐国的客卿。

嬴政派出使者，问茅焦："先生是为了太后之事而来吗？"

"正是。"茅焦如实回答。

使者说："大王让臣问一问先生，难道没有瞧见城门楼下堆积如山的尸首吗？先生执意来谏，那便是下场。"

茅焦面无惧色，从容而郑重，回答："我听说，天上有二十八星宿，如今城阙下已有二十七星，还差一个，就由我来补上吧。臣不是怕死的人，烦请使者再行通报。"

嬴政听了使者传话，拉下脸来，沉默片刻，冷冷道："既然执意要死，寡人成全他。来人，将大鼎搬入大殿，沸水烧起来！"

那个时代，君王将臣子扔到烧着沸水的大锅里，是一种常见的杀人方式。

使者传唤茅焦，进入大殿以后，按规矩，臣子应当小步疾走。可茅焦不疾不徐，步履缓慢，蜗牛似的在殿内慢行。

使者轻声催促："先生脚步再快一点儿，切勿令大王久等！"

茅焦笑道："我去到大王面前，很快就要被扔进大锅里，死到临头，您就不能再多给我片刻时间吗？"

使者一听，轻叹一声，有点可怜起这个主动送死的呆子，不再催促。

这一切，嬴政都瞧在眼里。大殿御座之上，嬴政手按宝剑，正襟危坐。

茅焦行礼完毕，对嬴政说："臣听说，活着的人不应该忌讳谈论个人的死亡，一国之君不应该忌讳谈论国家的危亡。因为忌讳谈论死亡并不能令人长寿，忌讳谈论国家的危亡并不能令国家免遭毁灭。一个人的生死，一个国家的存亡，都是圣明君王所希望听到的议题，臣正是为此而来。如今，陛下已经做出狂妄悖逆的行为，危及国家的存亡，可惜陛下还不自知。"

"呵！寡人做了什么狂妄悖逆的事情，仔细说来听听。说得好，赏金千两。说得不好，就将你扔进大鼎里烹了！"

茅焦瞥一眼大鼎，沸水咕咚咕咚地烧着，他面色不改，竟然向大鼎靠近几步，将手掌紧握成拳头，重重敲击大鼎的外表面。

"咚！咚！咚！"沉闷厚重的声响，敲在嬴政的心上。

"陛下之错有四：将假父嫪毐车裂，是因为嫉妒之心，此错一也；扑杀两位襁褓中的王弟，有了不仁慈的名声，此错二也；将母后迁居雍地棫阳宫，这是不孝的行为，此错三也；用荆棘刺死进谏者，这是夏桀王、商纣王才有的暴行，此错四也。"（陛下车裂假父，有嫉妒之心；囊扑两弟，有不慈之名；迁母棫阳宫，有不孝之行；从蒺藜于谏士，有桀纣之治。《说苑·正谏》）

嬴政一直紧按着宝剑的手不自觉地松开，开始认真思考茅焦所说的话。

茅焦言辞恳切地说："百善孝为先。孝道，既是人伦亲情，更是家国大义。如今，全天下都听说了大王驱逐生母的事情，不孝之名传遍列国，世人更要贬斥秦国为虎狼禽兽，再也没有人愿意来到秦国为大王尽忠效力。民心乃社稷之本，民心一旦失去，恐怕陛下临危、秦国将亡。臣实在是为陛下、为大秦深以为忧啊！臣这条卑微的性命死不足惜，烹了臣，倘若能够挽救大秦社稷，臣死得其所！"

言罢，茅焦脱下上衣，走下大殿，伏身叩首。意思是，我要说的都已经说完，陛下可以动刑了。

嬴政为之动容，为茅焦的金玉良言，更为他的忠肝义胆。嬴政起身，快步走下大殿，扶起茅焦："先生快快请起，寡人知道错了。"

嬴政诚心向茅焦请教，赵太后之事应该如何挽回。

"臣以为，陛下当亲赴雍地，迎回太后，向世人彰显陛下悔改之意、仁孝之心。"

"寡人毕竟是一国之君，已立下重誓，与太后不再相见，君无戏言，岂能反悔？"

"陛下不仅是一国之君，更是太后之子。儿子迎母归家，天经地义。到那时，世人眼中，只会看见一位孝顺爱母的儿子，绝不会在意背弃虚妄誓言的国君。"

"先生高论，寡人谨受教！"

嬴政尊茅焦为上卿，听从他的建议，亲自前往雍地，将赵姬接回咸阳。

茅焦解决了嬴政身上国君与人子两个角色之间的冲突，而且点出令嬴政改变主意的关键因素——"民心"。嬴政不愿意留下一个不仁不孝的坏名声，不愿意因此失去民心，更不愿意因为此事影响他的统一大业。

值得一提的是，在迎回赵姬的几天之前，嬴政颁布一道命令："文信侯就国河南。"

已经被罢免相位的文信侯吕不韦，这时候又被勒令离开咸阳，前去他的封地河南洛阳。当年，吕不韦帮助嬴子楚登上王位，秦庄襄王兑现承诺，封吕不韦为文信侯，赐河南洛阳食邑十万户。

赵姬归咸阳，吕不韦回河南，这一来一去、一迎一逐，能够看出嬴政的底线：不允许赵姬和吕不韦生活在同一座城市，只有一人能留在国都。

吕不韦没有办法，只能被迫前往封地，从此远离朝政中枢。嬴政虽然宣判了吕不韦政治生命的终结，但吕不韦仍不甘心，并没有就此消停，到洛阳之后依然十分高调，表现得十分活跃。文信侯府上门庭若市，宾客盈门。吕不韦虽然失势，但前任大秦相国的声名依旧显赫，许多诸侯国的使节登门拜访，络绎不绝，好不热闹。在喧闹之中潜藏着巨大的政治风险，好客的主人却一点儿都没有察觉。

一个被罢免的相国，竟然私自与外国使节交往，犯下大忌。那些使节也许是看中吕不韦在秦国朝堂的影响力，也许是有意邀请吕不韦转投他国。不管出于什么目的，当嬴政得知洛阳吕府宴席不断、高朋满座的欢乐景象时，他可是一点儿都开心不起来，脸色黑如焦炭。

吕不韦本该闭门谢客，低调行事，夹着尾巴做人，可他却如此高调张扬，也许他太过于自信，认为自己并不像嫪毐那样有谋逆之举，没有犯过什么大错，而且这么多年尽心辅佐两代秦王，有功于大秦，将来必定还有东山再起的希望。

一拨又一拨吕氏门客，不知是受吕不韦之托还是自愿为之，纷纷前来劝说嬴政重新起用吕不韦。这些门客好心办了坏事，嬴政对吕不韦越发忌惮。已然被赶出朝廷中枢，竟然还有这么大的能量，还有这么多人替他说话，如此一呼百应的影响力，刚刚亲政的秦王岂能容忍！

吕不韦在秦国担任相国十二年，权倾朝野。相权大，君权便弱。当嬴政逐渐成熟，君权上升时，势必要打压相权，集权于君主一人。

秦王政十二年（前235年），吕不韦收到来自嬴政的一封信。信的内容很简短，两句反问，一句命令。

"请问，你对秦国有什么功劳，能够享受大秦赐予的河南封地，拥有食邑十万户？再请问，你和秦国王室有什么宗亲，竟然胆敢号称秦王的'仲父'？现在，本王命令你和你的家属，全部迁往蜀地！"（君何功于秦，秦封君河南，食十万户？君何亲于秦，号称仲父？其与家属徙处蜀！《史记·吕不韦列传》）

两句反问，直指命脉，犹如两记重拳，对吕不韦形成致命打击。第一问彻底否定了吕不韦这些年对秦国的功劳；第二问表面上否定的是他的"仲父"称号，但结合当时已经开始传播的关于"嬴政是吕不韦之子"的流言，嬴政此问绝非信口一言，而是借否定"仲父"之名，坚决撇清他和吕不韦之间的亲缘关系。"君何亲于秦"？你吕不韦与大秦嬴姓宗室没有一丁点儿关系。既然吕不韦既"无功"又"无亲"，这就干净利落地从根上挖掉了吕不韦立足于秦国朝堂的根基。

嬴政言辞激烈，不留丝毫情面。吕不韦知道，他的人生已然穷途末路。蜀地遥远，路途艰险，能不能活着到达实在不容乐观。一步步被逼迫至此，他才彻底看透嬴政冷酷的心肠。于是，他不再抱有任何希望，饮下鸩酒而亡。那是一种用鸩鸟羽毛泡的酒，内有剧毒。（吕不韦自度稍侵，恐诛，乃饮鸩而死。《史记·吕不韦列传》）

平定嫪毐之乱，罢免吕不韦，这是嬴政亲政之后办的头两件大事。在大秦的政治舞台第一次以主角身份亮相，嬴政显露出雷厉风行的作风、不容冒犯的威严、强势凶悍的铁腕，他刚毅果决，行事狠辣，手段强硬。太史公司马迁形容嬴政的性情"刚毅戾深"，此时已经初露峥嵘。只要威胁到君权、有害于江山社稷，就算是生母也可以软禁，幼弟也可以扑杀，仲父也可以罢黜，绝对没有一丝一毫的心慈手软。

嬴政是天生的帝王，他的刚强坚毅，他的暴戾严酷，令人敬畏，更令人恐惧。雏鸟长成雄鹰，少年成为君王，他以雷霆霹雳的手段，拿回本属于他的王权，震动朝野，文武百官无不为之慑服。

修水渠的间谍

秦王政十年（前237年），李斯来到秦国的第十个年头。刚刚经历了嫪毐之乱、吕不韦罢相，他还没来得及大展宏图，就差点儿在一场牵连甚广的政治风波中被扫地出门。

事情还要从一个名叫郑国的人说起。

话说秦王政元年，嬴政即位不久，从韩国来了一位水利工程师。

"臣郑国，为秦王献宝而来！"

"大秦富饶强盛，秦宫中稀世珍宝应有尽有，你有何珍宝可献？"说话的是当时主持朝政的相国吕不韦。

"臣要献上的，正是秦国最为稀缺的珍宝——水。"

"水？"

"'旱魃为虐，如惔如焚。我心惮暑，忧心如熏。'（《诗经·大雅·云汉》）来咸阳这一路上，我听见田间农夫吟唱歌谣，如泣如诉。关中旱灾频发，田野荒芜，农夫饱受无水之苦。请问秦王、吕相，难道水不是秦国最稀缺的珍宝吗？"

秦国所在的关中地区是西北寒冷干旱之地，降水稀少，旱灾多发，农作物得不到充足灌溉，土地得不到充分开发。缺水问题成为秦国农业生产的一大困扰，土地贫瘠，粮食低产，只能种一些耐旱的粟、菽、麦等农作物。

吕不韦说："你说得不错。可是，天不降甘霖，那是老天爷的旨意，又有什么办法？"

"天不降甘霖，可以从地下引水呀。只要在西边泾水处开凿一条水渠，向东引向洛水，将泾水与洛水连通，然后引水灌溉农田，便再无干旱之忧。"

郑国兴修水渠的建议，获得嬴政、吕不韦的认可。

渭水，即渭河，是黄河的最大支流。泾水、洛水都是渭水的一级支流。泾水在西，洛水在东。郑国提议修建的这条水渠，西端的起点位于仲山的瓠口（今陕西泾阳县境内），沿着北部的山势往东，贯穿渭北平原，由西向东，引泾水连通洛水，全长三百余里。

这是一项浩大的工程，总计征调民夫数十万。工程由郑国主持，他不仅带来倡议和构想，也为秦国带来先进的水利技术。兴修大型水利工程不是一朝一夕可以完成的，光阴荏苒，郑国在秦国一待就是十年。

十年来，他一直背负着一个鲜为人知的秘密。然而，世上没有不透风的墙，就在水渠工程即将完工的时候，郑国的隐秘身份曝光。

那一天，炎炎烈日之下，郑国正在工地监工，突然一群全副武装的士兵闯入，将他五花大绑，带到秦王面前。

这时候，嬴政已经亲政，不似少年时那般青涩，隐隐显露帝王之威。郑国一瞧，端坐如钟的秦王剑眉怒目，面色阴郁。

"说！你到底是什么人？究竟是水工还是韩王派来的奸细？"

"大王问得好啊，臣究竟是什么人？这十年来，有时候连臣自己都有些恍惚了。水工？细作？大概都是吧。"郑国淡淡地说。他面不改色，异乎寻常地平静。也许，打从踏上秦国土地的那一天起，他就料到会有这一天。

秦王收到密报，郑国是韩国的间谍，他入秦修渠的举动，隐藏着韩王的重大阴谋。

"潜伏秦国十年，费尽心机，掩人耳目，究竟有何图谋？还不从实招来！"

郑国从容自若，轻轻叹了口气："时光如梭，没想到转眼已经十年。臣入秦的缘由说来话长。天下七国之中，韩国最为卑弱，又与贵国接壤，处在贵国的威胁之下。实力所限，打是打不过，降又不甘愿，韩王左思右想，寻得一条瞒天过海的妙计。我本是水工不假，韩王找到我，命我前来游说秦王，献上修渠引水之策。韩王的意思是，百里水渠工程浩大，耗资甚巨，费时费力，势必劳师动众。只要工程开启，开弓没有回头箭，时日一久，秦国国力必定大为损耗，再也无力攻伐韩国。此计名为修渠引水，实为'疲秦之计'。"

早在秦昭襄王时期，相国范雎提出"远交近攻"的战略，与距离较远的国家结交为友邦，率先攻打距离本国较近的国家，由近及远循序渐进，一步一步向东扩张。这一方略实施之后，地理位置上紧邻秦国的韩国再无宁日，不断受到秦军侵扰，苦不堪言。惶惶不可终日的韩王这才煞费苦心地使出这招"疲秦之计"。

郑国侃侃而谈，平静而坦然，言语间似乎在嘲弄自己一个水工却被迫成为间谍的荒诞命运，一点儿没有阴谋败露的狼狈心虚，更别说畏惧恐慌了。这副淡定模样，令本就大为窝火的嬴政出离愤怒。

"来人哪，将这个寡廉鲜耻的细作拉出去，碎尸万段！"

侍卫从两侧迅速围拢上来，郑国放声大笑，桀桀怪笑响彻大殿，久久不息。

"大胆狂徒！死到临头，因何发笑？"

"我笑秦王眼瞎，识人不明！只瞧见臣是祸害秦国的细作，却瞧不见臣是有恩于秦的功臣！我笑秦王眼拙，鼠目寸光，与韩王一样糊涂透顶！只瞧见'疲秦之计'消耗当下国力，却瞧不见百里水渠有利于千秋万代。"

话虽刺耳，但嬴政听到了话中深意，他冷静下来，强压怒火："宗室、大臣都让本王杀你，寡人再给你一次机会，保不保得住脖子上这颗脑袋，就看你自己了！"

一直表现得狂傲不驯、轻慢无礼的郑国，重重叩首三次，面色肃然，诚恳言道："臣愿意向大王袒露肺腑之言。最初，臣的确身不由己，奉韩王之命，来为秦国修渠。修渠有削弱秦国之意不假，可是这一条浩荡的水渠一旦修建完成，对秦国大大利好。臣的所作所为，只不过为韩国延长区区数年的国运，却为秦国建立万世之功！这笔账，究竟谁得利、谁亏损，难道还不清楚吗？臣本就是一名水工，只懂得挖沟修渠，哪里懂得做什么细作？如今，十年辛劳，眼看即将大功告成，倘若因郑国一人就此停摆，功亏一篑，岂不可惜！杀掉一个郑国不足惜，真正损害的是大秦万世基业啊！"（始臣为间，然渠成亦秦之利也。臣为韩延数岁之命，而为秦建万世之功。《汉书·沟洫志》）

郑国的肺腑之言，立论新颖，见识不凡。他抓住水利工程"功在当代，利在千秋"这个关键点，将人们对于引水修渠这件事的认识提升到一个全新的高度。

嬴政表面上不动声色，内心已被深深打动，大有耳目一新、醍醐灌顶之感。他一方面强势、易怒；另一方面视野开阔、胸襟博大，能够听得进别人的意见，并且快速吸收为我所用。嬴政很快意识到，韩王闹这一出，表面上是"疲秦之计"，但从根本上看却是"强秦之策"。

"如你所言，水渠已修十年，竣工在即，寡人既然中了韩王'疲秦之计'，索性将计就计，成全韩王一片苦心！"

嬴政赦免郑国，命他按照原定计划，将水渠修建完成。

水渠完工之后，用以灌溉渭北平原的四万余顷盐碱地，既灌溉农田，解决关中缺水问题，又能够改良盐碱化的土壤，使得贫瘠的土地变得肥沃。关中沃野千里，每一亩田地能够出产一钟（六斛四斗）的粮食，在当时的生产条件下，"亩钟之田"被认为是极为肥沃的良田。这条水渠宛如一条穿行于关中大地的游龙，绵延蜿蜒，滋润着这片古老的土地，大大减少了灾年荒年的出现。农业是国家的根基，秦国因此而富庶强大，为兼并列国奠定坚实的基础。后人以那位间谍水工的名字为水渠命名，这便是历史上著名的"郑国渠"。（渠就，用注填阏之水，溉泽卤之地四万余顷，收皆亩一钟。于是关中为沃野，无凶年，秦以富强，卒并诸侯，因命曰"郑国渠"。《史记·河渠书》）

郑国有惊无险，逃过一劫，但间谍事件发生后，秦国朝堂出现一股主张驱逐外客的舆论。这股舆论风潮由嬴姓宗室掀起，他们对秦王说："非我族类，其心必异。像郑国这样，从各诸侯国来到秦国的外客，大都居心不良。他们为了本国君主，云集于咸阳，四方奔走，兴风作浪，尽干那些游说、离间、窃密的勾当，何其可恶！请大王下令，驱逐一切外客！"（诸侯人来事秦者，大抵为其主游间于秦耳，请一切逐客。《史记·李斯列传》）

嬴政同意宗室的请求，颁布"逐客令"，凡是从六国入秦的宾客，一概驱逐。

表面上看，郑国间谍事件是引发秦王逐客的导火索，但嬴政刚刚赦免郑国，紧接着就大肆逐客，似乎自相矛盾。其实，"逐客令"的出现，绝不仅仅因为一个水工，背后更牵连着大秦朝局的权力更迭，隐伏着新旧势力的激烈交锋。

嫪毐覆灭、吕不韦罢相发生在秦王政九年（前238年），大秦朝堂改天换地，完成权力交接。正是在这一背景下，第二年，"逐客令"发布。嬴姓宗室此时跳出来，主张"驱逐一切客"，郑国间谍案只不过是一个由头，供他们借题发挥而已。

以嬴姓宗室为代表的旧贵族养尊处优，世卿世禄，靠着贵族的身份承袭爵位，由国家所供养。自从商鞅变法以来，秦国大力推行"军功爵"制度，以军功作为行赏封爵的标准，不论出身，唯才是举，贵族对爵位的垄断被打破。放眼朝堂，尽是商鞅、范雎、张仪这样的外来策士风头无两，贵族宗室逐渐被边缘化，特权被取消，利益受损害。诚如商鞅所说，有功劳的人显赫荣耀，没有功劳的人即便出身贵族，国家也不会赐予荣誉。（有功者显荣，无功者虽富无所芬华。《史记·商君列传》）

改革是对既得利益的再分配，也是新旧势力的激烈交锋，旧贵族岂能坐以待毙？一旦机会出现，他们便疯狂反扑。商鞅对秦国功勋卓著，最终落得个五马分尸的下场，就是残酷斗争的结果。

商鞅是外来客，嫪毐、吕不韦也是。这些在秦国朝堂翻云覆雨的新贵，早就成为旧贵族的眼中钉、肉中刺。这下好了，两位外客代表人物相继倒台，但还远远不够。嬴姓宗室借郑国事件，在朝堂中营造驱逐外客的舆论，极力鼓噪，声势浩大，向嬴政施压。这一次的排外更为彻底，他们提出一个近乎疯狂的想法：赶走一切外国客卿！因为他们要釜底抽薪，以绝后患。

关键在于，嬴政是什么态度。

嬴政刚刚平息嫪毐之乱，将吕不韦赶去洛阳封地，对这两位"假父亲"，他厌恶、憎恨至极。这种厌恶与憎恨，延伸到外来客卿身上，对这一群体产生深深的不信任感。尤其是吕氏门客，在吕不韦被罢相之后，一直在积极活动、频繁来谏，显示出一股不容小觑的势力，兴风作浪，令嬴政很是头疼。就在这时，宗室族人推波助澜提醒嬴政，那些来自外国的客卿，究竟心向着谁？他们会真心为秦国效力吗？不如全部赶走，一了百了。

嬴政选择站在嬴姓宗室一边，颁布"逐客令"。

来自楚国的李斯，也在被驱逐之列。入秦十年，李斯在朝中担任"客卿"一职，已经是外客当中颇具影响力的佼佼者。即便如此，逐客风波力度之强、波及之广，他也未能幸免。

一篇千古雄文的诞生

"大索，逐客。"

《史记·秦始皇本纪》里冷冰冰的四个字，描述了"逐客令"颁布之后的严酷景象。

"大索"，大肆缉拿、搜捕的意思，对象是来自六国的"客"。抓捕之后，将他们驱逐出境，主动离开最好，不服从的由官兵押解，"护送"他们出城。此令一下达，所有宾客必须马上卷铺盖走人，一刻不得耽搁。

昨日还是备受礼遇的座上宾，今日却像丧家之犬一样被驱逐，"逐客令"如一盆冷水浇下，令所有远道而来的外客寒心。李斯深切感受到被扫地出门的屈辱，既心酸委屈，又愤懑不甘。他为大秦赴汤蹈火的一腔热血，此刻显得多么讽刺。明明没有做错任何事，没有任何损害秦国的举动，不分贤愚，不辨忠奸，只要是外客就驱逐，赤裸裸的霸道、强权和不公，着实给李斯上了一课。

当厄运来临时，就是这么不讲理。李斯原以为，经历了嫪毐之乱、吕不韦罢相，嬴政对他更为赏识，已经对他另眼相看。然而，当"逐客令"卜达，嬴政并没有为他李斯一人网开一面，区别对待。在巨大的政治风暴面前，个人的力量如此渺小。他在心中呐喊：我恨哪！十年苦心经营，谨小慎微，稳健行事，好不容易跻身客卿之位，才刚刚在朝堂上站稳脚跟，有了一席之地，正欲大施拳脚，谁承想，城门失火殃及池鱼。最可恨的是，连面见秦王据理力争的机会都没有。

一种深深的无力感笼罩着李斯，"逐客令"来得太突然，像是汹涌而来的一波巨浪，让人猝不及防。外客们没有询问、争辩、劝谏的机会，必须立马走人。

可是，真的一点儿机会都没有吗？

不到最后一刻，胜负未分，终局未定，就还有逆转败局的机会！李斯对"机会"有着深刻敏锐的洞察，机会不能等待上天的赐予，看不到机会，就主动创造机会。

李斯不相信，人的命运真的如此轻贱，只能任由偶然与无常肆意戏弄。他不愿做随风飘逝的浮萍，拒绝接受厄运的摆布。

在被驱逐的最后一刻，李斯决定写一封信给嬴政。只要他还没有离开咸阳，就还是朝廷官员，依然享有上书秦王的权利，从败局中翻盘的机会或许就在于此。

李斯摊开竹简，深吸一口气，提起笔。他手中的笔似有千钧重，准确地说，是他即将写就的这篇文章，自有千钧之重。

所有的愤懑、疑惑、质疑与反思，在他的笔尖流淌，如水银泻地，倾泻在斑驳的竹简上。李斯倚马千言，洋洋洒洒，书写雄文一篇。他要和嬴政好好谈谈，"逐客"这件事究竟是对是错、利弊几何。

被驱逐的时刻到了。李斯打点行装，走出咸阳城大门。站在城门外，他忍不住驻足，回头看了一眼，城楼巍峨古朴，熙熙攘攘，行人如织。十年一觉咸阳梦，壮志未酬梦乍醒，难道真的就这样结束了吗？

"十年了，李斯为大秦、为王上，呕心沥血，肝脑涂地，我把一切都奉献给了大秦，尽忠竭智，毫无保留。可结果呢？一道逐客令，如晴天霹雳，十年之功被尽数抹去，弃之如敝屣，天理何在？公义何在啊？"

"快走！嘟嘟囔囔说什么呢？不要在城门要道上逗留！"城门的戍卒举起长戟，指着李斯的鼻子，大声呵斥。

李斯怒道："我是秦王客卿，朝廷命官！小卒竟敢如此无礼！"

戍卒上下打量李斯，说："秦王客卿？秦王驱赶的就是你们这帮客卿！走走走！快走！"

李斯无言以对，悻悻然拂袖而去。沿着咸阳古道一路往东，他信马由缰，漫无目的，逡巡徘徊。眼前这条路，正是十年前他来到咸阳的路，当时他何等意气风发，如今尚且一无所成，却只能打道回府。

越往前走，离咸阳越远，步履越沉重，心绪越纷乱。他背井离乡，在咸阳终究是个外客，秦国终究是他乡。古道尽头，夕阳迟暮，李斯不禁心生悲凉，原来天下之大，皆是他乡。那么何处是归途呢？回楚国上蔡吗？故乡是回不去了，那又能去哪儿呢？李斯不知道。

沉郁片刻，他提醒自己，不要放弃希望，振奋起来，眼下真正重要的事情只有一件：我的上书，秦王看到了吗？

此时此刻，咸阳秦王宫内，嬴政的桌案上，正摆放着李斯的上书。

这篇奏书究竟如何通过层层流转被送到嬴政面前，其中具体的细节已经无从考证，也许事情没有那么复杂，李斯在被驱逐之前，通过呈报公文的正常渠道，将奏书递交上去。

李斯知道，只要奏书一提交，被嬴政看到的概率很大。因为嬴政是一位勤勉的君王，他每天要处理一石重量的文书。那时候的文书以竹简为材质，一石大约一百二十斤重，秦制一百二十斤约为今天的六十斤。也就是说，嬴政每天必须批阅六十斤重的公文，不完成定额就不休息。（上至以衡石量书，日夜有呈，不中呈不得休息。《史记·秦始皇本纪》）如此看来，嬴政在堆积如山的文书中，翻阅到李斯的奏书一点儿都不奇怪。

"臣闻吏议逐客，窃以为过矣……"

嬴政偶然间翻开这份书简，娟秀匀称、柔中带刚的秦篆映入眼帘。透过竹简上的文字，君臣二人打破时空的限制，得以进行对话交流。虽然在物理距离上，李斯正离嬴政越来越远，但二人之间的心理距离，得益于文字的神奇力量，正越拉越近。我们可以想象，李斯站在嬴政面前，慷慨激昂、指点江山、纵论古今的模样。

"臣听说，最近朝中官吏都在议论'驱逐外客'。臣私下认为，这项举措是错误的。"

开场先声夺人，牢牢吸引住嬴政，让他拿起书简再也放不下。

李斯开宗明义，一上来就直指核心问题。在这样万分危急的时刻，文章的开头不能绕弯子，必须开门见山，单刀直入，旗帜鲜明地表明立场。嬴政眉头一皱，心头一震，不自觉地想要接着读下去。

值得注意的还有李斯婉转含蓄的说话艺术。"逐客"当然是嬴政本人的决策，力劝嬴政逐客的主要力量是嬴姓宗室，但有意思的是，李斯却模糊地说有官吏在议论逐客，闭口不提宗室王族，把"逐客"的责任推到官吏身上，巧妙地转移了批评攻击的对象。接下来再论述"逐客"是错误的，那么就不是嬴政的错误，嬴政顶多只是误信官吏的谗言而已。这样一来，巧妙地避开对嬴政的直接批评，为嬴政将来收回成命、修正错误留出余地。在语辞上，"窃以为"是谦辞，显得语气委婉，态度谦卑，说话的分寸拿捏恰当，令听者舒畅快意。

完美开篇之后，李斯并不急着直奔主题，直接去论述"逐客"错在何处，而是宕开一笔，将视线拉向遥远的过去，谈起秦国的历史。

"昔日，秦穆公寻求贤才，从西边找到由余，在东边宛地得到百里奚，迎来蹇叔于宋国，招徕丕豹、公孙支于晋国。这五个人，都不是在秦国出生，然而秦穆公重用他们，吞并二十多个国家，称霸于西戎各族之中。

"秦孝公采用卫国人商鞅的变法之道，移风易俗，人民得以生活殷实，国家得以富足强盛，百姓乐意为国效力，诸侯列国亲附归服，击败楚国、魏国的军队，攻取千里之地，确保秦国至今依然安定、强大。

"秦惠文王采用魏国人张仪的计谋，攻拔三川之地，向西兼并巴、蜀两个小国，向北收得上郡，向南攻取汉中，吞并九夷（楚国境内的少数民族），控制鄢、郢之地，在东面占据险要的成皋，割取膏腴肥沃的土地，瓦解击散六国合纵攻秦的联盟，迫使他们向西侍奉秦国，不朽功勋一直延续到今天。

"秦昭襄王得到魏国人范雎，废黜擅权专政的穰侯，驱逐华阳君，壮大王室的力量，杜绝私人权贵垄断朝政，蚕食诸侯列国的领土，为大秦成就帝王伟业奠定坚实基础。

"这四位君王，都是依靠客卿的力量最终成就霸业。由此观之，客卿哪里有负于秦国！大王不妨试想，如果当初这四位君王拒绝接纳客卿，疏远满腹才学之士，那么，如今秦国哪里还能有富庶的盛景、强大的威名？"

李斯妙笔生花，使嬴政不禁沉醉其中，沉醉于先祖的荣光、嬴姓的辉煌、大秦的荣耀。秦国崛起的这段历史，嬴政再熟悉不过，但是，李斯的目的并不是追忆往昔，他意在以史为鉴，引出历史背后的真问题。嬴政读着读着，胸怀激荡、豪情万丈，开始思索李斯提出的重要问题：外国宾客对于秦国崛起究竟具有什么样的意义？

数百年来，帮助秦国提升国力的关键人物，几乎都是外国宾客。不拘一格降人才，任用客卿，本就是秦国的政治传统。究其原因，秦国地处西部边陲，文化落后，文明程度不及中原诸国，秦国想要崛起称霸，必须充分借助各国人才的学识与智慧。

历史讲完了，李斯回到当下，但依然不着急触及正题，似乎还在东拉西扯，谈论一些无关紧要的事情。

"如今陛下罗致昆山美玉，享有随侯之珠、和氏之璧，垂挂明月之珠，佩带太阿之剑，驾乘纤离之马，高擎翠凤羽毛装饰的大旗，陈设灵鼍之皮制成的大鼓。这些珍奇异宝，没有一个出产于秦国，全都是外国货，但陛下甚为喜爱，这是为什么？

"如果一定要秦国出产才能使用，那么夜光之璧就不能用来装饰朝廷，犀角象牙制品不能供人赏玩，郑国、卫国的美女不能被纳入后宫，驵骎骏马不能充实马厩，江南的金锡不该使用，西蜀的丹青也不应该采集来作为绘画的颜料。

"如果用来装饰后宫、充当侍妾、赏心快意、愉悦耳目的人与物，都必须出自秦国才可以的话，那么，由宛地珠宝连缀而成的簪子，珠玑镶嵌的耳坠，由齐国东阿白色丝绢织成的衣裳，锦绣华丽的装饰品，全都不能够进献于陛下，那些时髦高雅、妖冶窈窕的赵国佳丽也不会侍立于陛下身旁。

"再来说说音乐。那种敲击瓦瓮，弹着秦筝，拍着大腿打拍子，呜呜呀呀地歌唱，这才是正宗地道的秦国音乐。那些诞生于郑国、卫国桑林间男女幽会之地，诸如《韶》《虞》《武》《象》这样的乐曲，都是异国的音乐。如今陛下抛弃本国击瓮叩缶的音乐，反而沉醉于郑国、卫国的靡靡之音，不去听秦筝而去听《韶》《虞》，这是什么原因呢？说白了，无非是遵循人之常情，追求当下的快乐，满足耳目声色的愉悦而已。"

嬴政阅读至此，抬头环视四周，大殿内昆山美玉、明月之珠、太阿之剑等宝物流光溢彩。经由李斯这么一提醒，他才发现，身边如此之多的珍宝来自外国，不禁掩卷沉思。

李斯绕了一大圈，铺陈至此，终于回归正题，直接论述"逐客"之谬误。

"奇怪的是，陛下如今在用人方面，却不是这样。不问可用不可用，只要不是秦人就必须离开，只要是外客就一律驱逐。由此看来，陛下所重视的，不过是佳人美色、靡靡之音、珠宝美玉，而陛下所轻视的则是人才与百姓啊！臣斗胆妄言，这不是能够一统海内、制伏诸侯的做法。"

嬴政倒抽一口凉气。

李斯的批评犀利直接，嬴政内心怏怏不乐，不得不承认，这批评不仅尖锐，而且有理有据。尤其是将他对外国珠宝的珍视与对外国客卿的轻视两相对比，"逐客令"的荒谬清晰无疑地显露出来。

李斯的落脚点踩得极为精准，踩在了嬴政最为关切的统一大业上，将"逐客令"与统一大业相联系，一针见血地指出逐客行动将大大有损于秦国一统海内、制伏诸侯。

最后，李斯将这一番策论推向一个全新的高度。

"臣听闻，土地辽阔粮食就多，国家广大人口就多，军队强盛士兵就勇敢。所以，泰山不拒绝细小的土壤，才能成就它的巍峨高大；大海不排斥细小的水流，才能成就它的浩瀚深广；帝王不舍弃广大民众，才能彰显他的贤明圣德。土地不区分东西南北，人民不区分我国他国，四季充盈美好，鬼神降临福泽，这正是三皇五帝无敌于天下的原因。

"可今日之秦国，驱逐宾客使他们去助力他国，迫使天下才学之士不得为秦效力，纷纷后退而不敢再向西一步。这种做法，正是人们常说的'借兵给敌寇，送粮给盗贼'啊！

"不出产于秦国的物品，其中珍宝很多；不出生于秦国的贤士，愿意效忠陛下的也很多。驱逐客卿以资助敌国，此举损害本国人民，而且使仇敌获益。在本国内部削弱自己，在外又与诸侯结下仇怨，还想要国家没有危难，这绝无可能。"

"说得好！"嬴政拍案而起。文辞雄辩滔滔的力量排山倒海扑面而来，他的内心深受震撼，这是他从未有过的、丰富复杂之极的阅读感受。一方面，他惭愧、扼腕，如梦方醒，意识到"逐客令"的错误。与此同时，他又有振聋发聩之感，心潮澎湃，忍不住拍案叫绝，对文章作者由衷地钦佩、赞叹、折服。

嬴政意识到自己犯下大错，所幸及时读到这篇上书，命人快去追回李斯。

秦王的使者快马加鞭，飞奔出咸阳，带着嬴政迫不及待的心情，风驰电掣。使者在骊邑（今陕西省西安市临潼区）发现李斯。李斯一路慢慢悠悠，其实并未走远，骊邑在咸阳东边，距离国都不过十余里。

"秦王有旨，请李客卿归朝！"

李斯笑着说："贵使来得正好，夕阳日暮，漫漫长路，李斯逡巡徘徊，正不知何处是归途！"

李斯回到咸阳，"逐客令"已成为明日黄花。

"秦王有旨，即日起，废除逐客令。各级官吏选拔任用，不问籍贯出身，唯才是举，唯贤是用。六国宾客愿为大秦效力者，咸阳大门永远敞开！"

雄文谏逐客，是李斯人生中最精彩的华章之一。凭借一篇不足八百字的文章，逐客浪潮掉转方向，来了个一百八十度大转弯，李斯的命运发生改变，所有秦国宾客的命运也随之发生改变。李斯成功劝阻秦王逐客，为秦国留住人才，也向天下显示秦王招贤纳士的姿态。秦国广泛地招揽人才，运筹帷幄的谋士、勇冠三军的武将、能言善辩的策士济济一堂，为统一大业奠定坚实的基础。

《谏逐客书》的奥妙

李斯这篇上书，最早见于《史记·李斯列传》，原本没有名字，南朝《昭明文选》题作《上书秦始皇》，后人将它命名为《谏逐客书》。

《谏逐客书》千百年来广为流传，脍炙人口，被视作议论文的典范。近代思想家章太炎先生称赞其为"千古第一雄文"（《秦政记》）。

魏文帝曹丕说："文章，经国之大业，不朽之盛事。"（《典论·论文》）他将文章、文学的地位抬到关乎国家社稷的位置。一言可以兴邦，李斯的《谏逐客书》把一篇文章能够迸发出怎样巨大的能量，彰显得淋漓尽致，成为"经国大业、不朽盛事"最完美的注脚。

文章如人，自有它的灵性、风骨与血肉。《谏逐客书》震古烁今、万代传颂的奥秘，归纳来说，在于论证之"妙"、语言之"美"、本心之"诚"、立意之"高"。

论证之"妙"，说的是《谏逐客书》论辩与说服的高超技巧，雄辩有力，令人信服。

"谏"字本义为臣子规劝君主，使其意识到错误并改正。如何成功规劝、说服他人，李斯做出了堪称完美的示范。

说服艺术其一："用事实说话"。

李斯没有空谈大道理，文中论据翔实，不厌其烦地细数历代秦王如何善待客卿，陈述数百年来客卿对秦国崛起的巨大功劳。如果只是一个孤例，说服力有限，李斯一口气列举四代秦王、八位客卿，产生不容驳斥的雄辩力量。

虽然《谏逐客书》是一篇议论文，但全文中直接说理论证的段落其实并不多，大量的篇幅用来摆出各种事实，包括过往的历史和眼前的现实，事实胜于雄辩，事与理相辅相成，更具说服力。

说服艺术其二："在对比中引人深思"。

对比论证是李斯在《谏逐客书》频繁使用的妙招：古与今的对比，历代秦王对外来客卿那么重视，今日却大肆驱逐外客；秦王重物与轻人的对比，嬴政对他国珍宝来者不拒，对他国客卿却拒而远之。

对比之中，荒谬自现。嬴政可以接受外国的宝物，却不能接受外国的人才，双重标准，这是第一点荒谬；对于没有多大用处的珍宝那么喜爱，对于大有用处的人才却那么排斥，这是第二点荒谬。李斯巧妙地运用"归谬法"，为秦王一点一点剖析"逐客令"荒谬之所在。面对历代秦王重视客卿的悠久传统，嬴政怎能不汗颜、不羞愧、不反思？

从整体论辩风格来看，李斯放弃了先秦纵横家那种"白马非马"似的诡辩术，采用更为厚重、敦实、周密的论证方法，用事实、史实说话，正反并论，分析鞭辟入里，逻辑环环相扣。

语言之"美"，说的是《谏逐客书》文采灿然，铺陈绮丽，音节谐美。

遣词用语方面，《谏逐客书》用词精当，辞藻华丽。仅以描写秦王珍宝段落为例，如"致昆山之玉，有随和之宝，垂明月之珠，服太阿之剑，乘纤离之马，建翠凤之旗，树灵鼍之鼓"，绘声绘色，穷尽语辞华丽之极致。在李斯的生花妙笔之下，方块文字仿佛渲染了色彩，呈现五彩斑斓的意象，令读者如闻其声、如见其形，充盈着艺术的美感，给读者以审美的享受。

叙述铺陈方面，李斯在《谏逐客书》中运用了比喻、夸张、反问、设问、反复、对比等一系列修辞手法，尤其是排比句、对偶句的大量出现，铺张扬厉，汪洋恣肆，气势纵横。全文句式丰繁多变，短则三四字，长则十来字，长短交错，读起来朗朗上口，形成参差错落的节奏感，回环动听，体现出音韵的和谐之美。

鲁迅先生高度评价《谏逐客书》："故由现存者而言，秦之文章，李斯一人而已。""法家大抵少文采，惟李斯奏议，尚有华辞，如上书《谏逐客》云。"（《汉文学史纲要》）短暂的秦朝，没有留下太多值得称颂的文学作品，所幸还有李斯，《谏逐客书》正是秦代散文的代表作。

本心之"诚"，说的是《谏逐客书》打动人心之处，在于心诚则灵。

后人初读《谏逐客书》，往往最先折服于它雄辩的说理艺术、华美的辞藻语汇，如果说，这些都还只是"术"的层面，那么在说理论证的技巧之上，李斯的劝谏之"道"在于攻心，攻心的根本在于心诚。

臣子劝谏君王，其实是一场心理战，想要打动人心，诚恳是无敌的武器。综观《谏逐客书》全文，所有的立论、辩驳、反诘、推理，无不以秦国为论说的核心，始终坚定地站在嬴政和大秦的立场上，处处为秦国考虑。李斯固然对"逐客令"提出了尖锐的批评，但"小骂帮大忙"，一切都是为秦国着想，唯有如此，秦王才能够欣然接受批评。

李斯摸准嬴政的脾气，紧紧抓住他急于成就帝王伟业的迫切心理，富有针对性地进行劝谏。该坦率直言的时候坦率，该委婉含蓄的时候委婉，留有余地，言语之间的分寸感拿捏得恰到好处。李斯能够劝谏成功，秘诀就在于"精诚所至，金石为开"，既晓之以理，更动之以情，情与理交织辉映，语重心长，诚意拳拳，最终打动了嬴政的心。

立意之"高"，说的是《谏逐客书》见识高远，视野开阔，格局宏大。

李斯在《谏逐客书》中充分展现了一名政治家的见识、视野与格局。李斯真正想要和嬴政好好谈一谈的，并不是"逐客"。全文直接论述"逐客"的段落并不多，"逐客"只不过是更大议题的引子而已。

《谏逐客书》的不落凡俗正在于此，李斯高屋建瓴，从大局看，往远处看，在时间和空间两个维度，将议题延展到更高的层次。

先说时间，文章贯通古今，以逐客为引，串联起秦国崛起的历程（过去）、嫪毐之乱后秦国云谲波诡的局势（现在）以及大秦一统天下的远大征程（未来）。谈古、论今、话将来，历史与现实遥相呼应、形成对照。李斯清晰地指出，秦国能有今日之强大，一个重要的原因在于历代秦王开放包容的人才政策。嬴政想要将来有所作为，也应当延续这一传统。

再说空间，李斯提醒嬴政，"逐客令"不仅仅是大秦一国的内政而已，应当将它放在列国纷争的时代背景下看待，逐客如果真的成为现实，不仅深深损害了秦国，而且大大便宜了六国，战国七雄的力量对比必将随之改变，可谓牵一发而动全身，不得不慎重。

李斯在被扫地出门的时候写下这篇文章，读者却没有从文章里看到李斯大吐苦水，陈诉被驱逐的委屈和辛酸，也没有一个字一句话恳求嬴政将他留下。李斯心里不苦吗？当然苦，但是大丈夫胸襟宽广如博大的海洋，困厄之中依然仰望星辰。

李斯没有停留在逐客的层面就事论事、原地打转，没有谈及个人的利益得失，因为他有更重要的议题，想要借此机会与秦王谈一谈。"逐客"表面上是人才问题，本质上是国家战略问题。李斯所有的论证，最终落脚点都集中在统一大业上，这才是真正重要的问题。

正因为如此，《谏逐客书》字里行间充盈着一股磊落浩荡之气，以天下为己任，挥斥方遒，纵论古今。唯有如此博大的胸襟、辽远的情怀，才能够深深打动同样志在天下的嬴政。

李斯上《谏逐客书》，直言敢谏，嬴政胸怀雅量，知错能改。这一番君臣际遇，被传为千古佳话。

李斯回到咸阳，他以《谏逐客书》一鸣惊人，仕途从此走上康庄大道。李斯的崛起，伴随着吕不韦的陨落。吕不韦集团的覆灭是一个标志性事件，大秦的历史正式进入嬴政时代。

嬴政时代，也是李斯的时代。

嬴政终于摆脱吕不韦的掣肘，开始组建真正属于他的内阁班底，包括尉缭、王翦王贲父子、蒙氏家族等，文臣武将人才济济，其中自然少不了李斯。

逐客风波之后，李斯名震朝野，被任命为廷尉。廷尉是最高司法机构长官，李斯正式跻身秦国高级官员之列。

某种程度上可以说，吕不韦死后，嬴政将李斯作为吕不韦的继任者、相国候选人进行考察，李斯逐渐成为嬴政身边的头号智囊、辅弼大臣。

李斯雄心勃勃，正欲大展宏图。然而在这之前，拦在他前面的还有一个人，一位久别重逢的故人、命中注定的对手。

刚刚有惊无险地度过逐客风波，全新的考验又来了。

"逆袭"启示录：不到最后一刻就还有翻盘的希望

逐客风波是李斯来到秦国之后，遭遇的最大危机。

"雄文谏逐客"，李斯为世人奉献了应对危机的上佳范本。一度陷入绝境，最终挽狂澜于既倒，逆势翻盘，为他个人，也为大秦的历史，写就精彩的华章。

那么，李斯究竟靠什么"法宝"破解危机、逆转败局的？

坚定的信念，不认命，不放弃。面对不利的局面，决不轻言放弃，坚信不到最后一刻，就还有翻盘的希望。逐客风波来得猝不及防，绝大多数客卿乖乖就范，顺从厄运的摆布；唯有李斯不服气，哪怕已经被赶出咸阳，也要奋力一搏。靠着这股坚定的信念，他在危局之中杀出一条血路。

进击的姿态，直面危机，创造机会。困境当前，不能躲，不能退，唯有直面风暴。解困的确很难，但办法总是有的。李斯被驱逐，没有机会面见秦王，那就通过上书的方式进谏。办法需要寻找，机会需要创造，始终要保持积极主动的姿态。

清醒的认知，洞见症结，切中要害。如果说，危机是一道谜题，那么总有解题的关键法则，藏在某个地方。处置危机，首先必须深刻地认识危机，找到破解危机的关键所在。李斯意识到，解铃还须系铃人，想要取消"逐客令"，关键在于嬴政，而说服嬴政收回成命的关键，在于他统一六国的迫切心理。抓住这一点，就抓住了逆转败局的"胜负手"，惊世骇俗的《谏逐客书》，正是围绕这一核心写就。

最终，李斯孤注一掷，祭出"大杀器"，凭借一篇千古雄文，成功化解危机。

当大风暴席卷而来之时，李斯乘一叶孤舟，孑然逆行，朝风暴中心驶去。他牢牢为命运掌舵，驶向光明的未来。

谏逐客书

臣闻吏议逐客，窃以为过矣。

昔缪公求士，西取由余于戎，东得百里奚于宛，迎蹇叔于宋，来丕豹、公孙支于晋。此五子者，不产于秦，而缪公用之，并国二十，遂霸西戎。孝公用商鞅之法，移风易俗，民以殷盛，国以富强，百姓乐用，诸侯亲服，获楚、魏之师，举地千里，至今治强。惠王用张仪之计，拔三川之地，西并巴、蜀，北收上郡，南取汉中，包九夷，制鄢、郢，东据成皋之险，割膏腴之壤，遂散六国之从，使之西面事秦，功施到今。昭王得范雎，废穰侯，逐华阳，强公室，杜私门，蚕食诸侯，使秦成帝业。此四君者，皆以客之功。由此观之，客何负于秦哉！向使四君却客而不内，疏士而不用，是使国无富利之实而秦无强大之名也。

今陛下致昆山之玉，有随、和之宝，垂明月之珠，服太阿之剑，乘纤离之马，建翠凤之旗，树灵鼍之鼓。此数宝者，秦不生一焉，而陛下说之，何也？必秦国之所生然后可，则是夜光之璧不饰朝廷，犀象之器不为玩好，郑、卫之女不充后宫，而骏良駃騠不实外厩，江南金锡不为用，西蜀丹青不为采。所以饰后宫，充下陈，娱心意，说耳目者，必出于秦然后可，则是宛珠之簪、傅玑之珥、阿缟之衣、锦绣之饰不进于前，而随俗雅化佳冶窈窕赵女不立于侧也。夫击瓮叩缶，弹筝搏髀，而歌呼呜呜快耳者，真秦之声也；郑卫桑间《昭》《虞》《武》《象》者，异国之乐也。今弃击瓮叩缶而就郑卫，退弹筝而取《昭》《虞》，若是者何也？快意当前，适观而已矣。今取人则不然，不问可否，不论曲直，非秦者去，为客者逐。然则是所重者在乎色、乐、珠玉，而所轻者在乎人民也。此非所以跨海内、制诸侯之术也。

臣闻地广者粟多，国大者人众，兵强则士勇。是以太山不让土壤，故能成其大；河海不择细流，故能就其深；王者不却众庶，故能明其德。

是以地无四方，民无异国，四时充美，鬼神降福，此五帝三王之所以无敌也。今乃弃黔首以资敌国，却宾客以业诸侯，使天下之士退而不敢西向，裹足不入秦，此所谓"借寇兵而赍盗粮"者也。

夫物不产于秦，可宝者多；士不产于秦，而愿忠者众。今逐客以资敌国，损民以益仇，内自虚而外树怨于诸侯，求国无危，不可得也。

（录自《史记·李斯列传》）

第五章

命定的对手：李斯与韩非

李斯说：先灭韩，震慑他国

重回咸阳之后，李斯办的第一件大事，是提出"先灭韩"的战略。

秦国想要兼并六国，不可能一蹴而就，存在一个"先打谁，后打谁"的问题，出兵先后顺序反映的是秦国统一天下的整体战略规划。

李斯向嬴政建议："先灭掉韩国，再攻打赵国。"

嬴政问："先灭韩国，理由呢？"

"第一个理由，叫作'柿子挑软的捏'。天下七国之中，韩国实力最弱，先易后难，乃成事之常理。

"第二个理由，叫作'由近及远，远交近攻'。韩国与秦国毗邻，秦军东出函谷关，首先要面对的就是韩国。不先灭韩，秦国难以继续向东扫荡诸国。

"第三个理由，叫作'杀鸡儆猴'。韩国一旦灭亡，其他五国势必大为震恐，争相割地献宝于大秦。到那时，大秦铁骑东出，列国望风披靡、次第可灭！"

战国前期，韩昭侯任用申不害推行变法改革，励精图治，韩国一度国富兵强。随着韩昭侯、申不害相继离世，人亡而政息，韩国迅速衰落，成为"战国七雄"中最为弱小的国家。

对于李斯的建议，嬴政也有疑虑："灭掉区区一个韩国容易，真正令人担忧的是赵国。赵国可不像韩国那般孱弱，倘若攻韩战事令赵国警觉，赵王联合五国合纵，反攻秦国，又当如何？朝中不少大臣都主张先攻赵国，你怎么看？"

先打韩国还是赵国，这是当时秦国朝堂同时存在的两种意见。赵国是合纵联盟的领头羊，先灭掉赵国，相当于摧毁合纵联盟的根基，主张先打赵国不无道理。

可是，先灭赵，谈何容易？百年以来，秦、赵这一对宿敌大小战役不断，互有胜负，基本上算是打了个平手。

李斯说："先攻韩还是先攻赵，其实是先打强还是先打弱的问题。臣以为，用兵之道，有缓有急，有张有弛。大王欲取天下，秦、赵两强之间，必有一战，但不急于一时，静待时机成熟，再与赵国决一雌雄也不晚。至于五国合纵，虚有其表，诸侯各自心怀鬼胎，并非真心结盟。如今秦国的间谍、说客、策士遍布列国，自有离间妙策可以瓦解合纵联盟，大王不必为此担忧。"

秦王政十年（前237年），李斯向嬴政提出统一六国的初步方略："请先取韩，以恐他国。"经过一番审慎考量，嬴政采纳了李斯的建议，并且授命李斯谋划攻取韩国的具体方略。（李斯因说秦王，请先取韩，以恐他国。于是使斯下韩。《史记·秦始皇本纪》）

李斯的灭韩行动很快遭遇对手阻击。这个强劲的对手，是他的老熟人。

有一回君臣会谈，嬴政显得颇为兴奋，眉飞色舞地向大臣分享他读到的佳作妙文。

"上古之世比拼的是道德，中古之世比拼的是智谋，当今之世比拼的是气力。妙哉斯言！"（上古竞于道德，中世逐于智谋，当今争于气力。《韩非子·五蠹》）

"贤明君主统治的国家，没有什么书简文章，只用法律条文来教化百姓；没有什么先王语录，朝廷官吏就是百姓的老师；没有私人仗剑逞凶的强悍，只有为国杀敌、斩首立功的勇敢。"（故明主之国，无书简之文，以法为教；无先王之语，以吏为师；无私剑之捍，以斩首为勇。《韩非子·五蠹》）

"还有这一句，儒生以文章扰乱法纪，游侠以武力触犯禁令，这些人全都是国家的蛀虫，通通需要铲除。哈哈哈！说得好！"（儒以文乱法，而侠以武犯禁。《韩非子·五蠹》）

这些犀利的言论，李斯再熟悉不过，一字一句唤醒他尘封的记忆。

嬴政忽然安静下来，怔怔地望着手中书简出神，长叹一声，感慨道："寡人最近读到这几篇佳作，妙语连珠，字字句句都说到寡人心坎儿上。只是不知道出自哪位先贤手笔，可惜呀！寡人要是能够见到此人，与之交游，死而无憾！"（嗟乎！寡人得见此人与之游，死不恨矣！《史记·老子韩非列传》）

"大王不必遗憾，这些文章的作者尚在人间，他是韩非。"说话的是李斯。

原来，韩非的文章被传到秦国，嬴政读到《五蠹》《孤愤》等名篇，拍案叫绝。嬴政并不知道天下有韩非这么一号人物，还以为是古时先贤所作。

韩非经过多年的学习与思索，将商鞅的"法"、申不害的"术"、慎到的"势"等理论融会贯通，成为法家思想集大成者。根据韩非的理论，国家权力至高无上，而君王正是国家权力的集中体现。为了有效地进行统治，君王必须牢牢掌握并且运用"法""术""势"这三大武器。这一套为封建君主集权统治所服务的理论，对嬴政的施政风格产生了深远影响。

嬴政问："韩非？韩非是谁？"

"韩非乃韩国公子，当世贤才，曾与臣同在兰陵，求学于荀卿。"

"既是同窗，韩非之才，比卿如何？"

李斯想了想，回答："韩非虽有口疾，不善言辞，但文章冠绝天下。论博学多才，臣不如韩非。"

"廷尉可是我大秦头号文章圣手，连廷尉都自愧不如，此君了不得呀！这位韩国公子现在何处？"

"据臣所知，韩非辞别荀卿之后，回归韩国，眼下应在韩都新郑。"

"哦，在韩国……"嬴政若有所思，忽然大笑道，"寡人欲举兵攻韩，正愁师出无名，这下好了，为得一贤才，兴兵灭一国，也算一段求贤佳话啊！哈哈！"

秦国放出风声，说秦王极为欣赏韩非的才华，陈兵边境，蓄势攻韩，只为求得一位惊世贤才。

话说当年兰陵一别，李斯与韩非分道扬镳，走上不同的人生道路。李斯入秦谋求功名，韩非回到韩国。韩非的故国还是老样子，外临强敌，内政不兴，君主无能，国势衰微。韩非屡次上书韩王，和此前一样，依然石沉大海，毫无用处。他意兴阑珊，只能将爱国的情怀、深广的忧患、满腔的激愤，都融入文章著作当中。

时局在迅速变化，因为韩国的存亡问题，李斯与韩非这两条原本渐行渐远的分岔道，宿命般地再次交会。

李斯提出"先灭韩"之后，消息很快传到韩国。嬴政和李斯仗着秦国军力强盛，压根儿没想藏着掖着，早早放出要攻打韩国的风声。韩王安知晓秦国灭韩的意图，一下子乱了阵脚，这时候他才想起公子韩非，邀请韩非前来一同谋划应敌之策。（韩王患之，与韩非谋弱秦。《史记·秦始皇本纪》）

韩非此前一直遭受韩王安冷遇，为何此时成为座上宾？很可能在韩国国内，韩非是坚定的反秦派，一直主张强力抗秦。眼看秦人就要打到家门口，韩王安很自然地想起他的这位同宗亲戚。韩非一片拳拳报国之心，积极为韩王出谋划策，为迎战强敌做准备。

就在此时，又传来"秦王欣赏韩非"的消息，在朝堂上坐了多年"冷板凳"的韩非，一夜之间成为举国瞩目的焦点人物。

韩王安阴阳怪气地对韩非说："公子好大的面子呀，秦王为求得公子一人，竟然不惜发动战事。韩国之存亡，看来全系于公子一人身上喽！"

韩非说："臣愿出使秦国，劝秦王休兵止戈，保我大韩国祚长存！"

此时，君臣二人各有各的心思。韩王安听说嬴政欣赏韩非，便顺水推舟将韩非献给秦王，希望换取和平。韩非也许已经猜到韩王安的心思，但他一心报国，十分珍视这次代表祖国出使秦国的机会，义无反顾地接受了"存韩""弱秦"的艰巨任务。

秦王政十三年（前234年），秦国以索要韩非为名，急攻韩国。危急之中，韩王安派遣韩非出使秦国。（秦因急攻韩，韩王始不用非，及急，乃遣非使秦。《史记·老子韩非列传》）

为了一个人，发兵攻打一个国家，似乎太过儿戏。史学家钱穆先生就提出质疑："天下宁有爱好其国一公子之书，因遂急攻其国者？"（《先秦诸子系年·韩非李斯考》）嬴政欣赏韩非不假，但也不至于如此任性妄为。事实上，灭韩本就在嬴政和李斯的计划之内，韩非只是恰好在此时出现，成为秦国师出有名的理由而已。

在秦、韩两国的明争暗斗之中，韩非被推上风口浪尖。

韩非说：先灭赵，保存韩国

自从韩非踏入秦国土地那一刻起，围绕着"存韩"还是"灭韩"，他与老同学李斯展开了一场剑拔弩张的生死较量。

韩非来到秦国，最高兴的还是嬴政。听说韩非来了，秦王迫不及待，第一时间接见。

"寡人仰慕先生已久，今日得缘一见，幸甚至哉！先生博学多识，请教先生治国平天下之道。"

"国无常强，无常弱。奉法者强，则国强；奉法者弱，则国弱。明定国家法制，摒弃私人恩情，下达的命令必须执行，犯禁的事情必须终止。

如此，国家可治也。"（明法制，去私恩。夫令必行，禁必止。《韩非子·饰邪》）

"说得好！寡人治国，追求的正是明定法制、令行禁止。"

韩非话锋一转："外臣听说，刺骨的治疗手段，虽然有小痛但对身体有长远的益处；逆耳的忠言，虽然听起来令人心里不痛快，但能够为国家带来长久的福报。眼下，外臣正有一番刺骨拂耳的忠言，不知道秦王愿不愿意听？"（刺骨，故小痛在体而长利在身；拂耳，故小逆在心而久福在国。《韩非子·安危》）

"在秦国，内臣也好，客卿也罢，都可以畅所欲言。先生但说无妨。"

"外臣听闻，秦王有意举兵攻韩，不知是真是假？"

韩非说到敏感议题，嬴政脸色微变，目光如炬地盯着韩非："是真的如何，是假的又如何？"

"是假的便罢了，倘若秦王真有此意，外臣以为，此举大错特错，这一仗打不得！"

"寡人向天下人昭告，十分欣赏先生经世之才。寡人请先生到咸阳来，是为了聆听先生的教海。没想到，先生此来，不是为了寡人，是为韩王做说客来啦。"

"外……外臣……不……不是做说客，是来……来……"韩非一着急，口吃的毛病又犯了。

嬴政摆摆手："罢了，先生远来劳顿，今日就先谈到这儿吧。"

对于这场期待已久的会面，嬴政有些失望。这位他神往已久的大思想家，并不是真心前来效忠，而是另有图谋。

韩非事先准备好的长篇大论还没有展开，会面就不欢而散。韩非患有口疾，面对面的长篇大论、即兴的口头表达，不是他的强项。碰壁之后，他没有放弃，写就一篇奏书上陈秦王，详尽阐述他的观点。韩非在奏书中写道：

"秦王陛下明鉴，试问韩国待贵国如何？韩国忠心耿耿侍奉秦国，已经三十余年。在外，是庇护秦国的屏障；在内，是供大王安坐的垫席。这些年来，每一次秦国大兴雄锐之师攻城略地，韩国总是紧紧跟随在秦军后面，为此不惜与天下诸侯结下仇怨，而征伐的功勋全部归于强大的秦国。而且，韩国年年向秦国进贡，简直和秦国管辖之下的一个郡县没有什么两样。

"即便如此，臣却听闻，如今秦国尊贵的大臣（虽然没有点名，但指向李斯无疑）却向大王献计，请求举兵讨伐韩国。此计大谬啊！猛虎在侧，危在旦夕，大王难道看不到吗？赵国正聚集士卒，豢养了一批主张'合纵'的策士，想要联合天下之兵对抗强秦。赵国人扬言，只要秦国不被削弱，列国诸侯终有一日将被摧毁宗庙、国家沦亡。关东诸国想要兵锋向西实现他们灭秦的意图，已经不是一天两天了，其狼子野心，大王必定早已知晓。

"如今，大王却放任赵国这样的心腹大患置之不理，转而想要攘除如秦国内臣一般的韩国，这么做后果可以想见，各国诸侯必将更加踊跃地响应赵国合纵攻秦的倡议，到那时，秦国危矣！

"臣再说一说韩国的情况。韩国是一个小国，处于'四战之地'，需要应付周边国家的四面攻击。韩国的君主忍辱，臣下劳苦，君臣上下同忧愁、共患难已经很久。韩国人修筑防御工事，戒备强敌，积蓄充足，已经筑造一座座固若金汤的城池。就算秦王执意攻打韩国，恐怕也不是在一两年之内可以轻易将它灭亡的。大王如果只攻拔一两座城池便草草撤退，恐遭天下人耻笑，诸侯列国必将纷纷前来迎击无能的秦军。

"大王试想，韩国一旦背叛秦国，那么邻近的魏国就会响应，赵国会以齐国作为后盾继续与秦国对抗。如果真走到那一步，岂不是将韩国、魏国推向赵国的阵营，再加上齐国作为后援，合纵反秦的联盟越发巩固而强大。到那时，贵国如果还要与赵国相争，那可真是赵国的福气、秦国的灾殃！大王如果真的听从某些尊贵大臣的计谋攻我韩国，秦国势必成为众矢之的。即使陛下寿如金石、长命百岁，恐怕永远等不到兼并天下的那一天。

"今日外臣韩非愿为秦王陛下献上一条愚计，此计循序渐进，共分为三步：第一步，派遣使者出使楚国，用重金贿赂楚国掌权的重臣，让楚国人看明白赵国那些欺骗齐国的伎俩，先安抚住楚国，令楚国不要介入秦、赵之争。第二步，派遣宗室子弟前往魏国作为质子，使魏王安心，取得魏国的支持。第三步，令魏国与韩国一起攻打赵国，那么赵国即便与齐国联合为一体，也不足为患。赵、齐二国一旦解决，那时候大王想要得到韩国，不过就是颁布一封诏书即可平定的事。"（译自《韩非子·存韩》，略有删节）

韩非这一番宏论，为秦王分析诸国形势、剖析利害得失，核心观点很明确：劝谏秦王，不要攻韩，先攻赵。核心目的也很明确，就是尽最大可能保存韩国，因此后世将这篇文章命名为《存韩》。为了"存韩"，韩非可谓绞尽脑汁、奇招尽出。

第一招，放低姿态，拉近关系。

韩非一开篇就明确承认韩国臣服于秦国的从属地位，甚至连国格与主权都不要了，直接说韩国就如同秦国治下的一个郡县。在韩非的笔下，韩国仿佛一只被驯服的小猫，乖巧温顺地卧在秦国这头猛虎的身侧，一点儿都不足为惧。如此屈尊降贵，当然只是论辩的话术而已，目的在于拉近韩国与秦国的关系，消解秦王对韩国的敌意。

第二招，转移目标，引火于赵。

韩非提醒嬴政，强大的赵国才是秦国最大的威胁。他深知，想要秦国放过韩国，最好的办法就是转移秦王的视线，引导嬴政去关注实力强大到足与秦国一争天下的赵国。韩非不惜夸大其词，极言赵国兵力之强盛、反秦之心切，以唤起嬴政对赵国的忌惮与怨恨。

第三招，危言耸听，威胁恫吓。

韩非没有回避秦国打算首先灭掉韩国的问题，他知道回避不了，那不如直接面对。引出赵国之后，韩非进行了一番假设论证，沙盘推演，替嬴政分析如果秦国执意攻打韩国会产生什么样的严重后果，那就是刺激了赵国，引起其他五国的警惕，反秦联盟将越发稳固。然后，韩非看似不经意地提了一下韩国整军备战的情况，潜台词是说"我韩国也不是好惹的"，"你秦国恐怕也没有那么容易能够在短时间内将我攻下"。

第四招，建言献策，连横破赵。

不能光提反对意见，却没有解决方案。文章最后，韩非为嬴政规划了一套秦国统一六国的方略。和李斯的思路截然不同，韩非这套"三步走"方案，核心是"先灭赵"。不论是贿赂楚国还是联合魏国，都是围绕着秦国如何打败赵国这个关键强敌而展开。至于韩国的命运，依照韩非的说法，姑且先放过韩国，等到秦国灭掉赵国、齐国这些大国之后，韩国这样的小国就是秦国的囊中之物。但是请注意，灭掉赵、齐等国必定是许久之后的事情，韩非试图通过这样的战略设计，将秦国灭韩的时间线往后大大推移，为保住韩国，可谓煞费苦心。

《存韩》作为传世名篇，逻辑环环相扣，论证雄辩有力，的确不同凡响。秦国到底应该先灭韩还是先灭赵，本就是个争论不休的问题，韩非又将它提到台面上。嬴政没有马上做出回应，他将奏书下发给大臣们，奇文共欣赏。

"这个韩非呀，说话磕磕巴巴，听他说话能把人给活活急死。但他口拙而才高，文章实在是天下一绝，这是韩非呈上来的奏书，劝本王攻赵而存韩。诸卿都看一看，议一议，议出个是非曲直来。"

李斯的反击

李斯读着韩非的奏书，不禁头皮发麻，冷汗涔涔。

韩非的奏书言辞犀利，见解独到，虽然在文中刻意为韩国摆出臣服于秦的低姿态，但依然锋芒毕露。这种阅读感受真是久违了，李斯既钦佩折服，又夹杂着几分嫉妒。当年在兰陵求学，他一篇篇地拜读韩非的文章，正是这种感受。

李斯主张先灭韩，韩非却说先灭赵，两位昔日同窗针尖对麦芒。想要破解韩非的《存韩》着实不易，李斯反复精读此文，如庖丁解牛一般将其研究透彻，渐渐摸到其中软肋、抓住其中破绽。他见招拆招，洋洋洒洒写就奏书一封上呈秦王，反驳韩非之议：

"大王下诏，将韩国来客所上《存韩》一书，下达于臣阅览评议。书中声称韩国不可攻取，臣甚是不以为然。

"秦国身边有韩国存在，就像人的心腹患有大病。平时虚静自处的时候已然痛苦不堪，居住在潮湿的地方，浑身黏糊糊不痛快，而一旦快步急走，势必大病发作。同样的道理，当危机到来的时候，韩国必定生变！韩国虽然表面上向秦国称臣，却未尝不是秦国的一块心病。试问，倘若有危急状况发生，大王能够完全信任韩国吗？

"韩非还提到赵国和齐国。秦与赵势不两立，大王派遣荆苏出使齐国，游说齐王与赵国断交，结果如何尚未可知。以臣观之，齐国与赵国的外交关系未必会因为荆苏的离间而断绝，如若不能断绝，那么我大秦就要同时对付齐、赵两个万乘大国。依照韩国向来的作风，并不会真心听命于秦，总是选择倒向它认为更强大的一方。秦国面对齐赵同盟，以一敌二，韩国这个心腹之患势必会发作，趁机向秦国发难。真到那个时候，诸侯列国必然群起响应，恐怕大秦又要重演当年的崤塞之患！（崤塞之患：秦国建国以来，与诸侯列国交战，多次于崤函要塞之地兵败失利）

"韩非来到秦国，是为保存韩国而来，只有存韩，他才能在韩国得以重用。虽然韩非患有口疾，但他擅长著述，文采斐然，能够包装、粉饰那些欺诈与阴谋，为了韩国的利益，费尽心机来窥探大王的心意。如果秦国与韩国交好，那么韩非在两国间的地位就越发重要。这一切，都是韩非出于个人私利的'自便之计'，希望大王明察。

"臣请求大王准许我出使韩国，前去请韩王前来觐见大王。大王见了韩王，先将他扣留于秦，再召见韩国主持国事的大臣，以韩王作为交易谈判的筹码，对韩国加以制裁，进而吞并韩国。

"韩国一旦覆灭，接下来就好办了。大王可以命令蒙武将军率领东郡精锐士卒，陈兵于边境之上，以此威胁震慑敌人。如此，齐国必定担忧恐惧，进而听从荆苏的计谋——与赵国断绝关系。这样一来，我秦国大军尚未出动，韩国便屈服于我的威势，齐国也听从于我的劝说。各国诸侯听说了，赵国人必定吓破胆，楚国人必定狐疑不决。楚国不敢轻举妄动，剩下的魏国也不足为患，诸侯列国就像蚕吃桑叶一样，一点一点被吃掉。希望陛下仔细考察愚臣之计，千万不要忽视眼前的大好形势。"（译自《韩非子·存韩》，略有删节）

李斯精准地找到韩非《存韩》当中的两大破绽，并且紧紧围绕这两大破绽展开反击。

第一大破绽，就算韩非把姿态放得再低，那也是障眼法，韩国虽弱却足以搅动风云。

李斯提醒嬴政，不要被韩非卑微臣服的表面姿态所蒙蔽。韩非在上书中将韩国说得无关紧要，但李斯指出，别看韩国弱小，它游走于秦、齐、赵等大国之间，首鼠两端，挑拨离间，发挥自身独特的作用。别看现在韩国臣服于秦，却未必真心，在秦与赵、齐的对抗当中，韩国倘若临阵倒戈，对秦国将造成致命危害。李斯一针见血地指出，韩国是秦国的"心腹之患"，这种病平时没什么感觉，关键时刻一旦病发，便是性命之忧。

第二大破绽，无论说得再义正词严、冠冕堂皇，韩非上书的真正目的，并非为了秦国。

这一招可谓杀人诛心。李斯直指要害，揭穿韩非"存韩"的真面目。韩非表面上说得好听，处处为秦国考虑，其实质终究是为了保全韩国。韩非身在秦，而心在韩，当这一点被揭穿，如同釜底抽薪，摧毁了韩非所有长篇大论的根基。

厘清《存韩》这两大破绽之后，李斯重申"先灭韩以恐他国"的大方略，并且进一步细化战略部署，提出由他出使韩国劝说韩王入秦。

嬴政左手拿着韩非的《存韩》，右手拿着李斯的《驳存韩》，两篇奏书都堪称佳作。高手过招，刀光剑影藏在书简文字之间，观点的交锋虽然不见硝烟，却同样精彩纷呈。

嬴政感叹道："两篇妙文，出自当世两位大才，如若二位都能为大秦效力，何愁天下不平！"

李斯说："只要韩非存韩、弱秦之心不死，他就不能为秦所用。"

嬴政轻轻点头，望着手中的《存韩》，叹息道："可惜了这斐然的文采、卓绝的才华……"

这场关于"存韩"还是"灭韩"的大论战，胜负关键在于谁能说服秦王。最终李斯获胜，嬴政没有听取韩非的建议，继续回到"先灭韩以恐他国"的战略路线上来。

嬴政爱才，将韩非留在秦国，不允许他回韩国。或许嬴政还抱有一线希望，希望有朝一日韩非能够回心转意，为秦国效力。对于韩非的到来，嬴政很高兴，他对韩非的喜爱和欣赏一直没有改变，遗憾的是，终究没能够完全信任韩非并对他委以重用。（秦王悦之，未信用。《史记·老子韩非列传》）

"臣愿为陛下出使韩国，规劝韩王顺应天命，归降大秦。倘若能够兵不血刃令韩国归服，最好不过。倘若韩王不识时务，冥顽不灵，那么大王挥师东出，也师出有名。"

"如此甚好，就请廷尉替寡人走一遭。"

韩国派韩非入秦，秦国派李斯入韩，韩、李之争进入第二回合。

李斯作为大秦使者，来到韩国都城新郑，没想到吃了闭门羹。他被安排在外宾下榻的驿馆，虽然多次求见，始终见不到韩王安。

"请问，我何时才能觐见韩王？"

"大王国务繁忙，还请秦使少安毋躁，在驿馆中好生歇息。"

负责传话的官员虽然表面上说得客气，但很是敷衍，尤其后半句话里有话，提醒李斯好好在驿馆待着，不要轻举妄动，更不要在韩国惹是生非。

有一天，在餐食之中，李斯吃出一张被揉成一团的细小绢帛，摊开之后，凑近细看，上面赫然写着六个蝇头小字。

"韩王欲杀秦使！"

秦国在各国遍布间谍眼线，显然这是自己人在向他传递重要情报。

李斯深吸一口气，环顾四周，斗室之内只有他一个人，但仿佛有无数双眼睛藏在暗处，盯着他的一举一动。他早已察觉馆舍周围肃杀的氛围，这驿馆是一个无形的囚笼，他已经身处性命危亡的险境。

李斯一介书生，孤身犯险，只有一张嘴、一支笔，不能面见韩王，再伶牙俐齿也派不上用场，只能靠手头这支笔了。李斯奋笔疾书，写下一封奏书。

驿馆里有负责招待各国使节的官吏，为使节与王室之间上传下达。李斯将奏书交给官吏，那人却说什么都不敢接。

"这……下官实在为难……要不，秦使还是等待韩王召见，亲自上呈吧。"

李斯正色道："此书事关韩国危亡，倘若因为足下，韩王见不到此书，将来秦军兵临城下，韩王怪罪下来，足下可担待得起？"

"这……可是……"那官吏踌躇不定、左右为难。

李斯面色缓和下来，将一个装满黄金的包裹塞在对方手里："各国使节本就有权上书韩王，足下只不过照章办事而已，没有一丁点儿风险。韩王看了此书，倘若大发雷霆，要杀的也是我李斯，怪不到足下头上。反之，韩王要是认为此书来得及时，足下便立下大功。所以说，这是桩包赚不赔的买卖，还有什么可犹豫的呢？"

李斯威逼利诱，成功说服那官吏，奏书被呈送到韩王安面前。

韩王安打开奏书，注目看去：

"下臣李斯想和韩王谈一谈过往的历史。

"昔日，秦国与韩国勠力同心，于是天下诸国没有人敢来侵犯，平安度过许多时日。韩王可还记得，当年五大诸侯国联合攻打韩国，是秦国发兵相救，解除危局。韩国位于中原，土地方圆不满千里，之所以能与各诸侯国同列于九州，君臣上下得以保全无虞，是什么原因？还不是因为韩国世世代代侍奉秦国，得到秦国的庇护。

"秦国待韩国不薄，可是韩国又是怎样对待秦国的呢？先前，赵、魏、宋、齐、韩五国共同进犯秦国，韩国就像是雁阵中那只领头的大雁一样，踊跃当先，大军急不可耐地冲到函谷关。后来，各诸侯国士兵疲惫、力量耗竭，只能罢兵而退。当时，杜仓担任秦国相国，派兵遣将要向诸国报仇，但没有攻打韩国而是先攻打楚国。楚国令尹忧心忡忡，拿韩国做挡箭牌，来化解他楚国的危机。他对各国诸侯说：'韩国一方面认为秦国不义，另一方面又与秦国结为兄弟之国，令东方诸国苦不堪言。后来韩国又背弃秦国，像领头雁一样率先攻打函谷关。韩人反复无常，善变而无信义，难以取信于人。'在楚国斡旋之下，各国共同逼迫韩王割让上党地区十座城池给秦国，以此向秦国谢罪，偃息秦人复仇之兵锋。这些陈年往事，历历在目，大王应该还没有忘记吧？韩国只不过是背叛秦国一次，下场呢？国王被逼迫，土地被侵占，兵力被削弱，国力自此衰竭直至今日。之所以沦落至此，都是因为韩王听信奸臣的虚浮言说，不懂得权衡情势。虽然后来杀掉奸臣，也未能使韩国再度强大。

"往者不可谏，来者犹可追。聊完过去，下臣李斯还想着重和韩王谈一谈当前的情势。

"现如今，赵国想要聚集兵士，将秦国作为攻击目标。赵国派人来向韩国借道，虽然言之凿凿，声称要攻我大秦，然而一旦借道成功，赵国必将先攻韩国，而后攻秦。臣听说过一句话，叫作'唇亡齿寒'，韩王哪，贵国与秦国，不得不同忧愁、共患难，两国唇齿相依的情形难道还不够清楚吗？

"最后，下臣想与韩王谈一谈我自己。因为臣听说，韩王有杀我之意。

"如今秦王派我前来，我却一直得不到韩王召见，我真害怕，不是替自己，而是替韩王您感到害怕，怕您重蹈覆辙，再一次重复过去那些愚蠢的反秦之策，使得韩国又有丧失领地的忧患。下臣李斯得不到召见，一旦我归国报告秦王此事，那么秦、韩之间的邦交必然断绝。原本，我出使贵国，是奉着秦王想要两国交好的款款心意而来，愿意献上对贵国有利的计谋方略。韩王却怠慢我，难道被怠慢的只是我李斯一人吗？您怠慢的可是整个大秦啊！

　　"即便韩王现在将我杀死，韩国也未必能够变得强大。但倘若韩王不听从我的计谋，那么韩国将来必有灾殃！大秦的雄兵不断进发，韩国的边境被攻破，国都垂死据守，强大的秦师兵临城下，进军的号角震天动地。到那时，韩王您再想起我来，想要听一听下臣李斯有什么计谋可以保存韩国，一切都晚啦！"（译自《韩非子·存韩》，略有删节）

　　在秦与东方五国的斗争中，韩国究竟扮演什么样的角色？李斯紧紧抓住这一个核心问题展开他的论述。韩国被夹在秦与五国之间，无非两种战略选择：要么与五国"合纵"抗秦，要么依附秦国形成"连横"之势。这些年来，韩国始终在这两条路线之间摇摆不定、反复无常。李斯的任务，就是为韩王剖析利害得失，说服韩王选择与秦国"连横"。

　　李斯软硬兼施，既有威逼恐吓，又有好言相劝。

　　他从历史旧事入手，提醒韩王，与秦国作对韩国曾经遭受怎样惨痛的教训，并且言辞犀利地批评韩国首鼠两端、出尔反尔，这是第一层恫吓。韩王有意诛杀李斯，李斯提醒韩王，杀了他韩国将有灭顶之灾，这是第二层恫吓。

　　该骂也骂了，吓也吓够了，有话还得好好说。李斯指出，韩国与秦国因为地理位置邻近，是唇齿相依、唇亡齿寒的关系。韩国唯有归顺于秦才能自我保全，而且秦国也有与韩国修好之意，李斯作为秦王使者不正是为此而来吗？

　　"好你个李斯，狐假虎威，竟敢恐吓本王！"韩王安读着这封奏书，心情五味杂陈，一方面窝火憋屈，心里老大不痛快，一方面又不得不承认，李斯所言句句在理。弱国无外交，弱小的韩国面对强大的秦国，选择的确不多。

李斯最终还是没能见到韩王安，但他的奏书起到作用，帮助他死里逃生，安全无虞地回到秦国。李斯再一次以一篇文书化解危机，扭转局面。

"秦国使者回去了？"韩王安问。

"回大王，今日已启程归秦。"

"临行前，说了些什么？"

"秦使令小人转告大王，秦王与公子韩非一见如故、相谈甚欢，公子韩非恐怕还要在咸阳逗留一段时日。"

"韩非？"韩王安若有所思，"韩非呀韩非，你在秦国，可得替本王分忧啊……"

谁杀死了韩非？

韩非自从来到秦国，再也没能离开。他劝说嬴政"存韩"失败后，被留在咸阳。据说，留下韩非是李斯的主意。（韩非使秦，秦用李斯谋，留非。《史记·秦始皇本纪》）

李斯对嬴政说："韩非既有存韩之心，那么放任其归国，无异于放虎归山，将来恐怕对大秦不利。不如将他留在咸阳，大王以国士之礼相待，如若韩公子弃暗投明，归顺于秦，岂不美哉！"

"若能如此，甚好！"嬴政爱惜韩非才学，虽然不能委以重任，也舍不得放他走。

韩非却要令嬴政失望了，他不但没有归顺，留在咸阳也不安分，继续寻找机会完成他"存韩"的使命。很快，韩非盯上了一个叫姚贾的人。

三年前，楚、吴、燕、赵四国联合，谋划进攻秦国。嬴政召集六十多名宾客、大臣，问道："四国合一，图谋攻秦。大敌当前，为之奈何？"

群臣鸦雀无声，都没有好对策。

来自魏国的谋士姚贾出班启奏："臣愿出使四国，挫败四国合纵阴谋，止息兵戈。"

"你需要多少兵马？"

"臣不需要一兵一卒，只需大王拨出千斤黄金，花钱消灾即可。"

嬴政为姚贾准备好千斤黄金，将自己的衣服、冠帽给姚贾穿戴上，让他佩带秦王的宝剑，这是莫大的礼遇。

姚贾没有辜负这份礼遇，三年后，果然兑现"绝其谋、止其兵"的承诺。他散尽黄金，在四国君臣之间运作活动，化干戈为玉帛。嬴政大悦，赐姚贾一千户城邑，拜为上卿。

姚贾一时风头无两，就在这时，韩非不合时宜地冒出头来，向嬴政呈上一道奏书，将这位大功臣贬得一文不值：

"臣听闻大王赐姚贾千户、尊为上卿，深以为忧。大王可知道姚贾的真面目？此人带着大王的珍玉重宝，向南出使楚国、吴地，往北出使燕国、赵国，历经三年之久，四国的联盟还牢不牢靠不知道，秦与四国的外交取得多大成效不知道，我只知道，贵国府库里的珍宝已经消耗得差不多了。姚贾利用大王的权势、秦国的珍宝，在外私自结交列国诸侯，希望大王明察。

"仔细考察此人的出身与过往，也可以发现端倪。姚贾的父亲是魏国大梁一个看守城门的小卒，姚贾本人在魏国时曾经做过盗贼，后来流落到赵国为臣，又被驱逐。这样一个监门之子、梁之大盗、赵之逐臣，出身卑贱，品行堪忧，大王却与他共同谋划社稷大事，这绝不是鼓励群臣效忠大秦的上策。"（译自《战国策·秦策五》）

韩非与姚贾往日无冤，近日无仇，他作为一个外臣，突然跳出来攻击本国功臣，这一举动看似突兀，背后的意图在于破坏：一来破坏嬴政与姚贾之间的君臣关系，二来破坏秦国针对六国展开的间谍行动。

韩非滞留秦国，依然心系故国，没有忘记"弱秦""存韩"的任务。劝说秦王"先灭赵"失败后，他只能改变策略，转移目标。姚贾作为间谍战"军师联盟"的主要人物，刚刚完成一次大型间谍行动荣耀凯旋。韩非上书弹劾，表面上攻击姚贾个人，真正的目标指向由李斯主持的间谍战。

不论背后用意如何，韩非对姚贾的指控，还是得到嬴政的重视。嬴政召来姚贾，当面质问："寡人听说，你拿着寡人的钱财，私自与各国诸侯结交，可有此事？"

"有这回事。"姚贾回答。

"竖子！你有何脸面再回来见寡人？"

姚贾不慌不忙，侃侃而谈："曾参孝敬双亲，全天下当父母的都愿意有他这样的儿子；伍子胥效忠君王，全天下的君主都愿意有他这样的臣子。如今，姚贾效忠于大王，大王却不能知晓我的忠心。我不与各国诸侯结交，又怎能破解四国合纵？昔日，夏桀王听信谗言诛杀良将，商纣王听信谗言诛杀忠臣，最终都身死国灭。《诗》云：'殷鉴不远，在夏后之世。'大王如果也像桀、纣一样被谗言所蛊惑，恐怕大秦朝堂从此再无忠臣良将！"

嬴政怒火稍平，又问："寡人听说，你出身卑贱，是'监门之子、梁之大盗、赵之逐臣'，这是真的吗？"

"都是真的，那又如何呢？姜太公，最初在齐地被妻子抛弃，在朝歌做屠夫无人问津，在子良手下又被驱逐，在棘津谋生还是没人雇用，但周文王慧眼识珠起用他，最终称王天下。管仲，最初只是边鄙地区的小商贩，南阳的无名之徒，鲁国被赦免的囚犯，但齐桓公不在意这些小节，任用管仲为相国，最终成为一代霸主。百里奚，最初只是一名虞国的乞丐，被人以五张羊皮卖到秦国，秦穆公能够发现贤才，重用百里奚，最终迫使西戎来朝，称霸西方。这几位士人都承受过奇耻大辱，遭遇过天下人的诽谤嘲笑，但是贤明的君主依然重用他们，因为知道他们能够为国立功。"

嬴政点头称是，面色逐渐缓和下来。

姚贾乘胜追击，借题发挥，阐释对于君王如何用人的看法："正所谓'英雄不问出处'。明主选用人才，不看他过往的污点，不听信别人对他的非议，主要考察他能否为国效力。对于能够安定社稷的人才，即便有外人的诽谤，君主也应当充耳不闻；即便享有世人赞誉的名声，只要对国家没有尺寸之功，君主也不应当对他有任何赏赐。只有这样，群臣才不会怀有无功受禄的非分之想。"

好一张巧嘴，姚贾辩才无碍，有力地驳斥了韩非对他的指控，正面回应对他身份卑贱的攻击，最后还旗帜鲜明地阐述他的人才观。不问出身、只看功劳、唯才是举，这样的用人观念无疑与秦国的人才政策相契合。

凭借三寸不烂之舌，姚贾成功化解危机。虽然全身而退，但平白无故被人构陷、遭受羞辱，他心里咽不下这口气。

"哼！一介外臣，仗着秦王惜才，在秦国兴风作浪，竟然欺负到我姚贾头上来！人善被人欺，马善被人骑，韩非呀韩非，你可小瞧了我姚贾！你说得没错，我的确是'监门之子、梁之大盗、赵之逐臣'，既然在你高贵的韩公子眼中，我是个低贱卑鄙的小人，那么就别怪小人不客气了！"

姚贾决意报复韩非，但仅凭他一人之力，恐怕难以成功，他需要一个得力帮手。

姚贾找到李斯，一进门就大呼小叫："廷尉大人，你这位同窗，可招摇放肆得很哪！"

李斯说："足下的事情，我也听说了，其中恐怕有什么误会。"

"误会？世人都说廷尉大人足智多谋，没想到竟如此天真？大人以为，韩非的目标，难道只是一个微不足道的姚贾吗？"

"足下的意思是？"

"区区一个姚贾，高贵的韩公子怎会放在眼里，他真正想要破坏的，是廷尉大人主持的间谍行动啊！"

李斯沉默了，沉默表示认同。

姚贾步步紧逼："廷尉大人，危机已然迫近，大人难道毫无察觉？"

"危机？"

"大人的仕途原本平顺坦荡，前途无量，可如今……我听说，自从韩非入秦，朝野上下议论纷纷，说什么'秦王的朝堂上有一位荀卿高徒便够了'。"

李斯脸色微变，显得有些不自然："秦王爱惜韩非才学，尽人皆知。若韩非愿意为大秦效力，也是美事一桩。"

"大人糊涂！秦王如此看重韩非，倘若韩非上位，朝堂之上哪里还有大人一席之地？再者说，即便韩非受到重用，他也未必真心报效秦国。今日韩非上书构陷于我，居心不良，有削弱秦国之意，以大人之智，难道看不出来？"

李斯叹气道："韩非之心，在韩不在秦，我又何尝不知，只怕他终将妨碍秦王的统一大业啊。"

姚贾一拍桌子："正是如此！这位韩国公子实在是心腹大患，不仅是廷尉大人的祸患，更是大秦的祸患！"

"依你的意思……"

"依我的意思，那句话说得很对，秦王的朝堂上，有一位荀卿高徒，便够了！"

姚贾一句一顿，目露凶光，赋予同样一句话另一番含义。李斯当然听明白了。

见李斯不言语，姚贾继续说："当初，廷尉大人劝说大王留下韩非，想必也是担忧韩非回韩国后将对大秦不利。如今看来，韩非不论归韩，还是留秦，都是一大祸患。既是祸患，就不能心慈手软！发现祸患反而将其留在身边，任其肆意妄为，这样荒唐的事情，我可从没听说过。"

李斯没有直接答应姚贾，他想要与韩非见一面，再做出这个重要的决断。

来到韩非住处，只见韩非孤身一人，长身玉立于庭院之中，一边闲庭信步，一边开怀畅饮。韩非嗜酒好饮，李斯在兰陵的时候就已经知道。

"老同学，对月独酌，自斟自饮，好兴致啊！"

韩非转过头来，似乎有些醉了，高呼道："老同学来了，快来与我共饮一杯。"

李斯说："公子怎么忘了，李斯从不喝酒，因为喝酒让人不清醒。"

韩非将酒壶高高擎起，脖子一仰，咕噜咕噜美酒下肚，他醉眼迷离、似醉非醉，对李斯说："放歌纵酒，一醉解千愁。老同学，你这个人就是活得太清醒，不对，是自以为清醒。世道混沌，万物虚渺，妙就妙在雾里看花，朦胧迷离。李斯，你活得如此清醒，该有多累啊，又该有多无趣！"

"我不清醒不行啊，不清醒怎么能看得出公子入秦的不良居心。公子为秦王建言献策，表面为秦，实则为韩。公子当真以为，李斯看不出来？秦王看不出来？"李斯毕竟不是来与韩非叙旧的，很快说到正题。

韩非背过身去，没有正面回应李斯的质问，像是自言自语，又像在回应李斯："世人都说，秦为虎狼，那么，韩国就是一只病猫，赵国则是凶狠的猎豹。虎狼与猎豹相争，病猫被夹在中间，无处脱身、无所适从啊！"

"当年我出使韩国，韩王险些取我性命，看来，就算是病猫，也有利爪，也会伤人！你要存韩，我要灭韩，各为其主，你我之争，早在十几年前的兰陵就已经埋下伏笔。公子，你我同为荀卿门下，相识多年，我实在不愿与公子相争。眼下情势，灭韩已成定局，只不过是时间早晚而已，公子何必为了终将失败的事业，做徒劳无功的努力呢？不划算呀！"

"不划算？哈哈哈！"韩非先是愣了片刻，继而仰天大笑，笑声中充满嘲讽与蔑视。

"李斯一片肺腑之言，公子何故发笑？"李斯被韩非无礼的笑声所刺痛。

"李斯啊李斯，你果然活得很清醒，把人生活成了一场算计。我与你不一样，韩非唯愿人生是一杯浓烈的酒，是一首壮烈的诗，是一场不计成败得失的疯狂冒险，你懂吗？你不懂，永远不会懂。"

"人各有志，我是不懂，我只知道，恣意妄为必将身陷险境，公子执意如此，难道不惧死吗？"说到"死"，李斯的目光中露出一丝杀意。

可惜，韩非已经醉了，看不见李斯眼里的杀意，他举杯对月，高呼道："生亦何欢，死亦何惧！人都是要死的，我死了，还有我的书，我的所思所想，洋洋十万余言，可以代替我继续活在世上。"

"既然如此，李斯没有什么可说的了！"

李斯告辞，韩非没有理会他，将酒壶一扔，一边往屋内走，一边自言自语道："不，我还不能死！我还要上书秦王！秦王愿意听我讲学论道，我要面见秦王，再献灭赵之策。秦国眼下的离间六国之策，从根本上就错了，大错特错！"

望着韩非如痴似醉、放浪形骸的狂士模样，那一刻，李斯动了杀机。

如果韩非始终不愿效忠秦国，将一直与李斯所主导的统一方略相对抗；如果韩非改变心意效忠于秦，那么李斯在朝堂上的地位必然受到威胁。所以无论哪种情况，对李斯来说，此人都留不得。

李斯和姚贾在除掉韩非这件事情上达成共识，一起面见嬴政。他们对嬴政说："韩非是韩国宗室的公子。而今大王想要兼并诸侯，但韩非的心意，终究为韩而不为秦。心系故国，这也是人之常情。大王其实看得很明白，所以一直没有起用韩非，但是将他留在秦国或者放他归去，都将留下祸患。臣等以为，不如寻一个韩非行为上的过错，依秦法将其诛除，以绝后患！"（韩非，韩之诸公子也。今王欲并诸侯，非终为韩不为秦，此人之情也。今王不用，久留而归之，此自遗患也，不如以过法诛之。《史记·老子韩非列传》）

嬴政似乎有些犹豫。比起姚贾，李斯的意见显然更加重要，这也是姚贾拉李斯入伙的原因。嬴政沉吟片刻，问李斯："寡人没记错的话，韩非可是你的同窗，你当真认为，韩非一定要杀？"

"非杀不可！"李斯没有回避，迎上嬴政审视的目光。

"留在秦国不行，赶出咸阳去，放他回韩国，也不行吗？"

"留韩非在秦国是养虎遗患，让韩非回到韩国则是放虎归山。大王身侧，只能有忠犬，不能有虎狼。大王既然已经决定不再起用韩非，那么他非死不可！"

"如此旷世奇才，杀之可惜啊！"嬴政长叹一声，"当初不正是你上书劝谏寡人，要寡人收回'逐客令'、广纳列国贤才吗？今日怎么又劝寡人诛杀贤才呢？"

"旷世奇才不能为大王所用，那便是旷世之祸患啊！"

嬴政目光灼灼盯着李斯，目光中有审视，有疑问，有试探："说起来，你和韩非也算老相识，难道一点都不顾念同窗之谊？"

李斯跪下，伏地叩首，高声道："臣受大王恩遇，既为秦臣，当为秦谋。在大王恩遇面前，在大秦统一大业面前，同窗之谊何足道哉！孰轻孰重，臣了然分明。"

嬴政点点头，对李斯的回答很满意，但依然没有松口答应。李斯见秦王还在犹豫，再度提高音量喊道："杀一人，而取天下！孰轻孰重，希望大王也了然分明！"

"传寡人的令，缉拿韩非，打入云阳大牢，择日再审。"

嬴政终于被说动，但李斯和姚贾面面相觑，脸色阴沉，完全高兴不起来。他们只成功了一半，嬴政没有做出马上杀掉韩非的决定，而是将他羁押在咸阳附近的云阳监狱，将韩非的生死问题暂时搁置起来。也许嬴政还没想好，还舍不得杀掉这位他爱惜、敬仰的大思想家，他还需要时间斟酌考虑。

嬴政需要时间，李斯却感到"时不我待"，焦虑万分。秦王的搁置处理，给他出了道大难题。

那段时间，李斯心烦意乱，从他和姚贾一起做出杀掉韩非这个决定起，"杀韩非"的念头就在他的心里深深扎根，成为他的梦魇，他的执念，再也挥之不去。他被焦躁、急迫、恐慌所交杂的复杂情绪笼罩，总觉得危机四伏，灾殃似乎在一步步迫近。一开始他闹不清自己到底在害怕些什么，直到做了那个梦。

梦中，李斯来到云阳监狱探视韩非。昏暗阴冷的牢房，韩非举着一盏小小烛台，在灯火掩映之中，神色诡谲，似笑非笑地凝望李斯。

李斯正要开口说话，韩非吹熄烛火，霎时间牢房漆黑一片。李斯呐喊着，却喊不出一点儿声音。灯火很快又亮起，李斯举目环视，这不正是当年他与韩非兰陵求学时秉烛夜谈的小屋吗？当初，也是这么一灯如豆，两个年轻人挥斥方遒、纵论古今。

韩非擎着烛台，昏暗的烛光下映出一张惨白阴森的脸，他一开口，声音空灵而幽怨。

"我听说，足下要杀我？"

李斯回答："公子与大秦为敌，便是与李斯为敌。"

"与大秦为敌，那是因为我是韩人，韩国是我的故国。李斯，你可还记得，你的故国在哪里？"

当年的对话重现，李斯的回答一如往昔："李斯一介布衣，哪里能够施展才华，哪里就是我的故国！"

韩非大笑不止，桀桀怪笑令李斯头皮发麻。韩非突然朝他逼近，那张脸扭曲而狰狞："李斯，你无家又无国，远离故土，寄人篱下，苟且偷生，与厕中之鼠有什么分别！"

厕中之鼠？李斯的心骤然发颤，还没等他反应过来，烛火又一次熄灭，伸手不见五指的黑暗令他喘不过气来。

等灯火再次亮起的时候，李斯大惊失色，地上密密麻麻一大群老鼠冲他围拢过来，源源不绝，犹如蝗灾，须臾之间填满整个房间。肮脏的老鼠一只只爬到李斯身上，在他全身上下奔窜游走，像潮水一样将他淹没。李斯奋力挣扎，却又动弹不得，狼狈慌乱之际，瞥了一眼韩非，他正站在不远处，似笑非笑，面目越来越模糊，声音越来越凄冷空灵。

"李斯，你心中没有道义，只有贪欲。殊不知，贪念如火，不加遏制便星火燎原；欲望如水，不加遏制便巨浪滔天……"

韩非身边不知什么时候多了个人，李斯仿佛瞧见了嬴政。秦王冷面如霜，无动于衷地看着眼前这一切，看着李斯被老鼠的"海洋"吞噬。李斯眼里最后一个画面是，嬴政拉起韩非的手，二人的背影越来越远……

李斯从梦中惊醒，吓出一身冷汗。

早年间在上蔡郡府，他瞧见茅厕之鼠，那幅阴暗丑陋的画面从此深深嵌入李斯的心灵，平时它被关在一个黑匣子里，在人生中的某些关键时刻，便会不打招呼兀自闯出来。这一回，闯进他的噩梦里。

他内心深处所有幽深的恐惧，全在梦魇之中具象化。他害怕嬴政重用韩非，害怕韩非在秦国得势，害怕韩非断送他的仕途，使他沦落为卑微贫贱的"厕鼠"。

那段时间，李斯的脑海中时常有两个声音在争吵不休，一个声音是"厕鼠"，另一个是"仓鼠"。

厕鼠说：杀人不义！

仓鼠说：杀人不义，但有利。义、利之间，只能择其一。

厕鼠说：非要杀人不可吗？

仓鼠说：非杀不可。你今日不杀人，明日就要被人杀！

道德与欲望在争吵，良知与利益在撕扯，冲突不可调和，必然一头盖过另一头。

韩非非死不可！李斯下定狠心，在这之前，他还要试探一下嬴政的口风。

"韩非已被羁押多日，不知王上打算如何处置？"

嬴政显得有些不耐烦："急什么？笼中之雀，还能飞走不成？"

见嬴政面露不悦，李斯不敢再多言，正要退下，嬴政又发话了。

"你是廷尉，主管司法刑律，韩非怎么处置，应该由你去办才是！"

"无大王旨意，如何处置，臣不敢擅自做主。"

"大秦向来以法治国，依法处置便是！韩非这个案子，你去好好审一审，办一办。"

嬴政说得含糊，没有明确下达诛杀令。李斯决定先斩后奏，虽然冒险，但已经顾不得那许多。

来到云阳监狱，李斯越靠近韩非的牢房，心扑通扑通跳得越快。突然一个黑影如飞箭一般从他脚下掠过，他吓了一跳，低声怒喝："那是何物？"

狱卒回答："狱中肮脏腐臭，老鼠、蟑虫甚多，还请廷尉大人见谅。"

又是老鼠！李斯腿一软，双脚像注了铅一样，不能再往前一步。他低头四下张望，找寻老鼠的踪迹，但囹圄昏暗，连影都没瞧见。那老鼠仿佛钻进他的心里，左冲右突，搅得他心慌意乱。

"大人，大人……韩公子的班房就在前头……"随行而来的李斯僚属轻声提醒。

李斯回过神来，压低声音："按计划行事。"

他终究没有勇气与韩非面对面，躲在暗处角落，偷偷窥视里面的情况。

韩非还是那个他所熟悉的贵公子，即便身陷囹圄，那股桀骜不驯的派头、孤高清冷的性情丝毫未变。只见韩非披头散发，靠坐在墙边，闭着眼，轻声哼着歌儿。李斯心里很不是滋味，韩非那股身处困境之中的坦然洒脱，似乎是他永远学不会的。

李斯的僚属替他出面，进入牢房，对韩非说："秦王赐公子汤药一碗，请公子服用。"

韩非睁开眼，瞥一眼汤药，瞧一瞧眼前这个人："汤药？秦王何意？"

"大王的圣意，下官不敢冒昧揣测，还请公子遵王命行事。"

韩非冷笑一声："只怕不是汤药，是毒药吧！你又是何人？"

"我……我乃大王派……派来的御史……"僚属支支吾吾，显得底气不足。

"御史？御史不去判案、监察，怎么送起药来了？"

僚属一时无言以对。在暗处的李斯，心提到嗓子眼儿，不自觉后退一步，躲进墙角的阴影里。

"要我死可以，但不能死得这样不明不白！"韩非忽然高声大喊，"我要见秦王！我要当面陈情！我要见秦王……"

与此同时，咸阳王宫那一边，嬴政收到密报。

"大王，云阳监狱密报，有人为公子韩非送去一碗汤药，逼迫其喝下。当如何处置，请大王明示。"

"汤药？谁人送的汤药？"

"是……是廷尉李斯大人的属下，廷尉大人也在云阳狱中。"

"哦……你刚才说，送的什么？"

"一碗汤药，汤药中恐怕有毒。公子韩非声言，希望面见大王。"

"嗯……"嬴政好像听见了，又好像没听见。

"大王，该当如何处置，还请示下……"

嬴政以手托腮，伏在书案上，低着头，眯着眼，似乎睡着了。秦王不说话，内侍不敢追问，只能静静地跪着、等着。

大殿之内，烟香袅袅，死一般的沉寂。

"我要当面陈情！我要见秦王……"韩非高呼不止。

"阶下之囚，戴罪之身，有什么资格见大王！公子别逼下官动手……"

早就埋伏在外的两个彪形大汉闯进来，一左一右将这个文弱书生擒拿制伏。

韩非奋力挣扎，双目圆睁，怒射精光："士可杀，不可辱！放开我！"

彪形大汉慢慢松开手，韩非狂笑道："如果今日非死不可，那也是天命。喝汤药是吧，好！为我倒上三碗！"

韩非接过汤碗，仰着脖子一饮而尽，每喝下一碗，便将汤碗狠狠摔在地上，尖利刺耳的破碎声清楚地传到李斯耳朵里，像是在划刺他的心。

韩非慷慨言道："第一碗，我敬秦王凶残无道！第二碗，我敬韩王昏庸无能！第三碗，敬这个杀人不见血的乱世！"

李斯亲眼瞧着韩非喝下毒药，倒地身亡。人命如草芥，原来死亡是这么轻易的一件事。这大概是他亲手杀害的第一个人，而且是他熟悉的故交，他既如释重负，又感到一种更加阴郁沉重的东西压在心头上。李斯反复告诫自己："今日不是他死，明日便是我亡！"他只能以这样的方式为自己辩解开脱，消除内心的罪恶感。

咸阳王宫内，大约过了一炷香的时间，嬴政睁开眼，打了个小盹儿，仿佛想起什么，问道："云阳那边的情况，怎样了？"

"回大王，云阳监狱刚刚来报，公子韩非死了。"

"怎么？死了？"

"公子韩非饮下毒药，在狱中身亡。"

"寡人正打算释放韩公子，怎么就死了呢？如此经世之才，英年早逝，寡人后悔、痛惜啊！"

据说，秦王心生悔意，本打算释放韩非，可是韩非已经死了。（李斯使人遗非药，使自杀。韩非欲自陈，不得见。秦王后悔之，使人赦之。非已死矣。《史记·老子韩非列传》）

值得玩味的是，嬴政既没有下令调查韩非的死因，也没有追究李斯先斩后奏的责任。

秦王政十四年（前233年），李斯下药毒杀韩非。然而，韩非真是死在李斯的手上吗？

千百年来，一直存在一种观点，认为李斯出于对韩非的嫉妒，以谗言构陷，并毒杀同窗。例如东汉思想家王充说："李斯妒同才，幽杀韩非于秦。"（《论衡·祸虚》）李斯出于个人私利，担心韩非被重用而凌驾于自己之上，害怕韩非影响他在秦国的仕途，这样的心态的确可能存在，但这恐怕只是韩非之死的表面原因。

史学家钱穆先生指出："史所称李斯谮杀（韩）非者，然此自政论之不合，（李）斯之为秦谋者如此，未见其即为谮。"（《先秦诸子系年·韩非李斯考》）

谮，是诬陷、中伤的意思。李斯的所作所为是为秦国的利益谋划，未必一定就是"谮杀"，韩李二人"政论不合"才是事情的关键。正所谓"一叶障目，不见泰山"，如果仅仅将韩非之死归咎于李斯的嫉贤妒能，那么就忽视了这背后秦国与韩国之间复杂残酷的斗争。只要将韩非之死放到当时广阔的时代背景当中考察，就会发现这绝不是韩、李二人的私人恩怨这么简单。

究竟谁杀死了韩非？要完整全面地回答这个问题，三个关键人物一个也跑不掉。

第一位，正是韩非本人。

韩非"为韩而不为秦"，孤身来到咸阳，身上背负着救亡图存的使命，这也是他必有一死的宿命。当韩非对秦国的统一大业构成阻碍，就注定了他不得善终的悲剧结局。其实，秦国到底是先灭韩还是先灭赵，只不过是先后顺序而已，并不影响统一的大趋势。韩非的所有努力，只是竭尽全力地"存韩"，让韩国留存得更久一点儿。在祖国生死存亡之际，他临危受命，慷慨赴死，试图以微弱的一己之力，与强大的秦国相抗衡，与天下归一的历史趋势相抗衡。面对历史前进的洪流，非要逆流而上，如同精卫填海，无怨无悔做着终究徒劳的努力，韩非身上具有某种慷慨壮丽的悲剧性。

第二位，还是李斯。

昔日同窗，如今各为其主，针锋相对。一个要"先取韩"，一个要"谋存韩"，政见不同，路线不一。二人根本的冲突是秦与韩的国家利益冲突，是维护与阻挠统一大业的冲突，他们被卷入大秦统一六国的纷争之中，注定势不两立，你死我活。

毋庸讳言，李斯是杀死韩非的直接凶手。这是李斯人生中的一大污点，是后人指责、批判他的一大罪状。要深入理解李斯的选择，还要回到他的"老鼠哲学"。

"老鼠哲学"有它积极奋进的一面，也有它遭人非议的一面。在李斯看来，人生如鼠，不在"厕"，便在"仓"。人生就是一道二选一的选择题：你要么努力向上爬成为"仓鼠"，要么沦落为"厕鼠"。

既然出身低微，就要不断地向上爬，成为人上人，受人仰慕，尽享荣华。这是人生最高的价值，一切行动都围绕着这一目标，以利益最大化作为第一考量。这是一种极端功利主义、实用主义的人生观，眼里只有个人的利益得失，重利而轻义，忽视伦理道德。只讲求结果，只看重利益，为达目的，可以不择手段，就算是杀人也在所不惜。

李斯内心深处阴暗、狠辣的一面，在韩非事件中逐渐显露出来。而阴暗、狠辣的背后，更深层的东西是恐惧，是一个来自社会底层、紧紧抓着通天的阶梯、拼尽全力往上爬的人，对于一松手就掉回万丈深渊的恐惧。他不敢松手，他认为他没有退路。

第三位，别忘了还有嬴政。

从某种意义上来说，嬴政才是杀死韩非的幕后真凶。

首先，要理性看待嬴政的爱才。嬴政爱惜韩非才华不假，但他爱的是能够效忠大秦的才华，当这经世之才不能够为其所用，便毫无意义，甚至还是威胁、是祸患，必须除之而后快。

其次，嬴政对李斯毒杀韩非的态度值得注意。没有史料证据表明，李斯投毒是受嬴政指示，只能姑且认为，李斯的确是"先斩后奏"。但是，李斯必然算准了，嬴政并不反对他除掉韩非。否则，以嬴政一向的强势，以李斯对嬴政的唯唯诺诺、言听计从，他就算吃了熊心豹子胆，也不敢违逆秦王意志擅自毒害韩非。

如果没有嬴政某种程度的默许，没有君臣二人之间不言自明的默契，李斯怎敢如此胆大妄为？不分青红皂白，将杀害韩非的责任全部算在李斯一人头上，显然有失公允。李斯只是一把杀人的刀，执刀人隐身在幕后。

后来的事实也可以佐证上述观点。韩非死后，嬴政感慨两句，敷衍地表达一番悔意，然后就没有然后了。既不去深究韩非的死因，也不见对李斯有任何责罚，嬴政真正的态度不言自明：既然得不到，那就毁掉他。在秦王的心中，有远比韩非的生死更为重要的事情。在国家利益、统一大业面前，杀掉一个韩非，铁石心肠的嬴政连眼皮都不会眨一下。

嬴政、李斯，包括姚贾在内，秦国君臣联手杀死了韩非。

韩非死了，但他的思想却生生不息。

李斯与韩非，这对命中注定的宿敌，都是法家学说的代表人物。韩非"形而上"，在思想观念的王国里，构建起巍峨宏大的理论体系。李斯"形而下"，在现实世界中，在剧变的大时代里，以秦国作为试验田，将法家思想照进现实。

嬴政和李斯其实都是韩非思想的信徒，或者更准确地说，都是法家思想的忠实信徒。他们信仰强权，崇尚法治，强调秩序与稳定，在治国理政上全盘吸收了韩非的思想观念。韩非在理论层面为大秦帝国奠基，李斯则负责践行韩非的思想理念。

韩非被视为战国时期最后一位大思想家，他用生命为祖国献祭，也为即将结束的战国时代献祭。

丧钟已经敲响，丧钟为谁而鸣？为东方六国，为那个行将就木的旧时代。

"逆袭"启示录：读透人心方能克敌制胜

李斯与韩非，围绕"存韩"问题，展开几个来回的攻防战，激辩合纵还是连横、先灭韩还是先灭赵，精彩纷呈。智慧的对决，比起战场上的刀光剑影毫不逊色。

精彩，但也异常残酷。这是一场你死我活的斗争，是不可调和的零和博弈，失败者注定将付出生命的代价。

最终，李斯赢了。李斯得胜的关键，在于他深谙人心。

在这场斗争中，他依然面临诸多开局不利的因素，譬如嬴政对韩非的欣赏，譬如韩非的学识与文采，对手不可谓不强大。

面对强大的对手，想要逆转败局，就要抓住对手的软肋。

李斯读透了韩非的心思，狠狠攻其要害。他死死抓住韩非的"七寸"，敏锐地揭穿韩非天花乱坠的雄辩之词背后真正的动机——一切都是为了保存韩国，甚至削弱秦国。当这一点被揭穿，韩非再也无力回天。

李斯读透了韩王的心思，韩王有杀李斯之心，危难之际，他唤醒韩王安内心对于强秦的恐惧，成功逃过一劫。

李斯更读透了嬴政的心思，他知道嬴政最在意的是什么，他为秦王提供的所有战略选择，都始终坚定地为促进统一大业服务。

人心啊，坚强与脆弱，贪婪与欲望，勇敢与畏葸……最复杂的是人心，最幽微的是人心。读懂人心，参透人心，善加利用，则杀敌于无形。

以更宏大的视角来看，韩非站在韩国一国的立场上，李斯站在天下的立场上，站在历史大趋势这一边。面对历史的滚滚洪流，李斯顺流而上，韩非逆流而行，谁胜谁败，结局早已注定。

不可否认的是，李斯杀韩非这件事，令他背负千古骂名，在道德上饱受谴责。无须为他粉饰开脱，在义与利之间，李斯趋利而忘义。这时候，他不是有德的圣人，他是刽子手，是功利主义者，是杀伐决断的权谋家。

第六章

统一的历程：秦王扫六合

先灭弱小的韩，再灭强大的赵

根据李斯的战略部署，六国之中，第一个要灭的是韩国。

韩王安并没有坐以待毙，考虑到韩国实力有限，硬碰硬肯定不行。他先派出水工郑国来为秦国修水渠，使出一招"疲秦之计"，郑国间谍身份暴露后，引发逐客风波，李斯的《谏逐客书》很快将风波平息，郑国渠的修建非但没有"疲秦"，反而大大促进秦国的农业生产。后来，韩王安得知嬴政赏识韩非，一计不成又生一计，与韩非"谋弱秦"，韩非有去无回，结局大家都知道了。

"疲秦"失败，"弱秦"破产，韩王安黔驴技穷，再也没有办法阻挡秦军的铁骑。

秦王政十六年（前231年），秦国大军攻韩。韩王安割地求和，献出南阳全境，以土地换得一时苟安。嬴政任命内史腾为"南阳假守"（南阳郡代理太守），秦军驻扎于南阳不走了。

苟延残喘，终不能长存。第二年，内史腾领秦王之命，对韩国发动总攻，此战嬴政志在一举灭韩，秦军如入无人之境，踏破韩国都城新郑，韩王安被俘虏。

也许战事实在太过于顺利，史书中没有留下更多交战的细节。灭韩表面上轻而易举，但这背后离不开几代秦王苦心经营。自从秦昭襄王采用相国范雎"远交近攻"的战略，秦国就开始不断兼并韩国城邑，一步步蚕食其疆土，削弱其国力。最后这一战，不过是水滴石穿，给家门口的邻居最后致命一击。

秦王政十七年（前230年），韩国在六国中第一个覆灭，统一大业旗开得胜，嬴政在韩国故地设置颍川郡。

李斯主张先灭韩，再灭赵。韩国既亡，下一个轮到赵国。

春秋末年，中原大国晋国一分为三，分别为韩、赵、魏。韩国与赵国虽然同属"三晋"，但经过数百年来的发展，实力已经不可同日而语。如果说韩国是一只孱弱的病猫，赵国则是令秦国都不得不忌惮三分的雄狮。灭赵无疑是一场硬仗，这是李斯一直反对在准备不足的情况下贸然攻赵的原因。

秦、赵两国，虎狼与雄狮之间，终有一战。当年长平之战秦军坑杀赵军降卒四十万，震惊天下，两国结下不共戴天的血海深仇，多年以来赵国一直是合纵反秦的"带头大哥"。

嬴政的母亲赵姬是赵国人，嬴政本人出生于赵都邯郸，自幼在赵国受尽屈辱，嬴政对赵国难以言喻的复杂情感，外人恐怕难以深切体会。无论如何，什么样的爱恨纠葛，都阻挡不了大秦东出的脚步。

秦王政十三年（前234年），秦军进攻赵国的平阳、武城，大获全胜，歼灭赵军十万。首战告捷之后，接下来却接连受挫。

秦王政十四年（前233年），秦军兵峰直逼邯郸，这时候，一位改变战局的传奇人物登场。驻守北部边疆的赵国大将李牧临危受命，被紧急调回。宜安一战，李牧统领赵军成功阻挡秦人的攻势。战后，李牧被赵王封为武安君。

秦王政十五年（前232年），秦军兵分两路，进攻番吾，又被李牧击退。

秦王政十八年（前229年），嬴政派出王翦、李信、杨端和等一众名将，卷土重来，三路大军再度攻赵。杨端和率军围攻邯郸，李信出兵太原、云中，王翦率主力大军越过太行山、直下井陉。李牧带领赵国军民顽强抵抗，虽然没能够赶走秦军，但迫使战事陷入僵持，打了一年多，秦军久攻邯郸不下。

李牧一时间成为赵国军民的精神领袖，也是秦国灭赵的最大障碍。嬴政不禁好奇："这李牧，究竟何方神圣？"从赵国回来的间谍密探，向秦王讲述了李牧的故事。

李牧常年驻守赵国北部边境，抵御匈奴入侵。他每天杀牛宰羊犒劳士兵，给予将士优厚待遇，同时战备不荒，十分注重士兵的骑射训练，时刻关注烽火警讯，派出许多侦察兵打探敌人动向。尽管如此，李牧却向全军将士下达一项奇怪的军令："如果匈奴来犯，迅速归营入寨，收军保塞，不得出战。胆敢违令迎战者，以违逆军法罪处斩！"

李牧说到做到，匈奴人每次来，只要一瞧见点燃的烽火，他就当起缩头乌龟，只守不攻。几年过去，虽然没打过什么胜仗，但在严防死守之下，赵国边境士兵没有太大伤亡，边境百姓没有遭受多大的损失，匈奴人也没有捞到太多好处。

匈奴人认为，李牧是个贪生怕死的胆小鬼，甚至不少赵军将士也觉得他们的主帅太尿包、太没种。边境的情况传报到赵王迁那里，赵王迁心里老大不痛快，下发一道诏书，严厉斥责李牧。李牧浑不在意，全当耳旁风，一切如故。这下可把赵王迁彻底惹恼。

"我堂堂赵国，难道离不开一个李牧！"赵王迁一气之下将李牧革职查办，另找他人接替守边。

李牧的继任者不敢延续消极防守的策略，匈奴每次来犯，都积极迎战，结果输得多、赢得少，赵军伤亡惨重，边民失去耕种的土地，边境局势越发动荡不安。

这时候，人们才意识到李牧的睿智，赵王迁才明白"堂堂赵国的确离不开一个李牧"，只能再度邀请李牧出山。李将军这回摆起架子来，把自已关在家里，闭门谢客，声称"身体有疾，不堪重任"。赵王迁放低姿态亲自去请，恩威并施，李牧这才松口。

"大王一定要起用臣的话，臣只能从命，但有一条，如何戍边，如何迎敌，臣将一如往昔。"

赵王迁答应。李牧重回边关，果然还是老一套。匈奴人大喜，都在嘲笑李牧胆怯懦弱。表面上看，似乎又回到从前的境况，但这一次有着本质的不同。

李牧向来待将士甚好，将士们获得优渥赏赐，斗志昂扬，都愿意与匈奴拼死一战。李牧准备好战车一千三百乘、战马一万三千匹，集结获得过百金封赏的勇士五万人、善于射箭的士兵十万人，组织起一支强大的军队，摩拳擦掌，枕戈待旦。

匈奴人再一次来袭，这回李牧没有闭门固守，而是正面迎敌。他使出佯败诱敌之计，数千人先锋部队假装不敌，且战且退。匈奴单于向来把李牧看作胆小鬼，这下更加骄纵轻敌，单于亲自率领大部队追击，一步步踏入李牧设置的陷阱。

李牧早已布下奇阵，佯装不敌的赵军突然发威，埋伏在左右两翼的奇兵杀出。隐忍憋屈多年的赵军将士终于爆发，这一仗打得酣畅淋漓，大破匈奴军十万余骑，单于在混乱中仓皇奔逃，好不容易保住一命。

据史载，经此一役，匈奴人尝到苦头，此后十余年不敢再靠近赵国边境一步。

事实证明，李牧不是不敢打，而是不打则已，要打就狠狠地打，痛痛快快地打。外人眼中的胆小怯懦，实为李牧经过审时度势之后的策略选择。他韬光养晦，整军备战，积蓄实力，只等时机成熟，向敌人发出致命一击。不管进攻还是防守，李牧都体现出卓尔不凡的军事天赋。

赶跑匈奴人，虎狼之秦是李牧的下一个对手。赵国本就兵强马壮，更有李牧这样百年一遇的将才，秦军千里奔袭，遇上难缠的对手。

听完李牧的故事，嬴政更加充分地理解邯郸前线秦军将士的处境，不禁感慨道："这李牧好生了得，有他在，如同在邯郸城外竖起一道看不见的高墙，怎么攻也攻不破。"

李斯向嬴政出谋划策："大王所言甚是。眼下情势，既然我军从外部无法攻破，不如让它自毁城墙，从内部坍塌。只要李牧一死，高墙不在，邯郸城旦夕可破。"

"廷尉的意思是……"

"大王难道忘了赵相郭开？这么多年，此人被大秦养育得肥如硕鼠，该轮到他报效大秦了！"

李斯的离间计开始发挥逆转局势的作用。离间之计必须因人而异、对症下药：对于李牧这样的忠臣良将，采取诽谤、诬陷的手段，挑拨他与国君之间的关系；对于敌国的奸佞之臣，就笼络收买，使其成为安插在敌方阵营中的奸细，关键时刻能够为我所用，郭开正是这样的角色。

郭开处在赵国相国这一重要位置上，一直是秦国重点收买的对象。当亮灿灿的一大箱黄金摆在他面前时，郭开一点儿抵抗力都没有。开弓没有回头箭，收了第一回，就有第二回、第三回。而这一回，箱子里除了黄金，还有一封信，上面写着简洁明了的四个字：诛除李牧。郭开知道，秦人豪掷千金绝不是因为慷慨，需要他投桃报李的时候到了。

李牧此时统领赵军抵御强敌，他的威望与功勋在于此，他的危险和隐患也在于此。郭开派人在邯郸城四处散布谣言，声称"李牧自恃功高，有谋反之心"。

其实，这些流言蜚语传得再广，归根结底只为传给一个人听。果不其然，赵王迁坐不住了，召来郭开商议："寡人听闻坊间传言，李牧存有不臣之心，意图谋逆作乱，郭相听说了吗？"

郭开早就精心准备好一套说辞："不敢欺瞒陛下，流言汹汹，臣也有所耳闻。虽说流言蜚语未有实据，但空穴来风岂能无因？李将军是否有意谋反臣不知道，臣只知道，如今邯郸城上上下下，人人眼中只有一个李将军，而没有赵王！"

郭开说到要害之处，点到为止，不再多言，他已经瞧见赵王迁脸色铁青，眉头紧锁。

"这正是寡人所忧啊！可眼下战事正酣，少了李牧坐镇，恐怕……"

"正因为战事吃紧，千钧一发，才更需要尽快罢黜李牧。大王试想，倘若李牧临阵变节，倒戈于秦国，那便是亡国之患啊！"

"会有这等事？"

"武将手握重兵、功高盖主，生出谋逆篡位之心，古往今来，这样的事情还少吗？"

赵王迁听信郭开的谗言，决定从前线撤下李牧。

传令的使者来到军营："赵王有令，将军李牧即刻解职，交出虎符印信，公子赵葱、将军颜聚领军抗秦。"

李牧大感意外，怎么也想不通："恕我直言，赵葱、颜聚皆非将才，恐怕难以抵抗强敌。大敌当前，临阵换将乃兵家大忌，大王为何如此？"

使者没有隐瞒："有人告发将军暗存谋逆之心，意图叛乱变节，还请将军随我回宫，接受调查。"

"谋逆？这从何说起！李牧一片赤胆忠心，天地可鉴。为了赵国，为了邯郸军民，恕难从命！"

"这……除了为赵国、为邯郸军民，将军是不是也该为自己考虑考虑？违抗王命，追究起来，那是要掉脑袋的呀！"

"将在外，君命有所不受！驱逐外敌之后，我自当负荆请罪，大王一定能够体恤臣的苦心。眼下，全军将士正浴血奋战，李牧岂能临阵退缩！请足下转告大王，李牧就算是死也要战死在沙场上，为了赵国，臣虽死亦无悔！"

李牧慷慨激昂，使者轻叹一口气，摇摇头离开了。

李牧抗命的消息传回邯郸，郭开对赵王迁说："大王瞧瞧，抗旨不遵，李牧这是明摆着要造反啊！猖狂如此，是可忍，孰不可忍！"

"来人，即刻逮捕李牧！"

郭开追问："逮捕之后如何处置，还请大王明示，是押解回都，还是……"

赵王迁怔了片刻，冷冷吐出三个字："杀无赦。"

李牧怎么也想不到，赵王会对他痛下杀手，所以毫无防备。最终，这位传奇将军没能如他所愿，战死在沙场上，而是冤死在自己人手里，死在阴谋诡计的屠刀下。

昏庸无能的君王，贪婪妒贤的奸臣，无辜被害的忠臣，古往今来，总有这么三个雷同的角色，上演着雷同的故事。

李牧既死，赵国的主心骨被抽走，如同大厦没有了根基，摇摇欲坠。

民间传说，李牧死后，赵国人发现天上多了一颗星星，他们将这颗闪耀的星辰命名为"李牧星"，以此寄托赵人对李牧的哀思与怀念。

秦王政十六年（前231年），赵国的代地发生大地震，第二年又遭遇大饥荒。在老百姓看来，这是上天在为赵国哀号，大地在为赵国哭泣。

"赵为号，秦为笑。以为不信，视地之生毛。"（《史记·赵世家》）

赵国流传着悲戚的民谣："赵人凄厉地号哭，秦人猖狂地大笑。你要是不信，就瞧瞧这寸草不生、只长杂毛的土地，看看眼前这个国家，已经衰败成什么模样！"民谣唱的是百姓的心声，唱的是赵国的挽歌。

李牧死后，赵葱、颜聚接替他统领赵军。很快，秦将王翦发动对邯郸的总攻，赵葱战死，赵王迁、颜聚被俘虏，赵国灭亡。这一年是秦王政十九年（前228年）。

赵国的公子嘉率领宗亲数百人逃往代郡，自称代王，苟延残喘了几年，最终也难逃覆亡的命运。

赵国灭亡后，嬴政做出一个不同寻常的举动，他不远千里，亲赴邯郸。由此可见，赵国对于嬴政的意义，终究与其他国家不同。

邯郸城刚刚经历战火洗礼，依稀能够窥见昔日之繁华。这座城市记录着嬴政年少时的耻辱与辛酸，故地重游，他走在熟悉的街巷，物是人非，恍如隔世。嬴政漫步城中，往事一幕幕在脑海中重现，二十多年以前，他是东躲西藏、仓皇逃命的丧家之犬，做梦都想逃离这座不欢迎他的城市。如今，他是征服者、复仇者，是这个国家的毁灭者。

"寡人幼年在这邯郸城中，结识了不少人，如今故地重游，把这些老朋友都找出来吧，然后……"嬴政喟然叹息，轻声说，"然后，都杀了吧。"

嬴政开出一份大名单，一份只有他本人才开得出的名单。当年许多赵国人追杀、欺辱他与赵姬母子二人。如今，报仇清算的时候到了，嬴政睚眦必报，下令大肆搜捕当年的仇家，抓获的全部坑杀。

嬴政回到秦国后不久，太后赵姬去世，追随她的故国而去。至此，嬴政身上最后一点儿与赵国的联系也彻底切断了，从此再无瓜葛。（秦王之邯郸，诸尝与王生赵时母家有仇怨，皆坑之。秦王还，从太原、上郡归。始皇帝母太后崩。《史记·秦始皇本纪》）

王贲水淹魏都，王翦邀功灭楚

战国前期，魏国一度成为"战国七雄"中最为强大的国家。

魏文侯起用李悝、吴起，在七国之中率先实行变法，魏国因此而富强。当时，秦昭襄王一度有意进攻魏国，一位没有留下姓名的游说之士劝谏秦王，从地缘战略的角度发表了一番妙论。

"魏国的地理位置，如同东方六国的腰部。好比一条大蛇蜷曲在此，击打它的尾部，它的头就会蹿过来相救；击打它的头部，尾巴就来相救；击打它的中部腰身，更是要命，首尾都会赶来相救。如果说东方六国合起来是一条大蛇，那么魏国正是天下的腰身啊！倘若秦国贸然攻打魏国，摆明了告诉六国诸侯，秦国今日要斩断这腰身，诸侯见到魏国危急，必定赶来首尾相救。六国惊恐之下抱团联合，秦国的忧患就不远了。"（有蛇于此，击其尾，其首救；击其首，其尾救；击其中身，首尾皆救。今梁者，天下之脊也。秦攻梁者，是示天下要断山东之脊也，是山东首尾皆救中身之时也。《战国策·魏策四》）

魏国地处六国的中央，尤其在邻近的韩国、赵国的包围庇护之下，秦国想要绕过这些周边国家直接攻下魏国，的确困难重重。

除了独特的地理区位优势，说到魏国不得不提的，还有大名鼎鼎的信陵君魏无忌。

战国时代，当人们提到"魏公子"，特指魏无忌。他是魏昭王幼子、魏安釐王同父异母的弟弟，"战国四公子"之一。因为"窃符救赵"这件大事，魏公子名震天下。

秦昭襄王四十九年（前258年），秦军包围赵国都城邯郸，邯郸军民殊死抵抗。这一边，秦军久攻不下；另一边，赵军只能固守，也无力击退强敌。

赵国向魏国求救，魏王派出大将晋鄙领军十万前去救赵，大军出发不久，魏王收到来自秦昭襄王赤裸裸的威胁："寡人进攻赵国，没几天就能攻下，诸侯之中有谁胆敢出手相救，寡人灭赵之后，下一个灭亡的便是它。"魏王害怕了，赶紧传令晋鄙停止进军，驻扎在魏、赵边境，按兵不动观望局势。

赵国平原君赵胜的夫人是信陵君魏无忌的姐姐，见魏军援军迟迟不来，平原君紧急致信魏无忌："都说公子是急人之难的君子，如今邯郸之围难解，赵国危在旦夕，贵国援军迟迟不见踪影，这是急人之难吗？公子就算瞧不起我赵胜，总该可怜可怜你远嫁赵国的姐姐吧？"

不论于公还是于私，为国还是为家，魏无忌都决意救赵。他多次劝说王兄，但魏王实在是对虎狼之秦太过于恐惧，任凭魏无忌好说歹说，就是心意不改，不愿意贸然与秦国为敌。

无奈之下，魏无忌做出惊诧世人之举。他亲率一百多辆战车，带着门下众多宾客前往魏国。临行前，他采纳门客侯生的建议，通过魏王最宠爱的如姬，偷出魏王的虎符。魏无忌曾经替如姬除掉杀父仇人，如姬这回算是报恩。

魏无忌来到边境魏军大营，拿出虎符，与将军晋鄙手上的另一半虎符成功对上。魏无忌谎称，他奉魏王之命，要接管这十万大军。

虎符即虎形兵符，作为调兵遣将的凭证一分为二，一半在国君手上，一半在将军手里。遇有战事需要调兵时，国君命令使者携带他那一半虎符前往战场找到将军，两相验合，军令方可施行。

此刻，虎符虽然合二为一，晋鄙还是心存疑虑："我受魏王重托，领军十万驻守边境，深知责任重大。公子此刻一人一车，便要取代于我，恐怕……"

晋鄙话音未落，一位名叫朱亥的大力士如虎出柙闯进来，扔出四十多斤重的大铁锤，鲜血四溅，晋鄙被击杀。朱亥本是一名屠夫，也是魏无忌众多门客中的一员。

一切都在计划之中，魏无忌就这样简单粗暴地褫夺军权，然后马不停蹄地奔赴邯郸。后来，除了魏国，赵国还找来楚国援军，形成秦国以一打三的局面。在魏、楚、赵三国联军的共同努力下，邯郸之围成功解除。

魏无忌赢得这场战争，却彻底输掉王兄的信任。消息传回魏国，魏王暴跳如雷："私窃兵符，擅杀大将，抗旨救赵，好你个魏无忌！既然你心中没有魏国，只有赵国，那就永世不要再踏上魏国的土地，魏国容不得你这样的叛国贼！"

无奈之下，魏无忌只能长期滞留赵国，一待就是十年。

其实，魏安釐王对于魏无忌早就有所忌惮，心存不满。

曾经有一回，兄弟二人正在下棋，边境突然传来赵军即将入侵的消息。魏王着急忙慌，正要召集群臣商议，魏无忌却从容淡定，眼睛始终没离开棋盘，摆摆手说："只是赵王在打猎，不必理会。"魏王将信将疑，心里一直打鼓，惴惴不安。不一会儿，边境又传来消息，果然是赵王在打猎，大部队已经撤回，虚惊一场。

魏王很是惊讶，问魏无忌："千里之外的边境之事，公子如何得知？"魏无忌回答："臣弟门客当中，有人能够探知赵王一举一动，早已将赵王外出田猎之事报告，臣弟因此知晓。"

"公子好大的神通……"魏王悻悻地说，脸色难看极了。

随着魏无忌的门客越来越多、名声越来越大、威望越来越高，魏王再也不敢将国家政事交给他处理。没想到，魏无忌不干则已，一干就直接干出"窃符救赵"这样惊天动地的大事来，魏王与他之间的矛盾彻底公开化。

就在这时，秦国介入其中，兄弟二人之间的纠葛注定无法割离。

秦国一直将信陵君魏无忌视为灭亡魏国的最大阻碍，一听说魏无忌滞留赵国，大好时机岂能错过，于是频繁出兵东伐魏国。魏国屡战屡败，危如累卵之际，魏安釐王心中纵使有一万个不情愿，也别无他法，只能派出使者前去邯郸，请魏无忌归国救急。

当年，魏王下达的"驱逐令"彻底刺伤了魏无忌的心，他只是救赵心切，并无叛国之意，却被当成卖国贼对待。这对于一位王族公子来说，无异于奇耻大辱。他心灰意冷，决意不再归国，对门下宾客颁布戒令："胆敢为魏王使者通报的人，杀无赦！"

大多数门客不敢违逆主公，除了毛公、薛公二位。

"二位是来为魏王做说客的吗？"魏无忌质问。

"我二人食君之禄，为的是信陵君，不是魏王。我们不能眼睁睁地看着公子犯下大错。"

"本公子何错之有？"

"错在忘本。公子之所以为赵国所看重，闻名于列国诸侯之间，是因为公子背后有魏国，世人称您为'魏公子'，可见，公子是魏国的公子，魏国才是公子的根基。如今秦攻魏，魏国危急而公子却无动于衷。倘若有朝一日，秦军攻破大梁，夷毁先王宗庙，魏国没了，敢问'魏公子'又当如何自处？公子在赵国岂能安生？又有何面目立足于天下？"

毛公、薛公一席金玉良言，醍醐灌顶，魏无忌如梦方醒，立马驱车归国。

时隔十年，魏无忌与魏安釐王再次相见，二人既是兄弟，又是君臣，数十年恩怨纠葛，感慨良多，相拥而泣，尽弃前嫌。魏王将上将军的将印授予魏无忌，意味着授予他魏国的军权。

魏无忌一回国，便派遣使者遍告诸侯，联络各国共同抗秦。他名声在外，威望甚高，诸侯听说信陵君复出，纷纷派出军队前来救援。

魏无忌集结韩、赵、楚、齐、燕五国之兵，结成前所未有的合纵联盟，声势浩荡，大破秦军于河外（河南陕州和陕西华阴一带），秦国名将蒙骜兵败而走。魏无忌乘胜追击，紧追秦军一直到函谷关。经此一战，秦军受到重挫，不敢贸然再出函谷关。

如果说，"窃符救赵"令信陵君声名鹊起，"率五国破秦"则令他一战而威震天下。

后来，秦昭襄王去世，嬴政的父亲秦庄襄王继位。面对魏无忌这一心腹大患，秦庄襄王使出反间计，派间谍携带万两黄金前往魏国，找到最为仇恨魏无忌的一批人——当初被魏无忌所杀的晋鄙的门客，怂恿门客们在魏国散布各种谣言，流言蜚语传着传着，不免传到魏王耳朵里。

"公子无忌流亡在外十年之久，幸得大王恩遇，如今贵为上将军，不仅掌握魏国兵权，而且统领诸侯列国雄兵，诸侯只知道魏国有一个魏公子，眼中哪里还有魏王啊！眼下流言汹汹，都说魏公子有意南面称王，诸侯也有拥立其为魏王的意思。"

秦人的间谍行动远不止于此，竟然派出使者，大张旗鼓地前去恭贺魏无忌得立魏王，一点儿都不遮掩，闹得尽人皆知。如此一来，原本莫须有的事情好像真有这么回事，魏无忌百口莫辩。

魏安釐王又一次动摇了，一旦有了猜忌之心，就再也无法真正信任魏无忌，很快罢免了他的上将军之职。

魏无忌因谗言、诽谤被罢黜，这已经是第二次。不管是兄弟之情，还是君臣之义，魏王对他的信任好像一尊华而不实的瓷器，那么脆弱易碎，经不起考验。这一回，魏无忌心如死灰，从此称病不上朝，与宾客长夜畅饮，纵情声色。这样的日子持续了四年，魏无忌终于因酗酒滥饮，在虚无的享乐中病亡。没过多久，魏安釐王也撒手西去。不知道兄弟二人九泉之下相见，是否依然能够相拥而泣、恩仇尽泯？

当嬴政继位为秦王的时候，魏国再无魏公子信陵君，那还有什么可顾忌的呢？秦王政五年（前242年），魏无忌的死讯一传来，相国吕不韦马上派出将军蒙骜卷土重来，势如破竹攻拔魏国二十城，设置为秦国的东郡。

此后十多年，秦国对魏国一直采取蚕食政策，先后灭掉它的周边国家，对其形成包围之势。当韩国、赵国相继灭亡后，"三晋"只剩下魏国，失去屏障庇护，魏国在地理位置上"首尾相救"的战略优势荡然无存，丧钟已经敲响。

时间来到秦王政二十二年（前225年），距离信陵君去世已经过去十八年。王翦之子、秦将王贲领命攻打魏国。

秦军进逼魏国都城大梁（今河南开封），王贲登上城外高处仔细观察地形，发现大梁城地势较低，决定以水攻破城。王贲下令掘开黄河大堤，引黄河、大沟之水漫灌大梁。三个月后，城墙被大水长时间浸泡，轰然坍塌。早在城外蓄势待发的秦军蜂拥而入，攻陷大梁城。魏王假被俘获，魏国灭亡。

秦国先后灭掉韩、赵、魏三国，中原地区的"三晋"已亡，嬴政将目光转向南方。

将军李信年少壮勇，颇受秦王赏识。有一回，嬴政问李信："寡人想要灭掉楚国，将军估计，需要多少兵马？"

李信年轻气盛，没有多想便脱口而出："最多只要二十万兵马，臣替大王踏平荆楚。"

"好！"嬴政点头称许。

老将王翦也在场，嬴政问："王翦将军以为如何？"

王翦不敢信口开河，沉思良久，回答："楚国疆域辽阔、兵强马壮，实乃南方大国，没有六十万大军，不能亡楚。"

"王将军老矣，竟如此怯弱，当年荡平赵国的气魄何在？看来灭楚这一仗，还要看年轻一辈啊！"

李信面露得意之色，王翦沉默无言。

秦王政二十二年（前225年），嬴政听从李信建议，派遣李信、蒙恬领军二十万，南下攻楚。与此同时，王翦心灰意懒，称病解甲归田，回到老家频阳（今陕西富平）。

李信带着他的年少轻狂和盲目自信踏上征途。战事一开始很顺利，秦军连续打了几场胜仗，攻破鄢、郢等重要城邑。李信引兵而西，与蒙恬会师于城父（今安徽亳州），就在这时，战局陡然逆转。

轻敌大意的李信对后有追兵浑然不觉。楚军一直悄然尾随秦军，三天三夜不停息，一路快速追击，给秦军猝然一击。李信防备不及，一败涂地。原来，楚军使了一招佯败之计，先令秦军掉以轻心，再诱敌深入，打对方一个措手不及。

"李信竖子，误我大事！"嬴政怒火中烧，这把火既有对李信的愤恨怨怼，更有对自己用错人的懊悔。

前线溃败，伐楚遇到重大挫折，必须有人站出来，指出秦王的错误，督促秦王反思，为挽回败局建言献策。

李斯前来觐见，给嬴政讲了一个"老马识途"的故事。

"当年，齐桓公攻打孤竹国，军队春天出发，冬天返回，冬去春来，沿途的山水草木已经大变样。齐国大军进入一个山谷，转来转去，结果迷了路，被困在幽深的山谷中。在众人一筹莫展之际，相国管仲给齐桓公出了个主意：从军中挑选几匹老马，越老越好，它们或许认得回家的路。果不其然，由老马在前面引路，大军成功走出了山谷。"

嬴政想了想，说："你的意思是说，眼下唯有王翦这匹老马，才能带领秦军走出困境？"

"大王圣明！'老马'能够识途，是因为他多年征战累积了弥足珍贵的经验，这恰恰是只有一腔热血的年轻人所缺失的。"

"可是王翦将军已经告老还乡，说是身体有疾，还能为国效力吗？"

"臣以为，养病恐怕只是借口。非要说有病的话，王老将军的病不在身，而在心。将军老当益壮，但将军的心哪，却心灰意冷啊。"李斯点到为止，意思表达得很清楚，但也注意分寸，留有余地。

嬴政拉下脸来，沉默了一会儿，说："是寡人伤了老将军的心哪！这件事，寡人的确做错了，知错就要改，寡人这就下诏，请王翦将军归朝。"

李斯摇摇头："没有用。一封诏书，恐怕难以令王翦将军改变心意。"

"怎么？寡人的诏书劝不动老将军吗？"

"想要老将军再度出山，非大王亲自去请不可。"

嬴政哼了一声："老将军好大的架子呀！"

"臣还没说完，大王不仅要亲自去请，还要当面向老将军表示歉意。"

嬴政呵斥道："李斯！你休要戏弄本王！让寡人道歉，君王的脸面何在？"

"臣不敢与大王玩笑。君臣远隔千里，一封诏书恐怕难以表达大王心意。唯有大王屈尊降贵，才能彰显大王礼贤下士之诚心。臣以为，君王的脸面，不在于一时之意气、矫饰之虚荣，而在于海纳百川之胸襟、知错能改之圣明。"

嬴政性格复杂，既有霸道独断的一面，也善于听取意见。他免不了犯错，也有判断失误的时候，难能可贵的是，能够坦然面对错误，闻过则喜，有误必纠。李斯抓住这一点，以他的睿智、卓识、能言善辩，巧妙地劝谏了秦王。

嬴政从谏如流，亲自前往王翦的老家频阳。

"大王御驾亲临，老臣不胜惶恐！"王翦对秦王的莅临大为意外。

"惶恐的是寡人啊！寡人不听老将军忠告，致使我军遭遇大败，怎能不惶恐！李信轻狂无能，使大秦受此奇耻大辱，寡人恨哪！"

王翦宽慰道："胜败乃兵家常事，事已至此，大王也不必过于烦忧。"

"怎能不烦忧！前线战报，楚军连日西进，有反攻之意。老将军难道忍心置大秦于不顾？"

"老臣疾病缠身，糊涂昏聩，实在不堪重用，还请大王另请高明。"

"怎么？老将军还在责怪寡人？"

"老臣不敢。"

"既如此，寡人已经决定，将军官复原职，率军灭楚，将军不要再推辞！"

王翦神色一正，缓缓道："承蒙大王错爱，一定要老臣领兵的话，关于兵力调配，老臣还是那句话，非六十万人不可。"

嬴政郑重道："大秦百万将士，任凭将军调遣。"

王翦复出，统领六十万大军出征，嬴政亲自送到灞上。这时，王翦向秦王提出一项请求，出乎所有人的意料。

"楚国乃南方大国，绝非旦夕可灭。老臣这一走，一年半载恐怕回不来了，臣斗胆向大王请赏，请求赏赐美田宅院，多多益善。"

嬴政颇为意外："将军只管征战杀敌，替寡人开疆拓土，富贵荣华自然不在话下，难道老将军还有贫困之忧吗？"

"作为大王的将军，即便在战场立下再大的功勋，终究不能封侯。所以，趁着大王还信任老臣，及时请赏田园美池，也是有备无患，为子孙后代讨一份养家糊口的产业啊。"（为大王将，有功终不得封侯，故及大王之向臣，臣亦及时以请园池为子孙业耳！《史记·白起王翦列传》）

王翦的话并非信口开河，从秦国的惯例来看，功臣良将虽然可以获得爵位、金银，但封侯的例子的确不多见。能够封侯封地的，要么是王族宗室子弟，要么是丞相这样"三公"级别的大官。在王翦之前，秦昭襄王时代叱咤风云的"战神"白起，没有封侯；在王翦之后，为大秦抗击匈奴、闻名遐迩的大将军蒙恬，也没有封侯。所以王翦说，既然不能封侯，那索性多讨些物质上的赏赐。

嬴政答应了王翦的请求。

大军开拔，没想到，一出函谷关，王翦马上派出使者返回咸阳。

"老将军还有什么话要对寡人说？"

使者支支吾吾，似有什么难言之隐，涨红着脸，好半天才吞吞吐吐地说："老将军说，请陛下别忘了先前允诺的赏赐，并且……并且还请陛下，再多赏赐一些良田……"

朝堂上，群臣哑然失笑，嬴政也怔住了，一时摸不透王翦葫芦里卖的是什么药。

更令人惊讶的还在后头，王翦一边南下，一边不断派使者回来，反复向秦王请求赏赐，先后竟达五次之多。当使者第六次来讨赏的时候，朝堂上终于炸开了锅。

"大战在即，王将军不思灭敌之策，怎么心思全在讨要赏赐上，竟如此贪得无厌！"

"哼！只怕不是贪得无厌，而是以手中六十万重兵，来要挟陛下，想要为自己挣得后半辈子的富贵荣华！"

"请大王降罪责罚！"

群臣叽叽喳喳，不少人对王翦大加指责。嬴政静静地听着，一直没说话，瞥了一眼班列中的李斯，有意思的是，此人也是半天不言语。

"廷尉李斯，王翦求赏之举，你怎么看？"

李斯出班，回答："大秦富庶，王将军为国征战，肩负重任，臣以为，他想要什么，尽管给他便是！"

此言一出，朝堂哗然，众人为之侧目，都认为李斯在说疯话。

令众人意外的是，嬴政没有生气，反而哈哈大笑，以戏谑的口吻说："廷尉倒是慷慨得很，不如也赏你两座宅院如何？"

李斯嬉笑道："大王如若真有此美意，臣怎好推辞，一定恭敬不如从命！"

"美得你！李斯啊李斯，满朝文武就数你精明如猴，不，是狡黠如狐才对。"嬴政半开玩笑似的呵斥李斯，又对前线来的使者说，"回去禀告王将军，好好替寡人开疆拓土，他想要什么，寡人在咸阳一定给他备好，一件不少，就等着他凯旋的那一天！"

众臣十分惊奇，一肚子疑问。下了朝，几位与李斯相熟的大臣围住他，想要问个究竟。

"王翦多次讨要良田宅院，大王竟然没有动气，也没有怪罪，反而一一应允，看起来心情甚佳，这究竟有什么奥秘？方才大殿之上，足下与大王，在打什么哑谜？"

李斯笑着说："诸君看问题不要只看表面，王翦将军讨要的不是良田宅院，而是大王的信任。老将军心想，如今全国六十万大军全都由他统领，大王必定有所顾虑，很可能对他起疑。他反复请赏良田宅院，是在告诉大王，他王翦除了这一点儿私利，并没有其他非分的奢求，请大王放心。"

"王翦这赳赳武夫，没想到竟有如此心计。大王可是瞧出他的心思了？"

"那是自然。秦王何等英明睿智，王翦那点儿心思岂能瞧不明白？所以啊，大王非但没有动怒，反而笑逐颜开。"

由此看来，王翦绝不只是一个能征善战的武夫，在君臣博弈的权力游戏中，他同样多谋善断，摸透秦王的禀性和心思。他通过自我贬损、朝自己身上泼脏水的方式，向嬴政表明他没有什么政治野心，更绝无叛秦之意，以此打消秦王的猜疑。

王翦带领秦军进入楚国境内，这一仗，王翦的打法同样出人意表。

大军压境，进入楚国陈邑、平舆一带，王翦下令安营扎寨，不准出战。秦军坚壁清野，在楚国的地盘上构筑起牢固的壁垒，始终不主动出击。楚军多次前来叫战，不管骂得多难听，王翦全当耳旁风，丝毫不为所动。

王翦在营垒里干吗呢？虽然不作战，他却天天犒赏士兵，与士兵同吃同饮，安排将士们娱乐、休息。大伙儿吃得好、睡得香、没烦恼，不像来打仗，倒像是来旅游度假的。

这样的日子持续好长一段时间，有一天，王翦突然问："将士们现在都在干些什么？"

身边人如实回答："在玩投石块的游戏，比赛谁投得远。"

"妙哉！善哉！好得很哪！"王翦非但没有生气，反而开怀大笑，"看来，士卒可用矣！"

这种跑到敌人家门口驻军，但就是不开打的做法，与当年赵国名将李牧防御匈奴的战略有异曲同工之妙。王翦所说的"士卒可用"，不是说在玩游戏的士兵可用，而是指全军将士养精蓄锐，保持昂扬的斗志、旺盛的精力、高涨的士气，这样的士兵大有可为。

战略僵持的状态持续一年多，在两军对峙的消耗战中，没有真刀真枪的火拼，比的是精气神和忍耐力，看谁耗得过谁。楚军作为防守一方，渐渐放松警惕戒备，守备部队开始向东部移动。这一看似微小但十分重要的动向，被王翦捕捉到。秦军不远千里来到楚国，当然不是来度假的，决战时刻终将到来。

老鹰按兵不动地匍匐着，是在静静等待猎物放松警惕、有所松懈的那一刻。决定胜负、逆转局势的转折点，往往就在这一瞬间。王翦抓住时机，转守为攻，迅速派出精锐部队前去追击移动的楚军，积蓄许久的秦军爆发强大的战斗力，经过一场大追杀，大败楚军。

楚国终究实力雄厚、国土辽阔，不是一朝一夕可以攻灭的。王翦不疾不徐，先后用了三年时间，终于在秦王政二十四年（前223年），攻破楚国都城寿春（今安徽寿县），俘虏楚王负刍，楚国灭亡。

燕王杀子求生，齐王不战而降

话说赵国灭亡后，赵王迁的儿子公子嘉率领宗族数百人，逃到代郡（今河北蔚县），自立为代王。代王嘉很快找到他的盟友燕王喜，邻近的燕国国小兵弱，两个小国抱团取暖，同仇敌忾，共同对抗秦国。

秦王政二十年（前227年），秦将王翦、辛胜攻打燕国。战役在易水西畔打响，风萧萧兮易水寒，燕、代联军大败。

秦王政二十一年（前226年），王翦获得来自咸阳的大军增援，燕国都城蓟城（今北京）沦陷。燕王喜和燕太子丹逃往辽东。秦将李信领数千轻骑穷追不舍，一直追到辽东。

燕王喜心急火燎："本王已经躲到如此偏僻之地，秦人还想怎样？这般穷追猛打，甩也甩不掉，如何是好？"

代王嘉出了一个主意："我有一计，可退秦兵，只是不知道燕王豁不豁得出去？"

"已经火烧眉毛，只要能保住燕国宗庙香火不熄，没有什么豁不出去的！"燕王喜显露出决绝凛然的神色，似乎做好牺牲一切的准备。

"如此甚好。燕王可知，秦军为何像条疯狗似的穷追不舍？秦王为何如此不依不饶？"

"还能为何？秦人如狼似虎，嬴政残暴狠毒，他这是要亡我大燕啊！"

"非也，依我之见，嬴政所恨，唯有太子丹一人而已。大王不如狠下心来，将太子丹的人头献给秦王，嬴政怒气必定消解，怒气一消，秦军自然退兵，燕国社稷也就保住了。"（秦所以尤追燕急者，以太子丹故也。今王诚杀丹献之秦王，秦王必解，而社稷幸得血食。《史记·刺客列传》）

燕王喜说："太子丹？那可是我的儿子啊！民间谚语有云，虎毒不食子，连庶民百姓都懂的道理，更何况我王室贵族！"

代王嘉冷笑一声："眼下情势危急，保儿子还是保江山？孰大孰小？孰轻孰重？燕王可得好好掂量掂量哪！"

燕王喜陷入沉默，脸上决绝凛然的表情消失了，颓然丧气起来，原来牺牲与奉献并没有他想象中那么容易。

代王嘉出的这个馊主意，也有一定依据，这还要从燕太子丹与嬴政的昔日恩怨说起。

嬴政出生于邯郸，当时燕太子丹也在赵国为质子，两位同样来自异国的少年，同为天涯沦落人，很自然地成为玩伴好友，结下颇为深厚的友谊。

后来，嬴政归秦，继位为王，燕太子丹则回到燕国。不久，颇为戏剧性的一幕发生了，燕太子丹又被派到秦国做人质，两位挚友再次相见，都不再是当初落魄困苦、惺惺相惜的少年，而是秦国的王和燕国的质子。

故友重逢，身份迥异，人们无从知晓嬴政当时怀抱着怎样的心情，人们只知道，嬴政对待燕太子丹似乎不太友善。燕太子丹久留秦国，郁郁寡欢，多次向嬴政请求放他回国。没想到，嬴政的回应冷漠决绝："想回国，可以。等到'乌头白、马生角'那一天，再放你回去。"

乌鸦的头变成白色，马头上生出角来，这都是不可能发生的事情，这可明摆着不放人。燕太子丹索性一不做二不休，偷偷潜逃回国。他回国后越想越气，对嬴政的仇恨之火非但没有熄灭，反而越烧越旺。于是刺客荆轲登场，他奉燕太子丹之命，前往咸阳，上演了一出惊天动地的"荆轲刺秦王"。

刺杀行动以失败告终，后果很严重，嬴政被激怒，燕太子丹从此成为他不共戴天的死对头。在这样的背景下，才有了代王嘉的建议——让燕王喜杀掉自己的儿子，将燕太子的人头献给嬴政，以求得秦王的宽宥，换来燕国的苟存。

这时候，焦点人物燕太子丹何在？话说自从燕国王室逃到辽东之后，秦将李信一直在追击燕军残部，其中就包括燕太子丹。靠着藏匿在衍水一带的山林水丛中，燕太子丹逃过秦军搜捕，但却没能逃过亲生父亲的暗杀。

"食子"这个馊主意，燕王喜还真听从了。

当燕太子丹的人头被装在匣子里，摆在嬴政的案前时。嬴政瞥了一眼，冷笑一声："扔出去喂狗吧。"

李斯说："臣听说，杀掉燕太子丹，是代王嘉出的主意，这个主意真是既蠢又坏！坏在教唆父亲诛杀儿子，泯灭天理人伦；蠢在竟然如此天真，认为大秦灭燕，只是因为秦王与燕太子丹的私人恩怨。"

嬴政说："没错，我要燕太子丹的项上人头有何用？寡人要的是燕国的土地与人民！"

秦王政二十五年（前222年），秦将王贲挥师辽东，攻破平壤城，燕王喜被擒获，燕国灭亡。

秦军马不停蹄，回师代地，将燕、代一锅端，生擒代王嘉。由赵国衍生出来的代国灭亡。赵、代本为一体，至此，赵国宣告彻底灭亡。

燕国既亡，秦国只剩下最后一个对手——齐国。

在此之前，秦国君臣经过精心谋划，早已制定了一套完备的灭齐方略。

嬴政说："东方六国，寡人想把齐国留到最后。齐国远在东海之滨，不与秦国接壤，根据'远交近攻'的原则，与齐国维持友好邦交，待其他五国灭亡之后，再来收拾齐国不迟。"

李斯说："大王圣明。兵法有云：'上兵伐谋，其次伐交，其次伐兵，其下攻城。'臣建议，与齐国建交修好，这是台面上的动作。台面之下，臣有一计，名为'蠹虫啄树'，耗时虽长，却可摧毁齐国根基。"

"蠹虫啄树，何解？"

"臣建议，派出顿弱、陈驰、荆苏等能言善辩之士出使齐国，贿赂齐国大臣，离间其君臣，有如蛀虫啃食树木一般，一口一口地腐蚀齐国朝廷的根基。"

战火硝烟之中，齐国留存到最后，与它得天独厚的地理位置有关。齐国远在东海之滨，在秦国"远交近攻"的大方略下，不是秦国率先打击的对象。相安无事只是表象，虽然不动刀兵，但秦人也没闲着。在李斯主导之下，先后派出顿弱、陈驰、荆苏三大间谍奔赴齐国，间谍行动悄然展开。

每一位间谍出发之前，李斯都要向他们面授机宜，传授锦囊妙计。

"想要咬烂齐国这棵大树，得从最脆弱的地方入手，齐国最脆弱的要害之处，在于一人、一事。一人为齐国相国后胜，此人手握重权又贪财好利；一事为'齐国不助五国攻秦'。尔等入齐之后，只需把握住这一人、一事，大事成矣！"

后来的事情有条不紊地按照嬴政、李斯设计的剧本在发展。齐相后胜暗中笑纳来自秦国的金银财宝无数，拿人钱财替人办差，他和秦国宾客、间谍们一起，给齐王建洗脑，鼓动齐王做了三件事："去纵而朝秦""不修攻战之备""不助五国攻秦"（《史记·田敬仲完世家》）。

这三件事一步步将齐国推向深渊。

首先，在外交上，齐王建放弃与五国"合纵"，朝奉秦国。

其次，在军事上，荒废军备，放弃整军备战。齐国没有一支强大的军队，可谓自掘坟墓。

最后，对于五国与秦的战争袖手旁观，齐国采取事不关己高高挂起的姿态。每当秦国灭掉一个国家，齐王建还不忘派出使者前去向秦王恭贺道喜，一点儿也没有感受到危机的临近，仿佛五国的存亡与他毫无关系。

五国的存亡，真的和齐国没有一点儿关系吗？

秦军攻打魏国时，魏王假曾派使者前来齐国求援，提出与齐国联合抗秦的建议。齐王建摇摆不定，询问相国后胜的意见。后胜说："万万不可与魏国联合，秦军兵强马壮，魏国难逃一劫。我齐国一向与秦国交好，倘若此时贸然出手，得罪秦国，那魏国灭亡之后，下一个就轮到我们啦！"齐王建一听有理，他本就软弱无能，胆小怕事，为求自保，断然拒绝魏王假的请求。

昏君与奸臣，总是成对出现。其实，齐王建身边，并不都是后胜这样的奸佞小人，也不乏明事理、担道义的忠义之士。

昏聩糊涂的齐王建一度想要亲自前往秦国朝觐秦王，都已经乘坐马车出发了，经过都城临淄西城门雍门的时候，被一位武官拦住去路。

齐王建掀开马车帷幕一瞧，此人执戟而立，面色凝重，正气凛然。这位御前拦驾的勇士没有留下姓名，人们只知道他的官职为司马，史书上便称其为"雍门司马"。

雍门司马劈头盖脸，向齐王建抛出一个问题："臣有一问，百姓拥立君王，是为了国家社稷还是为了君王个人？"

"自然是为了国家社稷。"齐王建这点儿道理还是明白的。

"既然是为了社稷拥立君王，大王为何要丢下国家社稷，跑到秦国去呢？"

齐王建沉默了，想了一想，下令："起驾回宫！"

也许齐王建本来就对这趟旅程心里没底，惶惶不安，担心有去无回。正好雍门司马闹这么一出，他顺水推舟，便回来了。

雍门司马劝谏成功，对其他有识之士起到鼓舞、示范作用。即墨大夫瞧见齐王建听劝归来，颇感意外，心想："看来齐王还有救，齐国还有救！"于是入宫求见，前去献计献策。

即墨大夫对齐王建说："齐国国土辽阔，方圆数千里，带甲兵士数百万之众。现如今，韩、赵、魏三国的官员都不愿接受秦国暴政的统治，逃亡在阿城、甄城之间的三国遗民有数百人。大王完全可以将这些人收拢起来，交给他们百万兵士，让他们去收复韩、赵、魏三国疆土，如此，即便是临晋关也可以畅通而入。楚国鄢、郢的官员们不愿受秦国驱使，逃匿在南城之下的有数百人。大王完全可以将这些人聚集起来，交给他们百万军队，让他们去收复楚国原来的土地，如此，即便是武关也可以畅通而入。这样一来，齐国的威望得以树立，秦国终将灭亡！"

即墨大夫将他对时局的判断、胸中的韬略毫无保留地倾囊相授，只可惜，他还是高看了齐王建。齐王建并没有与秦王一争天下的雄心，他只想守着齐国的土地和财富，没有采纳即墨大夫的建言。

大争之世，你不与人争，强敌却不会放过你。在齐王建的统治下，齐国像一头斗志消磨殆尽的病虎，卧在东海之滨，看似远离战火硝烟，却在不知不觉间，不可遏止地走向灭亡的不归途。

秦王政二十六年（前221年），王贲在前一年刚刚灭掉燕国、代国，没有回秦国，而是从燕地直接引军南下，进攻齐国。

"秦人眼看就要打到家门口了，这可如何是好？"

这回齐王建真着急了，他向来是个没主意的，向相国后胜征求意见。后胜自然要对得起他所笑纳的那些来自秦国的黄金白银。

"臣只问一句，大王以为，面对虎狼秦师，我军打得过，还是打不过？"

"……恐怕打不过。"

"臣也这么认为。如今五国皆亡，秦军势不可当。倘若勉力抗敌，只会徒增军民伤亡，上上之策，唯有开门献降，以求保全。"

"开门献降，以求保全……"齐王建低声呢喃，像是自言自语，又像在询问后胜，"寡人的性命，能否得以保全？"

"大王向来恭谨有礼地侍奉秦国，而且，臣与秦使陈驰等人交好，可请秦使代为传达大王与秦王修好之意。"

齐王建听从后胜建议，不作抵抗，缴械投降。

事实上，齐军已经四十多年"不修攻战之备"，毫无战斗力可言，就算想要抵抗也是心有余而力不足。一路上秦军长驱直入，轻松攻破临淄城大门，俘虏齐王建，齐国灭亡。

齐王建的性命，最终得以保全了吗？

在亡国之前，齐国朝廷那些收受秦国贿赂的大臣，以及从秦国来的宾客、间谍，不少人劝说齐王建入秦朝觐秦王，齐王建一度都动身出发了，后来被雍门司马劝回。这一回，国家已亡，在陈驰、后胜等人的怂恿下，齐王建作为亡国之君别无选择，只能深入龙潭虎穴，踏上前往秦国的旅程。

秦国间谍陈驰巧舌如簧，连哄带骗，对齐王建说："秦王答应，只要齐君入朝归顺，便赐予五百里封地。齐君虽已不再是王上，但安度余年，衣食无忧，不在话下。"

这时候，即墨大夫再次前来，极力劝谏齐王建不要往火坑里跳。齐王建哪里听得进去，结果羊入虎口，车驾行驶到共地（今河南辉县）的时候，嬴政下令将他软禁。

据说，齐王建被困在一片松柏树林之间，活活饿死了。

"松邪？柏邪？住建共者客耶！"（《战国策·齐策六》）

末代齐王死后，齐国故地开始传唱这样一首歌谣："是松树害死国王吗？还是柏树呀？都不是。让齐王建困死于共地的，是那些不怀好心的外客啊！"

松树和柏树是人们经常在坟墓周围种植的植物，在歌谣里既指齐王建葬身之地的松柏树林，也比喻那些害死齐王建的"客"。这里所说的"客"，说的是像陈驰这样来自秦国的间谍。此外，像后胜这样的叛国之人，又何尝不是心向他国之"客"呢？

齐国灭亡的军报八百里加急传回咸阳，嬴政登上王宫高阁，遥望东方，遥望他的帝国。

嬴政问："李斯，齐国亡了，普天之下，还有什么国家能与大秦为敌？"

李斯回答："回陛下，东南尚有百越，皆为分散赢弱的小族，旦夕可灭。如今，大秦再无强敌。"

"好！现如今，大秦的疆域有多大？"

"大秦的疆域，东起大海，西至陇西，北抵阴山，南达岭南，可谓是，普天之下莫非王土，率土之滨莫非王臣。"

"自盘古开天辟地以来，可有哪一位帝王曾经统治过如此广阔的国度？"

"不曾。"

"可有哪一位帝王的功业，可与寡人相提并论？"

"未有。"

赢政转过身来，直视着李斯，说："今时今日，是否就是当年你与寡人所说的'万世之一时'？"

李斯不禁心潮澎湃，朗声道："正是！大王兴义兵，灭六国，平天下，丰功伟业，震古烁今，彪炳千秋！"

"寡人十三岁登基为秦王，奉行天命，继承历代先祖之伟业，历时十余年，荡平六国。寡人要昭告九州万民，自今日起，四海归一，天下只有一个国家，那就是大秦国！天下只有一个君王，那就是寡人赢政！"

秦王政二十六年（前221年）是一个伟大的年份，这一年，六王毕，四海一，赢政成为统一中国的第一人，历史开启新纪元。

秦统一六国，李斯功不可没。对此，他曾如此自述：

> 臣尽薄材，谨奉法令，阴行谋臣，资之金玉，使游说诸侯；阴修甲兵，饬政教，官斗士，尊功臣，盛其爵禄，故终以胁韩弱魏，破燕赵，夷齐楚，卒兼六国，虏其王，立秦为天子。（《史记·李斯列传》）

李斯辅佐赢政完成消灭六国、统一天下的丰功伟业，作为文臣他并未亲上战场，在统一战争中，李斯主要办了三件大事。

第一，参与制定统一六国的大方略。

李斯提出"先灭韩，再灭赵"的路线图，是统一战争的幕后军师，运筹帷幄之中，决胜千里之外。韩、赵两国先后覆灭，历史的演进，无可争辩地验证了李斯这一战略部署的前瞻性与正确性。

第二，领衔军师联盟，打响间谍战。

针对六国的间谍行动一直由李斯主导，他在沙场之外，开辟间谍战这一秘密战场。大批间谍人员带着满车金玉珠宝前往六国，贿赂重臣，刺探情报，挑拨离间，兴风作浪，搅得敌国不得安宁。可别小瞧这些潜伏在暗处、见不得光的间谍，他们往往能够在关键时刻四两拨千斤，发挥扭转战局的神奇功效。譬如，收买赵国的郭开、齐国的后胜等大臣，以离间计除掉赵国的李牧、魏国的信陵君，等等。间谍行动有效地配合了正面战场，大大加速了统一进程。

第三，加强军队建设，推广"军功制"。

诚如李斯自己所说，他致力于修缮甲兵，整饬政教法令，任用英勇善战的战士为军官，对于战场上立下大功的人，赐予他们尊贵的爵位以及优厚的俸禄。在统一战争中，李斯继续推广"军功制"，杀敌越多，功劳越大，爵位越高。在这样的激励下，秦兵在战场上士气高涨、浴血奋战。

统一是大势所趋、民心所向。秦的统一终结数百年诸侯混战、分裂割据的局面，建立起中国古代第一个统一的君主专制王朝，这是一项前无古人的伟大壮举，在中国历史上具有划时代的意义。

"逆袭"启示录：与时代浪潮共舞

命运是船，时代是河。

李斯弄潮于时代洪流之上，与大时代载沉载浮。

李斯所处的时代，统一是历史的大势所趋，是民众的共同愿望。天下大势，浩浩汤汤，顺之者昌，逆之者亡。

兼并六国，统一天下，这是历史赋予大秦的使命，也是李斯一生为之奋斗的事业，一项前无古人的事业。

剧变的大时代提供广阔的舞台，李斯投入时代的滚滚洪流，中流击楫。他个人的命运与大时代同频共振，个人的成败与秦帝国的兴衰紧密联结在一起，休戚相关，荣辱与共。

"不谋万世者，不足谋一时；不谋全局者，不足谋一域。"（陈澹然《寤言二·迁都建藩议》）

眼光要看得长远，要能够看到万世，否则，眼前一时的问题也看不真切；眼光还要看得全面，要能够看到全局，否则，局部领域的问题也处理不好。

从大环境、大历史着眼，密切关注社会发展的动向，李斯正是看到大趋势，具有大视野，怀抱大格局，最终开创了大事业。

第七章

使命的召唤：构建大一统帝国

议尊号，中国从此有了"皇帝"

嬴政三十九岁这一年，成为九五之尊、天下共主。

统一之初的一场朝会上，嬴政端坐于王位，志得意满。今天嬴政看起来心情甚佳，话匣子打开，滔滔不绝地谈起吞并六国的历程。

"想当年，韩王恭恭敬敬地献上土地和国玺，请求成为大秦的藩臣，后来却背弃盟约，与赵国、魏国合纵，反攻我秦国。因此，寡人不得已，这才兴兵讨伐，虏获韩王，在韩地设置郡县，止息了兵戈。

"起初，赵王派李牧前来与我签订盟约，两国修好，所以寡人才放回赵国的质子。后来赵国却背弃盟约，在太原起兵反秦。寡人不得已，这才兴兵讨伐，擒拿赵王。赵公子嘉不归服，自立为代王，因此举兵灭之。

"再说那魏王，最开始言之凿凿向寡人表示臣服，还说什么打算亲自到咸阳来觐见，后来却出尔反尔，与韩国、赵国合谋来犯。大秦的铁骑于是大破魏军，踏平魏梁之地。

"还有那楚王，先是献上青阳以西的土地，不久也背弃盟约，出兵攻击我南郡。寡人不得已，这才兴兵讨伐，俘获楚王，平定了荆楚之地。

"北方的燕王更是糊涂，昏聩乱政，他的儿子燕太子丹竟然指使贼人荆轲，到咸阳皇宫来，妄图行刺寡人！寡人不得已，这才兴兵讨伐，灭亡燕国。

"还有东方的齐王，齐王采用相国后胜的计谋，拒绝接见秦国使者，有抗秦之意图，寡人这才擒获齐王，接管了齐地。"

按照嬴政的说法，六国全都在约定归顺之后背叛秦国，秦国出兵是迫不得已，这当然不是历史的实情。然而，嬴政作为最终的胜利者，掌握了某种讲述历史的特权，想怎么说便怎么说，可以随意往六国身上扣罪名、泼脏水，反正六国已经不复存在，满朝文武也没有人胆敢站出来反驳一句。

百官群臣恭贺道："秦王不世之功业亘古未有，可与三皇五帝比肩，与日月星辰争辉！"

"三皇五帝？寡人心中一直有一个疑问，古往今来最为尊贵的君主，他的称号是什么？"

这倒是个颇为新奇的问题，群臣七嘴八舌，争论不休，没能达成一致意见。

"寡人以为，君主的名号应当和他的功绩相匹配，才叫作名副其实，众卿同意吗？"

"秦王所言甚是。"

"那好了，六国君主称'王'，寡人也称'王'。如今六国已经灭亡，寡人的功业彪炳千秋，已经超越古往今来的所有君主。别说'王'了，此前一切旧有称号，与寡人的功业比起来，一个都配不上！"

嬴政睥睨天下的胸怀气魄，令百官震慑畏服，恢宏的大殿上只回荡着他一个人洪亮如钟的声音，群臣鸦雀无声。

嬴政接着说："寡人凭借渺小微弱的一己之身，兴义兵，诛暴乱，仰赖祖先宗庙的神灵保佑，六国君王全都认罪伏法，天下大定。如今不更改名号，不足以彰显寡人的成功，不足以将大秦显赫功业传于后世，让后人永远铭记。王绾、冯劫、李斯，你们与博士官一起，商议出一个全新的帝号。记住，寡人要的是，亘古未有、独一无二、尊贵至极的名号！"（寡人以眇眇之身，兴兵诛暴乱，赖宗庙之灵，六王咸伏其辜，天下大定。今名号不更，无以称成功，传后世，其议帝号。《史记·秦始皇本纪》）

原来，今日嬴政要与群臣商议"正名"这件大事。孔子曰："名不正，则言不顺。"秦朝建立之后，嬴政要做的第一件事就是"正名"，为君主正名。

这一任务交给丞相王绾、御史大夫冯劫、廷尉李斯等核心成员，博士官也参与商议。博士是秦朝设立的官职之一，挑选那些博古通今、学问渊博的读书人，作为君主的顾问、智囊，并且有机会在廷议中发表意见。据记载，秦朝博士官的人数大约七十人。博士中有不少儒生，可见秦朝虽然尊奉法家学说，也并没有完全废除儒学，将儒生赶尽杀绝。

李斯等人详细考察了自上古时代以来的君主称号，反复斟酌，商议良久，终于拿出了一个方案，战战兢兢地向嬴政呈报。

"上古之时，五帝所统治的土地大约千里，千里之外的地区称为'侯服''夷服'，那里的诸侯、夷族有的入朝归服于天子，有的则不朝不服，五帝虽名为天下共主，却并不能完全制约诸侯。今时不同往日，陛下兴义兵，诛残贼，平定天下，四海之内皆为郡县，法律政令出于一统，这是自从上古以来都不曾有过的盛况，是三皇五帝也难以企及的伟大功勋。那么，究竟什么样的尊号才能匹配陛下的功勋呢？臣等恭谨审慎地与博士研究、商议，古时候有天皇，有地皇，有泰皇……"

"所以呢？"冗长的铺垫令嬴政不耐烦，他急于得到结论。

"古往今来，所有君主称号之中，以'泰皇'最为尊贵。臣等昧死为陛下献上尊号，为'泰皇'。陛下乃天子，从今往后，天子颁布的命叫作'制'，颁布的令叫作'诏'，天子自称为'朕'。"

"泰皇？泰皇……"嬴政若有所思，反复念叨这个称号，忽然问："你们说的这个泰皇，统一过天下吗？"

李斯、王绾等人没料到嬴政有此一问，先是面面相觑，后来不知是谁小声嘀咕了一句："未曾。"

"这个泰皇统治的国土，比我大秦的疆域更为辽阔广袤吗？"

"自然是不及。"

"既然如此，'泰皇'这个称号，怎么配得上寡人！寡人创立的功业比五帝更宏大，统治的土地比三皇更广阔，别再提什么'三皇五帝'，他们不配与寡人相提并论，寡人羞与他们为伍！"（始皇自以为功过五帝，地广三王，而羞与之侔。《史记·秦始皇本纪》）

嬴政凌厉如电的目光扫视群臣，大臣们纷纷低下头来，朝堂陷入一阵令人窒息的寂静。

"三皇五帝"是传说中远古时期的部落首领，具体指谁说法众多，根据较为通行的说法，"三皇"指天皇、地皇、泰皇，"五帝"指黄帝、颛顼、帝喾、尧、舜。在嬴政那个时代人们的认知里，"三皇五帝"就是伟大君王的代表，李斯等人绞尽脑汁、搜肠刮肚，把古籍翻了个遍，"泰皇"已经是他们所能够想到的最为尊贵的称号。

万万没想到，嬴政还是不满意，还嫌不够尊贵。君臣之间根本性的认知差异在于，嬴政认为，他的功业超过此前任何人，他想要的称号，不仅要最为尊贵，更要前所未有，必须是一个全新的称号。

最终还是嬴政拍板定论："这样吧，去掉'泰'字，保留'皇'字，然后采用上古的帝位称号，两个字合起来，尊号为'皇帝'。其他的，按你们商议的办。"（王曰："去泰，著皇，采上古帝位号，号曰皇帝，他如议。"《史记·秦始皇本纪》）

"皇"和"帝"都是原始社会对氏族首领、部落联盟领袖的尊称，嬴政改造了李斯等人提出的"泰皇"，创造性地将两个称呼合二为一，发明了"皇帝"这一称号。嬴政成为中国历史上第一位皇帝。

确定了尊号，还有一件事令嬴政耿耿于怀，必须马上解决。

"说到君主的称号，朕听说，太古时期，君主在活着的时候有尊号，死了之后是没有谥号的。中古时期，依然有生前尊号，可是君主死后，他的儿孙、臣子会为他评定一个谥号。是这样吗？"

"回禀陛下，谥号之制，古已有之，的确如此。"李斯回答。

"为什么君主死了，要为他评定谥号？"

"依据君主生前的作为，评价其功过是非，以文、武、仁、孝等美谥表彰其功德，以炀、幽、厉、灵等恶谥针砭其暴行，为君主的德行功业盖棺论定，谥号古制因此而存在。"

"天大的笑话！"嬴政冷笑一声，以不容置疑的语气说，"这么做，岂不是儿子对父亲擅自评价，臣子对君主妄加议论，完全没有道理！朕决不采用谥号。"

于是，大秦皇帝颁布了第一道"制"书："从今日起，废除谥号之法。至于天子驾崩之后如何称呼，朕为'始皇帝'，朕的后世子孙以数字相称，二世、三世至于万世，无穷无尽地传承下去。"（自今已来，除谥法。朕为始皇帝。后世以计数，二世三世至于万世，传之无穷。《史记·秦始皇本纪》）

依照古制，君王死后，他的继承者和大臣要给出一个评价，叫作"谥"。评价有好有坏，谥号便有"美谥"与"恶谥"之分。在嬴政看来，皇帝拥有至高无上的权威，就算皇帝死了，后世子孙岂能妄加评断？臣子下属岂能品头论足？他决不允许"子议父、臣议君"的现象出现。

嬴政完成统一之后，改称呼、议尊号，为自己"正名"。称号是一件大事，因为称号背后是尊卑、权力与秩序。"皇帝"不仅仅是一个称号，更是一项重大的君主制度。在封建帝制国家，皇帝拥有至高无上的权力，"皇帝"制度在中国历史上延续了两千多年。

从嬴政议立尊号这一件事，可以管中窥豹，探一探秦始皇的精神世界。

第一点，雄视古今，睥睨天下。

嬴政的胸怀是何等辽阔，气魄是何等宏大。他认为，我创建了一个前所未有的帝国，就需要一个前所未有的尊号，与我相匹配。"王"这个旧时代的称呼，已经不能满足他的骄傲虚荣。别说周天子了，就是三皇五帝这样的上古贤君，他也不放在眼里。

第二点，独一无二，唯我独尊。

从嬴政不愿意使用前人称号这一点，就能够看出他对于独一无二的迷恋。从前的时代，也许同时有好几个"王"，但在嬴政的时代，"皇帝"只能有一个。还有"朕"这个普通的第一人称，在此之前任何人都可以使用。嬴政规定，从此以后，只有皇帝一人可以称"朕"，只有皇帝的命令才能叫作"制"和"诏"。嬴政还霸占了"玺"，"玺"原指一切普通印章，此后，皇帝的印章才能称"玺"，普通人的只能称"印"或"章"。嬴政煞费苦心垄断这一系列人称、物称，以此彰显皇帝一人至高无上的尊贵，将皇帝神圣化，与全体臣民区别开，树立无与伦比的君王之威。这种独占性，强调"一人"之权威，正是皇帝制度最根本的特征。

第三点，对永恒的奢求，对不朽的迷恋。

嬴政是秦朝也是中国历史上第一位皇帝，即"始皇帝"，根据他的设想，他的继承者们称作秦二世、三世、四世……这个数字将生生不息地一直传下去，直到永远。看来，除了独一无二，嬴政还分外迷恋永恒与不朽。颇为讽刺的是，秦帝国最终的命运，只传到二世就宣告灭亡，并没有如他所愿。至于被始皇帝废除的谥号制度，很快在西汉得以恢复，一直延续千年。

书同文，李斯其实是个书法家

传说，大秦朝廷的书府中，藏着一块神秘的玉石。

玉石上刻有八十个字，看起来像是一篇文章。关键是，这些字形状奇异，没有人认得。据说这块玉石诞生于上古时期，来自北海的仓颉陵墓，上面的文字是圣贤仓颉造字时写下的。周朝末年，此玉重见天日，从墓葬中被挖掘出来，收藏在周王室的书府馆阁里，一直流传到秦朝。

那八十个蝇头小字，从周朝开始就已经无人能够识别。对于观者来说，它们好像是八十个从远古穿越而来的小怪人，既熟悉又陌生，仿佛认得又不能笃定。到了秦朝也是如此，没有人能够确切地读出其中哪怕一个字来。

据说，李斯去过书府，捧着玉石观摩许久，竟然认出了这些奇形怪状的古文字。消息传开，嬴政特地召见李斯，询问情况。

李斯说："臣惭愧，八十字之中，只认出其中八个字。"

"哪八个字？"

李斯指着玉石细部："陛下请看，此八字为：'上天作命，皇辟迭王。'"

"此乃何意？"

"大意是说，上苍自有天命，历代皇者更迭交替，成就其王业。"（周末，有发冢得方玉石，上刻文八十字，当时莫识，遂藏书府。至秦时，李斯识八字，云：上天作命，皇辟迭王。《太平御览·卷三百九十一》引《述异记》）

这则故事见于笔记、小说，颇具传奇色彩，未必可信。故事虽然很可能是假的，但假故事里往往藏着真信息。这则故事透露出，李斯在文字方面的造诣，在当时可谓首屈一指。除了政治家、文学家，李斯还是一位书法家，尤其对于汉字的发展具有突出贡献。

秦朝建立之初，一次朝堂上，李斯带来一块长布，摊开之后，布上写着遒劲古朴的六个大字。

李斯说："儿童开蒙，以认字为游戏。今日，也请陛下与群臣一起来做一个游戏，认一认这六个字分别是什么。"

百官瞅了半天，交头接耳，那六字形状诡异，看起来有某种相似性，又有明显差别。人们对它们既熟悉又陌生，好像认识，但终究不能确定到底是什么字。

"廷尉大人精通文字之学，何苦拿这些生僻文字来考我们？"

李斯笑道："足下多虑了，这六个字都是最为常见的文字。"

有人指着其中一个字，用不是很确定的语气轻声说："此字象形，从形状上看，有点像'马'字？"

李斯揭晓答案："说得不错！正是'马'字。不仅这个字是'马'，这六个字全都是'马'。"

嬴政发话了："我大秦的'马'字，可不是这么写的。"

"没错，这是齐、楚、燕、韩、赵、魏六国的'马'字。数百年来，天下割据，同一个文字在不同国家写法不同，互相瞧不明白，叫作'文字异形'；发音的差异越来越大，说话互相听不懂，叫作'言语异声'。如今六国已经灭亡，天下归一，文字也必须一统。请陛下下令，废除六国文字，以秦文字为标准范本。只有文字统一了，国家才能真正统一。"

不论是龟甲、牛肩胛骨上的甲骨文，还是刻在青铜器上的金文，古老的汉字原本同根同源。春秋、战国时期，群雄割据，各自为政，政治上的分裂造成文字上的迥异。列国的文字各自发展演变，造成"文字异形、言语异声"的状况。这样的状况不利于大秦朝廷政令的上传下达，不利于文化的交流传播，最根本的是，不利于大一统帝国的建立。

秦朝建立之初，李斯就提出必须统一文字，废除那些与秦文字不同的六国文字。（秦始皇帝初兼天下，丞相李斯乃奏同之，罢其不与秦文合者。《说文解字·序》）

秦始皇将统一文字的工作交由李斯主持。李斯在秦国大篆籀文（因著录于字书《史籀篇》而得名）的基础上，删繁省改，简化字形，整理部首，创制出一种新的字体"小篆"，作为全国通用的标准文字。秦小篆的产生，结束了汉文字异构丛生、形体杂乱无章的局面。

有了统一的书体，还需要昭告天下，让人们广泛地学习、使用。为了更好地推广小篆，告诉民众统一之后的文字应当怎么写，李斯撰写《仓颉篇》七章，中车府令赵高写下《爱历篇》六章，史官胡毋敬写下《博学篇》七章，三部字书作为小篆的范本颁行天下，发挥了类似于字典、字帖的功能，供人们临摹学习。

李斯既是"书同文"倡议的提出者，文字改革的先驱者，也是标准字体的编制者。由于他在小篆规范化过程中所发挥的重要作用，后人也将小篆称为"斯篆"。

小篆整齐协调，体势修长，讲究对称，具有屈曲回环的形体特点，字形优美，但小篆也有笔画复杂、书写不便的缺点。文字书体在不断演变发展之中，到了汉代，书写更加简便的隶书广泛流行，逐渐替代了小篆。

虽然秦小篆昙花一现，但"书同文"的积极意义不容小觑。这是我国历史上第一次运用行政手段，系统性、大规模地进行文字规范化和标准化改革。文字的统一，促进以文字为载体的文化得以传播，强化了国家意识，有利于加强各地区、各民族的融合，对于国家的统一、文化的交流、文明的延续功不可没。

秦朝建立之后，秦始皇先后五次大规模出巡，目的是宣扬皇帝的权威，加强对地方郡县的控制，巩固统一的成果。

秦王政二十八年（前219年），第二次出巡途中，嬴政登临峄山（今山东邹城东南），伫立于山巅之上，极目远眺，一览众山小，近处的山川河流，远处的乡村城郭，尽收眼底。

嬴政心潮澎湃，感慨道："巍巍华夏，大好河山！朕想要将大秦的荣耀辉煌，敬告天地，告谕万民。"

李斯说："陛下可以在此峄山顶峰立石刻碑，石碑能够长久留存，永世传颂大秦皇帝之功德。"

"立石刻碑？好主意！碑文写些什么内容？"

"彪炳始皇帝至尊无上之荣耀，歌颂大秦征服六国之功绩，向万民展现皇帝的威信，宣扬天下一统的观念，颁布大秦各项法令政策，告诫百姓遵纪守法，等等。"

这项任务交由文笔、书法俱佳的李斯负责。李斯先用毛笔亲手撰写碑文，再由工匠以他所写文章作为摹本，将碑文镌刻在巨石之上。

峄山石碑刻成，嬴政立于石碑之前，反复观赏，吟诵碑文。

皇帝立国，维初在昔。嗣世称王，讨伐乱逆。

威动四极，武义直方。戎臣奉诏，经时不久。

灭六暴强，廿有六年。上荐高号，孝道显明。

既献泰成，乃降专惠。亲巡远方，登于峄山。

群臣从者，咸思攸长。追念乱世，分土建邦。

以开争理，功战日作。流血于野，自泰古始。

世无万数，陀及五帝。莫能禁止，乃今皇帝。

一家天下，兵不复起。灾害灭除，黔首康定。

利泽长久，群臣诵略。刻此乐石，以著经纪。

碑文说道：登上峄山，盛景当前，百官群臣的思绪绵延悠长，不禁想起从前动荡不安的年代。列国征战不息，民众流血盈野，从遥远的上古时期便如此，岁月变迁，时光流转，不知历经多少世代，就算是三皇五帝这样的贤君明主，也不能禁止战乱，为万世开太平。直到当今始皇帝出世，历经二十六年的奋斗，天下成为一家，从此再无刀兵，灾殃祸害灭除了，黎民黔首幸福安定，这样的利益恩泽将长长久久，直至永远。

嬴政赞叹道："文章写得好，字也写得好！秀丽，圆润，劲朴，展现的正是大秦风华。李斯，给你记一功！"

"峄山刻石"是第一块秦朝石碑，此后在巡游途中，每当来到泰山、琅琊、碣石、芝罘、会稽等名胜之地，嬴政都要立石刻碑。据记载，秦始皇五次出巡一共刻下八块石碑，相传大多由李斯完成。

统一文字之外，李斯在秦朝构建大一统国家的过程中，还主持、参与了一系列重要工作。

一、"车同轨"。

土质松软的路段，经受风雨侵蚀，道路上会出现两道深深的印辙，车马便在印辙上通行。秦统一之前，不同国家的马车，车辆轨距的宽度不一样，没有统一的标准。各国车轨不一，造成印辙宽度各异，车辆通行不便。李斯提出统一车辆的轨距，规定车轨的统一宽度为六尺，保障车辆通行的畅通。

二、修建驰道、直道。

以京都咸阳为中心，在全国范围内修建两条驰道，一条往东连通燕、齐地区，一条往南直达吴、楚故地。驰道宽五十步，道路旁边每隔三丈远种植一棵青松。此外再修筑一条直道，由咸阳直达九原郡（今内蒙古包头），全长一千八百里，形成一个以咸阳为中心、四通八达的交通网络。

三、统一货币。

秦统一后，李斯向秦始皇建议，废除秦以外通行的六国货币，在全国范围内统一货币。新货币分为上币、下币两种等级：上币用黄金铸成，以镒为单位，一镒重二十四两（一说二十两）；下币用青铜铸成，每一枚重半两，称为"秦半两钱"。"秦半两钱"圆形方孔，携带、使用都很方便，成为主要流通货币，一直使用到清朝末年。铜币上面两个小篆文字"半两"，相传正是李斯所写。

四、统一度量衡。

度量衡是计量长度、容积、重量单位的统称。度是计量长短的器具，量是计量容积的器皿，衡是计量物体重量的工具。因为诸侯割据，各国的度量衡制度混乱不一。秦王政二十六年（前221年），废除六国的度量衡，以秦制为基础，制定了全国统一的度、量、衡制度。度制以寸、尺、丈为单位；量制以合、升、斗、桶为单位；衡制以铢、两、斤、钧为单位。同时，由官府制作标准规范的度量衡器发放全国。度量衡的统一，有利于国家赋税的征收，促进各地商贸活动的开展，为全国性的经济活动提供了便利。

置郡县，李斯力排众议废分封

秦朝建立之后，原本四分五裂、诸侯林立的天下，真正统一成为一个整体，普天之下，莫非王土。秦朝的疆域东起大海、西至陇西、北抵阴山、南到岭南。面对这样一个空前辽阔的大帝国，应该如何进行有效治理？全新的课题摆在秦朝君臣面前。

丞相王绾给出他的解决方案："诸侯列国刚刚被消灭，燕、齐、楚等地距离关中咸阳十分遥远，鞭长莫及，如果不在那里设置诸侯王，就无法有效地管理。臣等建议皇帝陛下，效仿周朝古制，分封诸位皇子为诸侯，外出镇守四方，替陛下分忧解难。"

王绾所说的"分封制"，起源于西周。当年，周武王灭亡商朝，建立西周，为了更好地统治广大被征服地区，大臣周公旦提出"封建亲戚，以藩屏周"的制度构想。周天子直接管辖国都附近的王畿之地，其余土地分给周天子的兄弟子孙和贵族功臣，封他们为诸侯，分派到各自领地，建立起一个个大小不一的诸侯国。

实行分封制的主要目的在于，以血缘、亲缘关系为纽带，利用四方诸侯国来拱卫周王室，作为王畿的屏障，叫作"以藩屏周"。周天子是所有诸侯之上的君王，诸侯在本国内享有统治的自主权，拥有土地和人民，但在政治上承认周天子"天下共主"的地位，在经济上负有定期向周王室缴纳贡赋的义务。

西周初年刚刚实行分封制的时候，据说天下共有八百诸侯国。东周春秋初期，只剩下一百多国。又经过三百年兼并厮杀，战国时期只剩大小二十余国，其中最主要的是以秦国为首的"战国七雄"。

从西周一直到秦朝，分封制已经实行了八百多年，深入人心。如今，天下归于一统，重新实行分封，许多人认为这是理所当然的一件事。以王绾为代表的大臣们，体现出认知上的巨大惯性。

"丞相的建议，交付廷议，众卿各抒己见，畅所欲言。"秦始皇没有第一时间表态，将这一重大问题抛回给百官群臣。

"丞相所言极是，分封乃当务之急。"

"大秦国土广袤，不分封，何以治远？"

"分封古制，源远流长，理所应当啊！"

朝堂上众声喧嚷，群臣的意见却出奇一致，一边倒地支持王绾的提议。（始皇下其议于群臣，群臣皆以为便。《史记·秦始皇本纪》）

看起来，似乎没有再议的必要。嬴政还是没有表态，他好像在等待什么。

"臣以为，再行分封，大错特错！"

不同的声音终于出现，喧嚷的大殿霎时间安静下来，众人循声望去，说话的是廷尉李斯。

王绾冷笑一声，说："廷尉口气大得很哪！周公乃前朝圣贤，创设分封之制，已推行八百年之久，敢问廷尉，错在何处？"

"错就错在这'八百年之久'！此一时，彼一时也。周朝之初，分封子弟、宗室甚多，遍布九州，形成诸侯列国拱卫王室的局面。岁月流转，时日一久，虽然各路诸侯原本是同宗亲属，但他们的后代关系越来越疏远。为了各自的利益，诸侯之间杀戮征伐，互相攻击有如仇敌，周天子对此也束手无策。分封，可以说是天下数百年大乱的源头，大秦怎能重蹈覆辙，走回周朝自取灭亡的老路！"

李斯抓住分封制最大的弊端，那就是随着时间的推移，诸侯国之间血缘关系越来越疏远，宗法关系这一维系分封制的纽带随之断裂。诸侯国发展壮大之后，四处征伐，称雄称霸。周天子的地盘越来越小，"天下共主"有名无实。这正是孔子所说的，不再是"礼乐征伐自天子出"，而是"礼乐征伐自诸侯出"，礼崩乐坏，天下大乱。

王绾追问："依廷尉之见，不行分封，四海九州广阔辽远，应当如何治理？"

"废分封，置郡县。"

李斯语调平缓，清晰而笃定。简单的六个字犹如一记惊雷，朝堂上炸开了锅，群臣交头接耳，议论纷纷。

这时，秦始皇开口了："如何废分封，又如何置郡县？廷尉详细说说。"

殿堂上霎时间安静下来，众人的目光聚焦在李斯身上。

李斯胸有成竹，从容言道："如今，仰赖陛下神灵，海内一统，天下归一。臣以为，在原来六国之地，不应再封诸侯王，而应设置郡县，地方官员由中央朝廷统一任命派遣。"

一场关于分封制与郡县制的论战揭开帷幕，丞相王绾认真地听着李斯说的每一句话，急切地捕捉话中的破绽，没等李斯说完，逼问道："皇子、功臣如若不分封为诸侯，如何彰显其尊贵、表彰其功绩？"

"对于皇子、功臣，不宜裂土封侯，只要以公家税赋重赏恩赐，令他们心满意足就可以了，唯有如此，方能控制皇子、功臣，使其不作乱、不犯上。思想必须统一，全天下只有一个意志，那就是君王的意志，这才是国家安宁之术。总而言之，如今分封诸侯没有一丁点儿好处。"（诸子功臣以公赋税重赏赐之，甚足易制。天下无异意，则安宁之术也。置诸侯不便。《史记·秦始皇本纪》）

王绾仍不死心："没有皇子、功臣前往各地，为陛下戍守四方、拱卫国都，如何维护大秦得来不易的统一？"

李斯毫不退让，近前一步，直面对手的质疑："敢问丞相，何谓统一？周天子曾为天下共主，却有名无实，尝尽诸侯霸主的欺侮，这样的统一徒有其表，实则礼乐征伐自诸侯出。唯有地方权柄收归中央，诸侯国不复存在，四海九州融为一体，全都成为大秦国的郡县，这样的统一才名副其实。一言以蔽之，分封不是统一，郡县才是真正的统一。"

眼前的局面很明朗，形成泾渭分明的两派。一派是以王绾为首的大多数，支持分封制；另一方则是孤独的少数派，只有李斯一人，主张实行郡县制。

面对由历史惯性所形成的大潮流，李斯逆流而上，看似茕茕孑立，孤身一人对抗整个朝廷，其实他背后还站着一个人。

两派各执己见，争论不休，无法调和，需要秦始皇做出最终的裁决。

嬴政说："数百年来，战斗不休、兵连祸结，这是天下百姓共同的痛苦。追根溯源，正是当初周天子封邦建国、诸侯裂土为王，才造成如此乱局。如今，仰赖祖宗神灵庇佑，天下刚刚安定，倘若再次封立诸侯列国，这是在重新挑起战争啊！黎民百姓殷切期盼的安宁祥和、休养生息，岂不是难上加难？这件事，廷尉李斯的意见是正确的。"（天下共苦战斗不休，以有侯王。赖宗庙，天下初定，又复立国，是树兵也，而求其宁息，岂不难哉！廷尉议是。《史记·秦始皇本纪》）

秦始皇态度明确，站在李斯这一边。他们共同认为，春秋、战国时期的分裂与混乱，与分封制度脱不开干系。刚刚终结战乱，他们不愿意重蹈覆辙，又回到诸侯割据、争斗不休的局面。

"众卿退朝，廷尉李斯留下。"

朝议结束后，嬴政独留李斯，他要和李斯一起"复盘"今天这场重要的朝议。

"没看出来，廷尉身上，竟然有一腔孤勇！"

嬴政的确有些意外，平日里看起来城府颇深、谨言慎行的李斯，今天竟然一人对抗百官，舌战群臣，令他刮目相看。

"陛下谬赞，臣哪里有什么孤勇。"

"与百官论争，在朝中树敌，你就不担心，将来的日子不好过？"

"臣不担心，因为臣知道，圣明的陛下一定会站在臣这一边。"

"李斯啊李斯，都说你有一双洞若观火的眼睛，百官群臣之中就数你最精明。满朝文武着急忙慌地逼朕施行分封，他们什么心思，你不会看不出来。他们是想要裂土封侯啊！李斯，你不想吗？"

如果实行分封制，不仅皇子受封，功臣们也能够分一杯羹，得到封地与财富。王绾分封制的提议一出，百官群起响应，这是背后的重要原因。

李斯说："臣不敢隐瞒，臣想要，但臣不能要。一开始，臣也在想，倘若实行分封，我李斯说不定也能获封诸侯，统辖一国封地，子孙承袭，永葆富贵，岂不美哉？"

嬴政冷笑一声："你和王绾他们想到一块儿去啦！"

"但臣转念一想，这岂不是又走回周朝的老路？对大秦之一统毫无益处。我李斯这个人陛下是知道的，是最看重利益的人。但利，也分为个人之小利与国家之大利。分封制是臣个人功名爵禄之小利，郡县制才是国家一统之大利。国家大利如果没有了，个人那一点儿蝇头小利也将烟消云散。当臣想明白这一点，就再也没什么好犹豫的了。"

嬴政点点头："在这件事情上，显示出你高于王绾他们的地方。所以今日朝议，朕才陪着你，一起与百官群臣作对呀！"

"臣惶恐！陛下哪里是与百官群臣作对，是带领百官群臣走向正确的道路。臣也不敢与百官群臣作对，只不过是紧紧跟随在陛下身后，不至于掉队而已。"

"巧言令色，李斯你这张嘴呀！不过，你说对了一件事，一定要认清楚什么才是正确的道路！灭亡腐朽前朝，兼并诸侯列国，这样的功业，朕做到了，商汤王、周文王也都曾经做到过。朕要做从来没有帝王做到过的事情，朕要教天下海内实现真正的大一统。先前，书同文、车同轨、行同伦，是为了大一统；如今，废分封、置郡县，也是为了大一统。朕的大秦，不是诸侯列国的拼合，而是一个前所未有的统一王朝！这一点，王绾他们看不透，但李斯你一定要明白！"

嬴政最后这一句话，点出二人之间的独特关系。随着时间的推移，嬴政与李斯相互的了解在增多，彼此的信赖在加深。由于二人处在同一水平线上的视野高度、格局广度、认知深度，在许多关键问题上，他们总能想到一块儿去，君臣之间的默契急剧升温。

后世有评论说道："始皇出世，李斯相之，天崩地坼，掀翻一个世界。"（李贽《史纲评要·后秦纪》）他们志同道合，亲密合作，共同开创破旧立新的大事业。君臣之外，他们更是知己、伙伴、战友。

郡县制就这样在全国推行开来。统一之初，全国被划分为三十六个郡。后来，随着边境的开发、疆域的扩大以及郡治的调整，郡的数量不断增加。每一郡设置守、尉、监等官职，郡守负责行政，郡尉负责军事治安，郡监负责监察。郡的最高行政长官郡守由朝廷任命，中央派遣官员治理地方，地方官的任免权牢牢掌握在皇帝手里。

郡之下设县，全国的县五百多个。万户以上的大县设县令，万户以下的小县设县长。县令、县长是一县最高行政长官，直接受郡守管理。另设有县丞、县尉，协助县令、县长管理本县事务。

郡县制并非秦始皇、李斯的首创，早在春秋时期，已经有一些国家开始设县。例如，秦国在秦武公时代就有设县的记载，郡制在战国时已经很常见。但是，将郡县制大范围推行于全国，成为国家的地方行政制度，却是破天荒头一遭。

明朝思想家李贽将李斯关于郡县制的议论，盛赞为"千古创论"。他说："开阡陌，置郡县，此等皆是应运豪杰，因时大臣。圣人复起，不能易也。"（《史纲评要·后秦纪》）

好一个"创"字，精准地提炼出郡县之议的妙处。这是一项创举，富有远见卓识，就算后世再有圣人出现，也不会去改变这一制度。

郡县制的开创性，在于它重构了中央与地方的关系。与古老的分封制不同，它是央地关系的一种新型模式。

在分封制里，周天子与诸侯国的关系是松散的、相对独立的。诸侯的底气在于，封国之内土地赋税全归国君所有，王位可以由子孙世袭，他们所管辖的其实是一个独立王国。郡县制则不同，它贯彻的是中央集权的精神。中央朝廷与地方郡县是严格的上下统属关系，郡县官员由中央任命，有一定任期，干得不好随时可以被撤下，更不能世袭。郡县不是独立王国，而是中央政府管辖下的地方行政单位，是大一统帝国的有机组成部分。

从此，普天之下没有一尺一寸的诸侯封地，全都是大秦的国土，大大加强了中央集权，有利于国家统一，避免重蹈割据混战的覆辙。（使秦无尺土之封，不立子弟为王、功臣为诸侯者，使后无战攻之患。《史记·李斯列传》）

郡县制为封建国家的地方行政制度打了个"模子"，为后代王朝所沿袭，延续了两千多年。历朝历代在制度细节上或许有改良，但主体架构没有改变。所以明清之际的思想家王夫之感叹，"这项制度实行了两千年都没能更改，实在是历史的大势所趋"。（郡县之制，垂两千年而弗能改矣。合古今上下皆安之，势之所趋，岂非理而能然哉。《读通鉴论》）

正如李贽所说的"应运""因时"，在力主郡县制这件事上，李斯顺应时代发展的潮流，代表历史进步的方向，展现出一名优秀政治家的格局与远见。

这个时候，李斯的职位还是廷尉。后来，李斯被任命为左丞相，封为通侯。当年的上蔡小吏，终于实现他的人生理想，封侯拜相、位极人臣。

战国时期，百官之长这个职位在秦国称为"相国""相邦"。秦朝建立后，更名为"丞相"，设置左丞相和右丞相。丞相"掌丞天子，助理万机"，是中央政府的最高行政长官。通侯则是秦朝二十级军功爵位中的最高等级。

李斯是文武群臣的领袖、大秦朝堂的中流砥柱，被后世盛赞为"千古一相"。如果说秦帝国是一座巍峨恢宏的大厦，那么嬴政是这座大厦无可争议的主人，李斯则扮演着总设计师的角色。他辅佐秦始皇，建立中国历史上第一个专制主义中央集权的封建国家，奠定古代中国两千多年政治制度的基本格局。

短暂的秦朝虽然二世而亡，但是它作为中国第一个"大一统"王朝影响深远。秦朝之后的两千多年里，王朝更迭，时有分裂，但总是又归于统一。国家的统一是历史的主流，分裂是历史的支流。"大一统"不仅仅是疆域的统一，更是一种深入人心的思想观念。哪怕曾经四分五裂，中华儿女始终相信，中国是一个统一的整体，不可分割。

"逆袭"启示录：抱定孤独的远见

李斯力主的郡县制，在当时的历史条件下，是一项极富远见的改革创新，是当之无愧的"千古创论"。

在关于分封制与郡县制的争论中，支持分封制的是多数派，人数占据绝对优势。支持郡县制的是少数派，满朝文武只有李斯一人，他处于不利地位。最终，作为关键少数，李斯力排众议，获得秦始皇的支持。

少数派获胜，可见，人数多寡并不是关键。李斯赢在哪里？赢在认知的差异。

如果你身处秦朝统一之初那个时间节点上，分封制是一项实行了八百多年的古老制度，延续这项制度顺理成章，"传统"很多时候就是这么坚硬、顽固、不可撼动。

李斯的可贵，在于他能够超越这种认知的惯性，撼动坚硬的"传统"。

统一之后，面对一个前所未有、疆域如此辽阔的大帝国，如何建设与发展，一切都处在摸索之中，只能"摸着石头过河"。

河流在流动，时代在发展。李斯具有发展的眼光，他眼中的世界是流变不居的。其他人的目光往回看，李斯往前看。他不"师古"，而主张"师今"，要做，就做前人从未做过的事情，譬如在全国范围推行郡县制。

正是这种与时俱进的历史意识，李斯的见解才能被称为"远见"，被称为"千古创论"。唯有目光向前，才能比别人看得长远，这就是认知的差异。新的时代，需要有新的认知。

远见往往是孤独的，因为它超越了所身处的时代，它属于未来。因为孤独，所以珍贵，请务必抱定孤独的远见。

第八章

危机的前夜：始皇暴政

大兴土木

有人形容，秦始皇是个"工程皇帝"，因为他无比热衷于修建各种规模宏大的建筑。嬴政在位期间，一座座宫殿楼阁拔地而起，讽刺的是，秦帝国这座恢宏"大厦"的坍塌，恰恰是从大兴土木、劳民伤财开始的。

在统一战争的过程中，秦国每次灭亡一个国家，嬴政就命人将该国宫殿的模样原原本本摹画下来。然后，在咸阳城北的山坡上，依样画葫芦，仿造出那个国家的宫殿。一国接着一国，统一大业完成之时，一个奇特的六国宫殿群随之建成。宫殿群南临渭水，从咸阳城门雍门以东一直延伸到泾水、渭水，大小宫殿鳞次栉比，殿宇房屋、上下两重的复道、回环的楼阁相互连通。从六国掳掠而来的钟鼓、珍宝、美人佳丽，全都安置其中。（秦每破诸侯，写放其宫室，作之咸阳北阪上。南临渭，自雍门以东至泾、渭，殿屋、复道、周阁相属。所得诸侯美人、钟鼓，以充入之。《史记·秦始皇本纪》）

修建六国宫殿群这一举动，鲜明地体现出秦始皇好大喜功的心理，凡是六国有的他全都要。而且，仅仅建造与六国完全一样的宫殿，哪里能够令他心满意足？嬴政要超越诸侯，凌驾于六国君王之上。

"朕总觉得，皇宫里的人实在太多了，先王建造的宫殿又是如此狭小，拥挤不堪。朕听闻，周文王以丰为都城，周武王以镐为都城，丰、镐之间的广大地域，全都是帝王之都。大秦的宫殿规模，怎能比不上前朝！朕决定，在渭水之南，营建一座举世无双的朝宫！"

历代秦王所营建的宫殿，已经满足不了秦始皇日益膨胀的享乐欲望，在他眼中，如此狭小的殿宇怎么配得上他的宏图伟业。嬴政决定兴建一座超豪华的朝宫，亘古未有，恢宏之至，古往今来没有任何宫殿能够与之相提并论。

所谓"朝宫"，是皇帝接受百官群臣朝见的宫殿。在嬴政的设想中，这不是一两座宫殿而已，而是庞大巍峨、连片如山的建筑群。整个建筑群最先开始建造的前殿部分，就是著名的"阿房宫"。

朝宫选址于渭水之南的上林苑，前殿部分建在阿房这个地方。这座宫殿始建于秦王政三十五年（前212年），一直到嬴政驾崩，都没有完全建成，还没来得及给它起一个正式的名字，后人称它为"阿房宫"。

阿房宫究竟有多大？据记载，它东西长度为五百步的距离（约800米），南北宽度为五十丈（约150米），上面可以同时容纳一万人席地而坐，下面可以竖起五丈高的大旗。传说，秦朝灭亡后，项羽攻入咸阳，火烧阿房宫，大火烧了三个月才熄灭。虽有夸张之嫌，也足见其殿宇规模之宏大。（营作朝宫渭南上林苑中，先作前殿阿房，东西五百步，南北五十丈，上可以坐万人，下可以建五丈旗。《史记·秦始皇本纪》）

说到嬴政所营建的大型工程，不得不提秦始皇陵。

帝王陵墓的修建来自"事死如事生"的古老观念。古人认为，人死后在阴间依然过着类似阳间的生活，对待死亡应当像对待他生前一样。人死后，陵墓成为灵魂的归宿，长眠于此，一如生前。历代帝王格外重视陵墓的修建，秦始皇更是其中的典型代表。

秦始皇陵位于咸阳附近的骊山，也称骊山陵。地理方位的选择，自然是经过精心考虑的。骊山这个地方，风景秀美，草木葱茏，更重要的是物产丰饶，南面（山之阳）是出产玉石的蓝田，是一块得天独厚的神仙宝地。始皇帝正是贪图其美名、美物、美景，选择在这里为自己修坟建墓。（秦始皇大兴厚葬，营建冢圹于骊戎之山，其阴多金，其阳多玉。始皇贪其美名，因而葬焉。《水经注·渭水》）

丞相李斯是骊山陵工程的主要负责人，需要定期向皇帝汇报工程进度。秦始皇三十七年（前210年），当这一项前无古人的浩大工程取得阶段性成果的时候，李斯向秦始皇呈上一道奏书：

"臣丞相李斯冒死禀报：臣奉陛下之命，率领七十二万刑徒、奴隶，修建骊山大墓，如今它的深度已经达到极限，无法再往地底下深入开凿。在那极深之处，怎么点火都无法燃烧起来，敲击内壁发出'空空'的回响。如今，整个墓室就如同将地上世界搬入地下，蔚为壮观。"（丞相臣斯昧死言：臣所将隶徒七十二万人治骊山者，已深已极，凿之不入，烧之不燃，叩之空空，如下天状。卫宏《汉旧仪》）

这封奏书虽然简短，信息量很丰富。

首先，李斯谈到坟墓的深度问题，"凿之不入"说明向下挖掘已经碰到地底岩石，无法再深入，"烧之不燃"应当是地下深处缺少氧气的缘故。究竟有多深？虽然没有具体的数据，但另有记载，骊山墓开凿过程中先后三次挖到地下水，达到"穿三泉"的深度。

不仅是深度，更令人震撼的是，这里堪称一个神奇瑰丽的地下王国，俨然在地下再造一个世界。嬴政希望他死后，生前的荣华依旧，于是将人间的辉煌和奢靡，全都搬到地下。

两千多年过去了，秦始皇陵主体部分至今尚未被考古挖掘，地宫墓室内部究竟是何模样，后人只能通过史书文字记载，畅想其瑰丽与奢华。

穿三泉，下铜而致椁，宫观百官奇器珍怪徙臧满之。令匠作机弩矢，有所穿近者辄射之。以水银为百川江河大海，机相灌输，上具天文，下具地理。以人鱼膏为烛，度不灭者久之。（《史记·秦始皇本纪》）

墓穴地宫穿过三层泉水，为了防止墓室被水浸透，工匠用铜堵塞墓室、棺椁的内壁。在这个地下宫殿里，珍奇异宝满满当当填充其中，甚至还设置有文武百官的席位。也有观点认为，这里的"百官"指的是文武百官的人俑，类似于兵马俑，秦始皇死后，依然要在此接受"百官"的朝拜。

为了防范盗墓贼，在墓道出入口，由能工巧匠设置连弩、箭矢等机关。只要有人擅自靠近，就会触发机关，被乱箭射死。

用水银灌注成山川、江河、大海的模型，通过自动机械装置，它们像真正的湖海一样，生生不息地流动着，重现江河湖海奔腾不息的景象。

墓室从顶端到四周，墙上都绘有壁画，顶端画的是日月星辰，四周墙壁则是山川地貌，象征着秦帝国的四海九州也来到地下。

还有一个关键问题：灯光。墓穴地宫长明不暗，靠的是传说中一种叫作"人鱼膏"的东西。人鱼究竟是什么鱼，有鲸鱼、鲵鱼等多种说法。从人鱼厚厚的皮下脂肪中提炼出鱼油，就是"人鱼膏"。据说，从东海捕捉人鱼，再炼制成油，制作人鱼膏，作为蜡烛的燃料，可以确保烛火长久不熄，昏暗的地宫永夜长明。

灯不能熄灭，因为秦始皇想要在地下建造一个永恒世界，时间在这里消失了，万物齐备，永世长存。就算他死了，依然享有天下，依然是九五至尊。

这项工程如此浩大，直到秦始皇驾崩时，骊山陵仍未完全竣工。

大兴土木意味着劳民伤财，无尽的奢华背后是民力的耗竭、百姓的血泪。一座座巍峨富丽、高耸入云的皇宫别苑，建筑在无数劳工的骸骨之上。劳工任人驱使犹如牛马，承受着严酷的苦役，这才铸就了一座座美轮美奂的建筑奇迹。

修宫殿、造陵墓、开驰道、建长城，需要大量的人力，单是参与阿房宫和骊山陵这两项工程的劳工就达到七十二万人，他们大多是来自六国的刑徒和奴隶。秦王政三十二年（前215年），将军蒙恬发兵三十万北上攻击匈奴、修筑长城。秦王政三十三年（前214年），大秦平定南越，征发五十万人驻守五岭。这么多人从哪里来？刑徒、奴隶不够，就从平民百姓里抓壮丁，造成滥发徭役的现象。

根据西汉董仲舒的说法，秦朝"力役三十倍于古"，徭役之繁重是以往朝代的三十倍。秦朝的成年男子，十五周岁开始必须登记服役，每年服役一个月，称为"更役"。此外，一生中还必须做两年"正卒"，分别为屯戍和力役。他们背井离乡，承担城池、沟渠、道路、宫殿等大小工程的建筑任务。大量劳动力脱离农业生产，导致土地田园荒芜，农民流离失所，不堪其苦。

大兴土木，除了人，还需要巨额的钱财投入。钱从哪里来？只能从老百姓身上搜刮，通过加重赋税横征暴敛。据董仲舒考证，秦代赋税高于先前时代二十倍之多。（至秦……田租、口赋、盐铁之利，二十倍于古。《汉书·食货志》）。此说虽然未必准确，但秦朝赋税之繁重毋庸置疑。

"阿房，阿房，亡始皇！"流传于民间的童谣，是民众对暴君的诅咒。像"孟姜女哭倒长城"这样的故事，在传播过程中不断被改编、演绎，故事或许是假的，黎民百姓的苦痛与愤怒，寄寓在虚构的故事里，一代代流传下来。

压在秦朝百姓头上的，一共有"三座大山"，除了繁重的徭役、严苛的赋税，还有残酷的刑罚。

秦朝建立初期，李斯的官职是廷尉，作为管理国家司法事务的最高长官，负责法律的制定与实施。

早在秦孝公时期，商鞅以魏国李悝的《法经》为蓝本，制定"六律"，这是秦国成文律法的开始。统一六国后，李斯在"六律"基础上，进行增删损益，主持编纂《秦律》，颁行天下，使各项社会活动有法可依、有章可循。

制定并颁布全国统一的法律，加强中央集权，这是李斯的"功"；秦法之戾深，是李斯的"过"。

从商鞅到韩非，多位先秦法家代表人物主张"轻罪重刑"。通俗地说，就是对很轻的罪行，施加极重的刑罚。这是一种"刑罚报复主义"的理念，认为唯有如此才能震慑罪犯、杜绝犯罪，实现"以刑去刑"的目的。

李斯是法家思想的实践者，与许多法家信徒一样，过分相信严刑峻法的功能，否定道德伦理的作用。作为秦帝国法治事业的掌舵者，他将重刑主义在司法实践中加以运用，造就了秦朝严刑峻法的现实。

秦律以刑罚严酷野蛮闻名后世，譬如死刑一项，就有弃市、腰斩、枭首、车裂、镬烹、定杀（淹死或活埋）等十多种死法。刑罚名目繁多，手段极其残忍，给民众带来无尽的痛苦与灾难。

再举一例，湖北云梦县出土的睡虎地秦简中有不少鲜活具体的法律条文，其中一则法条是这样的："或盗采人桑叶，赃不盈一钱，何论？赀徭三旬。"意思是说，如果有人偷采别人家的桑叶，按价值估算还不到一文钱，这么轻微的罪行也需要重判，罚他做三十天的徭役。

后来，陈胜、吴广发动大泽乡起义，揭竿而起的直接起因也和秦律严苛有关。陈胜、吴广本要到渔阳服役，因为一场大雨延误行程，如果不能按照规定时间到达，根据法律是要被杀头的。反正都是死，不如孤注一掷，起兵造反，这才逼出了改变历史进程的大泽乡起义，拉开反秦战争的序幕。

一方面，赋税徭役繁重，农耕荒废，民生凋敝；另一方面，律法严苛，有罪必罚，制度缺乏弹性，民众内心的仇恨正一点一点地积聚，帝国的根基正一点一点地腐蚀溃烂。

一千多年以后，元代名臣张养浩来到秦汉古都遗址，抚今追昔，写就一首散曲名篇《山坡羊·潼关怀古》：

> 峰峦如聚，波涛如怒，山河表里潼关路。望西都，意踌躇。
> 伤心秦汉经行处，宫阙万间都做了土。兴，百姓苦；亡，百
> 姓苦。

诗人眼前，山峰从四面八方汇聚，波涛汹涌如滔天之怒。潼关之外有黄河，内有华山，山河雄伟，地势险要。遥望古都长安，诗人陷入深沉的思索。从秦汉古都遗址经过，万间宫殿早已化作尘土。诗人不禁感慨，王朝兴盛，百姓受苦；王朝灭亡，依然还是百姓受苦。

寻仙求药

秦始皇兼并六国，统一天下，平生之志得以实现，看起来似乎所有欲望都已得到满足，唯有一件事不能随心所欲，那就是寿命的延长、生命的永续。

嬴政享尽人世间的一切荣华富贵，凡是人力所能办到的事情他几乎全办到了。但是，他仍然逃不掉生老病死的自然规律，无法超越生命的有限性。

嬴政前半生几乎赢得了他想要的所有东西，取得前无古人的辉煌成就，这赋予他常人难以企及的自信，自信得近乎狂妄，认为自己无所不能，可以战胜一切，包括死亡。

对永生的渴望，本质是对死亡的恐惧。死亡是嬴政头顶上笼罩着的一朵乌云，挥之不散。他要与"人固有一死"的自然规律对抗，要与死神开启一场终究徒劳的斗争。

嬴政问李斯："自古以来，可有长生不死之人？"

李斯回答："传说神仙长生永寿，臣未曾亲眼得见，不敢妄下断言。"

"李斯你说，朕可以享国几年？"

"……陛下万寿无疆！"

"哼！既然未曾得见长生之人，又何来万寿无疆？"

李斯无言以对。

"你可知，如何才能永葆天年？"

"李斯才疏学浅，未知生，焉知死？不敢妄言。"

春秋时期，孔子的弟子季路曾经问孔子如何侍奉鬼神，孔子说："还没能把人侍奉好，怎么能去侍奉鬼神呢？"季路又问："死亡究竟是怎么一回事？"孔子回答："活着的道理还没能弄明白，又怎么能懂得死亡的道理呢？"（季路问事鬼神。子曰："未能事人，焉能事鬼？"曰："敢问死。"曰："未知生，焉知死？"《论语·先进》）

孔子用反诘的方式告诫弟子，不要去多想什么怪力乱神以及身后之事，应该把注意力放在现世人生上。李斯引用孔子的话，表达他对于长生不死这一妄念的审慎态度。

秦始皇对这样的回答显然不能满意。他认为，古往今来所有的帝王圣贤全都比不上他，他已经成为人世间的无上至尊，那么像传说中的神仙一样长生不死，是顺理成章的事情。他不满足于做人间的帝王，他要做天上的神仙。

李斯不敢妄言生死，可有人敢。

嬴政身边渐渐聚集了一批装神弄鬼的方士。"方士"是声称精通神仙方术的人，根据他们的理论，凡夫俗子只要向神仙求得仙药，服用之后便可羽化登仙、永享天年。上有所好，下必甚焉。许多方士迎合秦始皇的心理，招摇撞骗。其中，最有名的一位名叫徐福。

秦始皇二十八年（前219年），嬴政开启第二次巡游，在泰山举行封禅大典，随后来到原属齐国的琅琊，在东海之滨一住三个月，流连忘返。

嬴政登高远眺，遥望大海的方向，被远方如梦似幻的景象所震撼。浩瀚的大海碧浪连天，只见远方云雾缭绕之中，似有亭台楼阁立于浪涛之上，琼楼玉宇，烟波袅袅，宛若仙境。

这奇幻之景究竟怎么回事？大海那一边是什么地方？嬴政询问群臣，没有人能说出个所以然来。

这时候，齐人徐福出现了。徐福向秦始皇上书，声称："茫茫大海中有三座神山，名为蓬莱、方丈、瀛洲，仙人居住于神山之上。恳请皇帝陛下斋戒沐浴，赐童男童女，臣愿出海为陛下寻访仙人，求取长生不死之药。"

三神山的传说嬴政早有耳闻。战国时期，齐国、燕国靠近渤海，齐威王、齐宣王、燕昭王都曾经派遣方士出海寻访三神山。徐福的上书更令嬴政相信，他所见的海上奇景一定就是传说中的三神山。

嬴政究竟看见了什么？后世有观点认为，他很可能在琅琊目睹了海市蜃楼的奇观。这奇观被方士解释为海上神山，于是大大加深嬴政寻仙求药的执着与狂热。

嬴政召见徐福，请他详谈三神山究竟是何模样。

"回陛下，臣乃齐人，三神山的传说早在齐鲁之地流传。神山隐浮在茫茫大海之上，云雾之中若隐若现，那里四季如春，风景如画，山上的飞禽走兽皮毛都是白色，宫阙殿宇由黄金白银筑造而成。人们乘船寻访，远远望去，神山犹如天上缥缈的白云。只要大船一靠近，神山便沉入大海之下，消失得无影无踪。出海寻山的人只要临近神山岸边，眼看马上就能够登岸而上，每每此时便狂风大作，巨浪翻滚，将大船生生引到别处，始终不能靠近一步，更别提登山一游了。"（其物禽兽尽白，而黄金银为宫阙。未至，望之如云。及到，三神山反居水下。临之，风辄引去，终莫能至云。《史记·封禅书》）

徐福这一套说辞显然经过精心编排，颇有讲究，其中不少细节值得关注。譬如形容神山上的奇珍异兽毛发都是白色，那是因为人老之后须发尽白，以奇珍异兽的通体白毛暗示它的长生长寿，符合人的现实经验。神山上的动物都能够长寿，更何况人呢？又如人和船一靠近神山便消失的奇观，可望而不可即，正吻合海市蜃楼的幻象特征。

嬴政听得入迷，心驰神往："卿可否为朕出海，一探仙山？"

"为陛下，臣愿远渡重洋，冒死一试！只是，寻仙不易，路途艰险，还需陛下慷慨解囊……"

此前，齐王、燕王寻求神山的努力都以失败告终，三神山传得再邪乎，终究只是个传说，没有人真的见过。即便如此，嬴政还是对此抱有极大的热情，他满足了徐福提出的所有要求，要钱给钱，要人给人，要船给船。徐福带着童男童女数千人，兴师动众，浩浩荡荡出海去了。

几年后，徐福归来。嬴政问："此行如何？可曾寻得仙人？"

"大秦皇帝陛下福泽深厚，托陛下的福，臣有幸得见海中大神。"

嬴政大喜，问道："海中大神，是何模样？"

"海神白须白眉，吸风饮露，仙风道骨，乘云气，御飞龙，在狂涛巨浪之中漫步穿行，如履平地。"

"卿与海神说了些什么？"

"海神洞察天机，臣的来意不言自明。一见到臣，还没等臣开口，海神便问：你是大秦皇帝派来的使者吧？臣回答：正是。海神说：皇帝派你出海，想必有所求。臣连忙回答：仙人神机妙算，我奉大秦皇帝之命，特来寻求延年益寿之仙药。"

说到这儿，徐福低下头，连声叹气，似有什么难言之隐。

"如何？海神怎么说？"

徐福说："海神没有直接回答，他往臣的船上瞧了一眼，船舱上满满当当全都是奇珍异宝，臣对海神说：这些都是大秦皇帝赠予仙翁的礼物。没想到，海神说：秦皇的礼物实在太过微薄，不死仙药让你看看便罢了，不能奉送。臣随着海神去到传说中的蓬莱山，只见巍峨的宫阙竟是由成千上万的灵芝筑造而成，神仙的使者浑身金铜，幻化为龙形，光亮照天。这奇观异景，哪里是凡间俗世可比，人间的奇珍异宝，海神才不稀罕呢。臣转念一想，使命在身，为了完成陛下嘱托，再次叩拜，诚心发问：还请仙翁明示，送来什么礼物方能换得仙药？仙翁想要的，只要人间有，大秦皇帝必定毫不吝惜。海神笑道：蓬莱仙山乃世外仙境，的确少了点人间气息。这样吧，只要送来童男、童女三千，精通各种技艺的工匠，五谷的种子，秦皇便可获赠仙药。"

每一位方士想要获得嬴政的信任，必须掌握的关键技能是"讲故事"。故事情节多么曲折离奇、荒诞不经不要紧，关键在于能否打动唯一的那一位听众的心。徐福说得有鼻子有眼，求药心切的嬴政相信了。嬴政只相信他想要相信的，徐福只说嬴政想要听到的，至于是真是假，在这场骗局里显得一点儿都不重要。

嬴政按照徐福所说，赐他童男、童女三千人，以及百工、谷物种子。徐福领命，又踏上寻仙之旅。耗费大量钱财，结果可以想见，必然又是竹篮打水一场空。

徐福之外，另一位获得嬴政青睐的方士是卢生。

秦王政三十二年（前215年），嬴政第四次巡游，经过碣石（今河北昌黎县境内），来自燕国的卢生求见。他讲述的故事不是三神山，而是关于羡门、高誓两位仙人的传说。宁可信其有，不可信其无，嬴政授命卢生前去寻找两位神仙，自然也少不了赠予许多金银财物。

卢生当然找不到什么神仙，只能空手而归，他又会编出什么"故事"呢？

卢生对秦始皇说："这些年来，臣等东奔西跑，尽心竭力为陛下寻找灵芝、奇药、仙人，却一无所获，究竟是何原因？臣苦苦思索，终有所悟，一定是有妖魔鬼怪从中作梗。按照神仙方术的说法，君主应当隐秘地微行，以此躲避恶鬼骚扰，只有躲避了恶鬼，神仙真人才会降临。君主居住的地方，如果被臣子知道，就会妨碍真人降临，因为真人只愿意和君主单独相见，不愿意受其他无关人等惊扰。真人就是神仙，进入水中不会沾湿，进入火中不会烧伤，腾云驾雾，与天地一样万古长存。如今，圣上统御天下，还未能清心寡欲、恬淡生活，这正是真人始终未能现身的原因。希望圣上从此深居简出，一切行动严格保密，所居住的地方千万不要让外人知晓，这样才能避开恶鬼、迎来真人。只要真人一到，不死之药唾手可得！"

"你说得很对。我素来仰慕真人，从今往后，我便自称'真人'，不再称'朕'。"（吾慕真人，自谓真人，不称朕。《史记·秦始皇本纪》）

嬴政听信卢生这一套鬼话，从此"居无定所"，每天更换下榻的寝宫，除了贴身服侍的少数人，没有人知道嬴政今天住在哪座宫殿。但凡有泄露嬴政行踪、谈论嬴政住处的人，一律处死。咸阳附近二百里内，大大小小的宫殿总计二百七十余座，全都建造甬道、复道相连通，甬道两侧筑有夹墙遮挡，皇帝在里面穿行，宫殿外面的人看不见。在各个宫殿里服侍的宫女，不允许随意迁移，只能固定在一处。

嬴政对长生的痴迷达到走火入魔的程度，采取"广撒网"的策略，徐福、卢生之外，又找来韩终、侯公、石生等一大批方士，赐予丰厚钱财，让他们奔赴五湖四海求仙问药。

这些江湖骗子摸准秦始皇的心理，投其所好，骗得大量金银财物。至于仙药嘛，就说寻药不易，姑且拖个一年半载，能拖多久是多久。时间久了，一直拿不出东西终究不是办法，于是开始罗织谎言，编造各种故事，海神嫌弃皇帝礼物微薄、恶鬼从中作梗云云，都是此类，只要能蒙混过关就好。

被骗子耍得团团转，一向英明睿智的秦始皇为何如此糊涂？或许，嬴政对这帮装神弄鬼的方士，内心深处不是没有怀疑，他何尝不知道，这些骗子大都靠不住。但是，他追求长生心切，纵使千百个方士都是骗子，但只要有一名方士寻得仙药，他的夙愿就能够得以实现。正是这种"宁可信其有，不可信其无"的微妙心理，让嬴政在低劣、荒唐的骗术面前缴械投降，上演一出又一出令人啼笑皆非的闹剧。

长生不死，是秦始皇的妄念与执迷，是他内心深刻的恐惧，是注定徒劳无功的贪求。这是一场虚幻的迷梦，但没有人敢戳破这个梦。

焚书坑儒

秦王政三十四年（前213年），嬴政在咸阳宫置酒设宴，七十名博士官为皇帝献酒祝寿。这样的场合，哪里少得了歌功颂德的人。

仆射周青臣近前称颂道："从前，秦国的土地不过千里，仰赖陛下的神灵明圣，平定海内，放逐蛮夷。如今普天之下，凡是日月所拂照的地方，没有人不臣服。诸侯国成为大秦的郡县，百姓人人享受安乐的生活，再也没有战争的祸患，大秦的安定繁荣必将代代相传、传于万世。从上古时期算起，历朝历代帝王君主如过眼云烟，没有一个比得上陛下的煊赫威德！"

奉承话谁不爱听，嬴政素来好大喜功，不禁面露得意之色。没想到，这一番溜须拍马成为导火索，引爆一场激烈的争论。

"荒唐，何其荒唐！周青臣是非不分，阿谀君上，此乃奸佞之所为！"

众人循声望去，说话的是来自齐地的博士官淳于越，他首先站出来发难，将攻击的炮火对准周青臣所说的郡县制。

"商朝、周朝的国王之所以能够统治天下千年之久，原因在于分封子弟、功臣为诸侯，诸侯辅佐王室，犹如枝干庇护大树。如今，陛下拥有天下，可是皇室子弟却与匹夫庶民无异，没有一尺一寸的封地。试问，倘若将来出现齐国田常、晋国六卿那样的乱臣贼子，妄图谋反篡位，到时候没有诸侯辅弼照拂，陛下靠什么拯救危机？"

淳于越引用了两个典故，一个是"田氏代齐"，齐国的王族原本是姜姓，卿大夫田常发动政变取代姜姓王族，从此"姜齐"成为"田齐"；另一个是"三家分晋"，晋国的六卿原本都是卿大夫，经过激烈的斗争，最终由韩、赵、魏三家瓜分晋国，晋国灭亡，卿大夫上位成为国王。从"田氏代齐"到"三家分晋"，说的都是大臣篡权、改天换地的故事。

最后，淳于越总结陈词："不效法古人却能够长久存在而不败亡，臣从来没有听说过这样的事情。今日，周青臣对陛下当面阿谀奉承，不是在帮助陛下，而是加重陛下的过失，绝非忠臣所为！"（事不师古而能长久者，非所闻也。今青臣又面谀以重陛下之过，非忠臣。《史记·秦始皇本纪》）

周青臣脸上火辣辣的，涨红着一张脸，心里有气，又不便发作。

嬴政脸上的喜色不见了，渐渐阴沉下来，冷冷地说："周青臣、淳于越所言，孰是孰非，谁对谁错，群臣议一议吧。"

嬴政没有直接发表意见，将有争议的问题交由廷议。群臣吵吵嚷嚷，众声喧哗，各执一词。

嬴政发现，左丞相李斯立在群臣班列的前头，像一棵安静的树，任博士、儒生们唇枪舌剑，他始终面无表情，一言不发，置身事外。

嬴政心想：这个李斯呀，朕还不了解你。此刻越是一言不发，心里越是憋着一肚子话，只是不屑于与博士、儒生做无谓的争辩，都留着说给朕听呢！

果不其然，第二日，李斯入宫，怀揣着他一晚上奋笔疾书完成的奏书，觐见秦始皇。

嬴政说："昨日廷议，很是热闹，博士、儒生们不顾斯文简直要大吵起来。可是朕总觉得好像少了点儿什么，后来才发觉，原来少了丞相的真知灼见。怎么，丞相上了年纪，没有力气和年轻人吵架了吗？"

"臣不害怕吵架，只是昨日这一架，吵得再热闹，也是明日黄花。关于分封与郡县之争，八年前，臣与王绾就已经吵过一架。孰是孰非，早有定论，该说的臣当时都已经说了，还能再说些什么呢？况且，今时不同往日，当年臣吵得赢王绾，今日却吵不赢淳于越。"

嬴政来了兴趣："淳于越竟然这么大本事，连向来能言善辩的李斯都甘拜下风？"

"淳于越的本事叫作心口不一，他嘴上说的是分封，真正的目的却不在分封，或者说不全然在分封这一件事上。他口是心非，臣鸡同鸭讲，又如何吵得赢呢？"

"李斯啊李斯，还是你眼光毒啊。大秦废分封、置郡县已经八年，早已成为一项板上钉钉的制度，推行于神州大地。这帮儒生，此时还揪着这一议题不放，借题发挥而已，背后另有文章。"

"陛下圣明。分封与郡县之争，本质是守旧与革新之争。儒生议分封，意在以古非今，批评朝政。今日他们可以议分封，明日可以议其他，总之，一定要对朝政有所非议不可。"

"这帮儒生，受了什么蛊惑，为什么一定要非议朝政？"

"因为儒生信奉'法先王'，言必称'三代'，在他们心目中，夏、商、周是无比美好的旧时代，后世应当效仿，'三代'成为评价当今时政的参照，于是儒生群体之中形成借古讽今、批评时政的传统，淳于越昨日堂上之言正是一例。"

"法先王？荒唐！他们的先王早就作了古，都是躺在棺材里的一具具遗骸死尸，朝他们磕头，岂不可笑！大秦眼前就有皇帝！舍近而求远，法什么先王？"

"陛下所言甚是，法家历来主张'法后王'，效法当代君王的圣德、言行、制度，师今而不法古。"

"这样才对嘛！经你这么一说，朕明白了，因为儒生心中有先王，所以忍不住总要非议时政。朕想要让他们都闭嘴，颁布禁言令，可行吗？"

"禁言令自然是立竿见影，只不过，治标不治本。儒生嘴上可以不说，但心里却还是存有非分之想。"

"儒生心里想什么，朕也能管吗？"

"可以。韩非子曾有高论：君王想要禁止民众出现奸邪的行为，最高明的方法是管住人心，也可以说是管住人们的思想；其次是管住人们的言论，不要乱说话；最次，才是管住人们的行为。"（禁奸之法，太上禁其心，其次禁其言，其次禁其事。《韩非子·说疑》）

"韩非子有没有说，如何管住人的思想？"

"韩非子没说，但臣已有对策。"李斯从怀中掏出奏书，恭恭敬敬地呈上："士人的思想，无不来自诸子典籍，只要典籍没有了，非分之想也就没有了。臣有'焚书'之策，敬献陛下。"

"斯卿又有大作啦，快快呈上来！"

李斯将他的所思所想诉诸笔端，写成这篇著名的《议焚书》：

"丞相臣李斯冒死进言：众所周知，上古五帝的统治之术各不相同，没有重复；夏、商、周三代的制度也各不相同，并没有代代沿袭。从前的君王各自以他们的方式统治民众、治理国家，不是他们故意要实行不同的制度，而是时代变了，制度也应当随之改变。

"如今，陛下开创了前无古人的宏图伟业，建立万世之功，这本来就不是那些愚昧迂腐的儒生所能够理解的。况且，淳于越所说的都是夏、商、周三代的陈年旧事，又有什么值得效仿学习的呢？

"从前，诸侯纷争，陛下用高官厚禄招徕游说策士，帮助大秦平定六国。如今天下已定，法令出自陛下一人，那么百姓就应当在家里努力从事农业生产，读书人就应当好好学习法令刑律。现在可倒好，瞧瞧这些儒生，不好好学习领会当今盛世的种种制度、政策、法令，反而号召效法古代、恢复旧制，以这种'不师今而学古'的方式非议当世，惑乱百姓，实在是遗患无穷啊！

"从前，天下分裂混乱，没有人能够一统四海九州，因此诸侯并起，纷争不断。在这种情况下，士人往往喜欢谈论远古的事情，借古代批评眼前的乱世，他们以矫饰虚妄、天花乱坠的语言和学说，去表达对现实的不满，通过发展私学，点评、非议各国君主所建立的国家制度。诸子百家的学说，就是这么来的。

"如今情势完全不同了，始皇帝兼灭六国，一统天下，一切分辨是非黑白的思想观念，都应当取决于无上至尊的皇帝一人。令人担忧的是，如今私学依然盛行，儒生士人对国家法律政令妄加评议，听到法律政令下达，就以他所学的知识品头论足，入朝的时候对朝廷政令心怀不满，出了朝堂就去参与街谈巷议，指摘朝政。这些人，靠攻击君上沽名钓誉，以标新立异来抬高自己，更恶劣的是，还煽动群众造谣诽谤。凡此种种，倘若不加以禁止，在上，君主的权势必将受到损害；在下，恐怕将形成朋党势力为非作歹。所以，禁止民间的私学、士人的非议，极为必要，而且大大有利。

"臣建议，除了大秦史官所记录的秦国史书，从前其他国家的史书全部烧掉。除了博士和官府因为职责所需收藏管理典籍之外，全天下有人私藏《诗》《书》等诸子百家著作的，必须通通上缴官府，由地方官员就地焚毁。民间胆敢私下谈论《诗》《书》的人，斩杀于街市，然后弃市。对那些以古非今、妄议朝政的人，灭族。官吏对于以上种种情形如果知情却不上报，以同罪论处。朝廷的焚书令颁布三十天之后，如果还不能贯彻执行，就在主责的官吏脸上刺字，发配去做苦役，白天防寇，夜晚筑城，服役满四年才能归来。需要特别指出的是，医药、占卜、种树之类的书籍，不在焚书之列。诸子百家之书焚烧殆尽之后，如果有人想要学习知识，就学习国家的法律政令，朝廷官吏就是他们的老师。"（译自《史记·秦始皇本纪》）

针对儒生恢复分封制的主张，李斯重申他一贯的立场，进行严厉的驳斥。驳论的基本逻辑是，不同时代有不同时代的制度，不能因循守旧，应当与时俱进。但李斯这篇《议焚书》，重点并不在此。

分封与郡县的论争只是表象，李斯由表及里，敏锐地看到背后更为重要的问题。儒生对朝政"以古非今"式的批评攻击，才是根本问题所在。所以，李斯没有停留在郡县制这个议题上打转，而是拔高到另一个层次，将攻击的矛头指向议政言论和民间私学。

李斯提醒秦始皇，当前社会上，尤其是儒生士人当中，弥漫着一股以古讽今的风气，舆论复杂，人心不定，必须加以整治，将人们的思想、观念、舆论统一起来。

如何统一？李斯提出"焚书"的建议。当然，焚书并不是烧尽天下所有书籍，从一开始就划定了明确的范围。

一是烧"六国史书"。"史官非秦记皆烧之"，除了秦国自己编纂的史书，六国的史书通通销毁，使人们逐渐忘却曾经存在过的诸侯列国，断绝六国人对于故国的追忆，以及复国的幻想。消灭六国的历史，才是从根本上消灭六国。

二是烧"《诗》《书》百家语"。《诗经》《尚书》是儒家经典，不只儒家，诸子百家也要一并烧掉。把《诗》《书》单拎出来，可见儒家典籍应当是焚书的重点对象。

三是只烧民间私人藏书。所焚书籍有一个基本限定，"非博士官所职"，也就是说，朝廷博士官负责保管的书籍不烧，只针对民间流通的书籍，明确禁止民间私人藏书，由朝廷官方垄断文化的传播。

四是实用类书籍不烧。医药、卜筮、种树之类的书籍属于实用技术类，不像诸子百家的著作涉及思想领域，逃过一劫，得以保留。同为儒家经典的《周易》被视作卜筮一类，也不在被焚烧之列。

李斯的建议不仅焚书一项，还有两大配套措施。

一是压制言论。"有敢偶语《诗》《书》者弃市"，不仅不能藏书读书，只要有人胆敢谈论书中的内容，就要杀头，尸体丢弃到街市上。"以古非今者族"，胆敢借古讽今的，罪过更大，将遭受灭族之灾。

二是取缔私学。书都没有了，春秋战国时期一度兴盛繁荣的私学教育也不被允许。民间若想学习，只能学习国家的法律政令，叫作"以法为教"，由朝廷的官吏兼任老师，叫作"以吏为师"。官吏同时肩负教化民众的任务，吏与师两个角色合二为一，执政之吏即教化之师，负责传布国家的法律政令，督促百姓守法听命。

在李斯这道奏书上，嬴政只批复了一个字：可。一场轰轰烈烈的焚书运动在全国范围内展开。

咸阳作为帝都，率先焚书垂范天下。这一日，王宫之前宽阔的广场上，篝火早已升起。当日要烧掉咸阳城所有的民间藏书，始皇帝亲临现场，见证焚书之盛况。

嬴政缓步来到篝火前，举起手中的竹简，对众人说："这是一部《孟子》，孟轲先生说，'民为贵，社稷次之，君为轻'，朕不同意。在大秦，君王就是社稷，社稷就是黎民，没有什么主次轻重之分。这样的书，害人不浅，烧了吧。"

嬴政率先将一册《孟子》扔入大火之中，做出示范。随后，咸阳令开始主持焚烧收缴上来的上千册典籍，一册又一册，一卷又一卷，书越扔越多，火越烧越旺。

围观的民众面目各异，有的一脸漠然，有的唉声叹气，有的面露悲愤痛苦之色。

李斯一边焚书，一边向公众宣讲政令："大秦始皇帝有令，除大秦史书外，其他诸子典籍一律收缴焚烧。民间敢有私藏书籍者，一律斩首！知情不报者，同罪论处！"

"作孽啊！天作孽，犹可恕；自作孽，不可活！"

苍老、哀戚的声音传来，一位耄耋之人步履蹒跚地走到众人面前。

李斯问："这位老先生，高姓大名？何故御前失仪，口出狂言？"

"比不得贵人，老朽一介无名之辈，只是一个读书人而已。老朽口出狂言，只因看不惯暴君作孽，焚烧典籍，泯灭文明，实乃千古罪人之所为，这是要遭天谴的啊！"

"大胆狂徒，恶语诋毁圣上！"始皇帝的侍卫疾速冲上来，像猛虎抓弱鸡一样，不费吹灰之力将老者制伏。

嬴政来了，瞥了老者一眼，转头问李斯："朕是千古罪人吗？"

李斯回答："当然不是。陛下只烧民间私藏之书，内宫官府之中典籍保存完好，依然是汗牛充栋、蔚为大观。所谓'泯灭文明'之语，实在言过其实，无稽之谈，陛下不必在意。"

嬴政回过头，对老者说："老先生听见了？"

那老者被制伏跪地，面无惧色，抬起头，目射精光，慨然道："暴君！你以为你烧得尽天下之书吗？烧得尽诸子先贤的智慧和学识吗？烧得尽人世间的公义和天理吗？"

"朕今天就可以烧了你！"嬴政拔剑出鞘，利刃瞬间架在老者的脖子上。

老者泰山崩于前而色不变，仰天狂笑不止。

李斯近前劝道："陛下息怒，一介迂腐老儒，不值得脏污了陛下的佩剑，拉出去杖责一百即可。"

"你是在劝朕，不要杀儒生？"

"臣的任何心思，都逃不过陛下法眼。臣以为，今日杀了一位迂腐老儒，明日又会冒出另一位狷狂后生，儒生士人是杀不完的。唯有焚《诗》《书》、禁私学，方为治本之策。"

"朕的宝剑，是用来杀戮凶悍的敌人，不是用来杀害手无缚鸡之力的老者。"嬴政怒气平息，收回宝剑，命令侍卫释放老者，临走前，扭过头来对李斯说了一句，"没想到，你也有一副软心肠。"

这样的小插曲，自然没有影响焚书运动的进程，虽然难免有漏网之鱼，但大量的民间藏书付之一炬，先秦典籍遭遇一场空前的大浩劫。

秦王政三十五年（前212年），即"焚书"之后的第二年，"坑儒"事件爆发。

后人常将"焚书"与"坑儒"并举，其实这是两起各自独立的事件。"坑儒"的起因，不是因为儒生，而是两个方士。

秦始皇晚年执迷于求仙问药，身边聚集了一帮方士。世上哪有什么长生不死的灵药，这注定是一场水中捞月的无用功。方士自知骗局总有难以为继的一天，必须想好脱身之法。卢生与侯生两位方士就此密谋，私下对秦始皇大发议论。

卢生说："始皇帝的为人，天性暴戾，刚愎自用，尤其在吞并天下之后，志得意满，不可一世，认为自古以来没有人比得上他。始皇帝治理国家，专门任用严酷的狱吏，酷吏得到亲近宠幸。虽然设置了七十名博士，只不过是摆设，充充人数而已，并没有真正得到重用。还记得当年泰山封禅之事吗？就是活生生的例子啊。"

秦王政二十八年（前219年），嬴政决定在泰山举行封禅大典。这项古老而罕见的仪式已经中断许久，具体流程并不清楚。人们只知道，"封"是指登上泰山，在山顶祭天；"禅"是在泰山脚下梁父这个地方扫洒祭地。秦始皇召来许多齐鲁之地的儒生、博士，希望他们能说明白典礼应该怎么办。没想到，儒生们七嘴八舌，众说纷纭，争论的都是一些琐碎的细节，许多天拿不出一个统一的意见。"罢了！朕为天下至尊，封禅大典，朕说怎么办，就怎么办！"最终嬴政谁的意见也不听，完全按照自己的想法来，伐山开道，披荆斩棘，从南坡登山，直达山巅，举行祭天仪式。然后从北坡下山，在梁父举行祭地仪式。自此，嬴政对儒生越发轻视。

侯生说："何止是轻视儒生、博士，始皇帝喜好严刑与杀戮，以此树立他的威信，大臣们害怕被问罪，小心谨慎地守护着官位与俸禄，不求有功但求无过，没有人敢真正竭诚尽忠。丞相等朝中大臣都谨奉皇帝之命，所有事情都遵照皇帝的意思办，不敢有一丝违逆。居上位者（指秦始皇）听不见批评的声音，于是日渐骄纵；居下位者（指大臣）唯恐忤逆皇帝，以谎言相欺，只为讨皇帝欢心。"

卢生说："我还听说，始皇帝每天要批阅一石重（约为今天的30千克）的简牍文书，不批阅完就不休息。天下之事无论大小，全部由始皇帝一个人决定，贪恋权势简直已经达到不可思议的地步，我等怎么还能为他寻求仙药呢？"

侯生说："说得是啊！而且，按照秦国律法，方士的方术如果不能应验，就要被处死……"

卢生、侯生对秦始皇的批评并非信口开河，许多情况都是实情，但他们说得再义正词严，还是在为逃跑脱身寻找冠冕堂皇的借口。他们预感到骗局早晚有一天会露馅儿，一旦东窗事发，以嬴政的脾气，非把他们大卸八块不可。

三十六计走为上策，卢生、侯生不告而别，溜之大吉。

如果说，嬴政此前对于方士的骗术只是心中存疑，这一回，卢生、侯生的叛逃无异于坐实骗局，摆明了戏要愚弄嬴政，让始皇帝颜面何存？

秦始皇龙颜大怒，大发雷霆："此前，朕没收天下书籍，将那些不中用的书通通烧掉。又费心招徕诸多精通文学、方术的士人，想要借助他们为国家谋太平，为朕寻得奇药。如今可倒好，韩终一走了之不再回来，音讯全无；徐福花费数以万计的钱财，结果连仙药的影子都没瞧着。卢生这帮人最是可恶，朕慷慨地赐予他们尊荣的地位以及丰厚的奖赏，他们不知感恩，竟然口出狂言，诽谤于朕，无德无行到何种地步！不止这几个方士，咸阳城内，诸多士人妄议朝政，朕派人前去追查，发现不少人妖言惑众，扰乱民心，致使百姓思想混乱，他们全都罪无可赦！"

李斯越听越感觉不对劲。不是在骂骗人的方士吗？怎么又骂起儒生来了？不是在说寻仙求药的骗局吗？怎么又说起儒生士人妄议朝政？敏锐的李斯，迅速听出弦外之音，意识到事情不简单。

看起来，嬴政对那些方士早有猜疑和不满，他破口大骂，却不仅痛骂方士欺君罔上，而且严厉批评"诸生为妖言以乱黔首"，将两件不太相干的事情搅和在一起。看来，儒生批评时政的现象早就令他大为光火，这才是他真正要打击的对象。

嬴政下令抓捕咸阳城内的士人，严加审问，揪出所有曾经诽谤过皇帝的人。十日后，御史上报，一共抓获四十六名士人。

嬴政怒道："才四十六人？太少了！继续抓！至少要十倍，抓四百六十人！抓不到，就让已经服法的士人互相检举！"

御史领命，在审理案件的过程中，鼓励被捕者举报他人。于是诸生互相告发，一个供出一个，像滚雪球一样，受到牵连的人越来越多。

最终圈定四百六十七位士人，其中既有方士，也有儒生，方士或许只占一小部分，以儒生居多，他们都被扣上"妖言""诽谤"的罪名。

至于引爆此次事件的卢生和侯生并不在其中，二位方士从此人间蒸发，最终去向说法不一，有人说逃到海外，也有人说隐居山林，总之不知所终。

嬴政将这份犯人大名单传给李斯："丞相你说，这四百六十七人，如何处置？"

李斯低头翻阅着名单，手上像捧着一个烫手的山芋，很是为难："这……臣……"

"一年前，你劝朕只焚书，莫杀人，朕听从了。如今看来，不杀人是不行了！这帮乱臣贼子眼里，哪里还有大秦皇帝！不杀不足以立君威，不杀不足以灭妖言！"

嬴政下令，在咸阳城外挖一个大坑，将被捕的士人全部活埋。

"坑儒令"下达之后，满朝文武包括李斯没有人敢多说一句话，唯有公子扶苏站了出来。

公子扶苏是嬴政的长子，为人刚毅勇武，颇得人心，年纪轻轻就显露出领袖的气质，在朝中颇有威望。嬴政虽没有册立太子，但扶苏已被群臣视为接班人的第一人选。

针对坑儒的决定，扶苏当面向嬴政提出反对意见："如今天下刚刚安定统一，远方的百姓还没有完全归附，民心仍然不稳。诸多儒生诵读的都是孔子的书，圣上焚烧诗书，还打算以重法惩治儒生，儿臣恐怕将引发动乱，导致天下不安。希望圣上慎思明察。"（天下初定，远方黔首未集，诸生皆诵法孔子，今上皆重法绳之，臣恐天下不安。唯上察之。《史记·秦始皇本纪》）

嬴政皱眉道："你懂什么，朝政大事，还轮不到你插嘴！"

扶苏向在场的李斯求援："丞相乃荀卿高徒，说起来与那些儒生一样出身儒学孔门，你也是读书人，不为天下读书人说几句话吗？"

李斯脸色微微泛红，说："李斯首先是陛下的臣子，然后才是读书的士人。儒学也罢，孔门也罢，希望公子将视野放宽，博采百家之学，不要囿于一家一派，心存门户之见。"

"可是……"

扶苏还想据理力争，嬴政呵斥道："够了！扶苏，你与那些儒生过从甚密，以为朕不知道吗！看来，诗书读多了，都快忘了自己姓什么！忘了自己是嬴姓子孙！数典忘祖，你太让朕失望了！"

勇敢的扶苏是这场浩劫中唯一挺身而出劝谏嬴政的人，然而，始皇帝的权威从来不允许被质疑，就算是他最器重的长子也不例外。扶苏的劝谏非但没有成功，反而殃及自身。嬴政将他发配到北方边境，远赴上郡（今陕西榆林）担任监军，与将军蒙恬一起镇守边关。也有观点认为，嬴政这一举措别有深意，一方面是对扶苏的责罚，让他在边疆好好反省，另一方面也是对扶苏的历练，增加他为政的经验。

坑儒那一天，李斯来到现场，亲眼瞧着一个又一个儒生，像羔羊一样被驱赶到大坑里，有的人哭天抢地、哀号阵阵，有的人面如死灰、一言不发。李斯心有戚戚焉，焚书是他的主张，但坑儒不是。诚如扶苏所说，他也是读书人，会不会有一天，他也像这四百多位儒生一样，被当成害虫处理掉呢？

以他对当时情势的判断，以及对嬴政的了解，始皇帝铁了心要杀儒生，此事绝无转圜的余地。所以，即便他内心深处对坑儒持保留意见，但也绝对不敢劝谏，不敢说出实话。实话是多么危险的东西，公子扶苏的下场即是明证。他没有扶苏那样决绝的勇敢、凛然的无畏，他以臣子的软弱与怯懦作为自我保护的铠甲，几十年来一直是这么过来的。

事情虽因方士而起，但在处置过程中出现明显扩大化的情况，大范围地波及崇尚儒学的士人。嬴政的用意，绝不仅仅是坑杀几个方士泄愤而已，他真正要消灭的，是以儒生为代表的反对声音，以及存在已久的对大秦暴政的不满与愤怒。

坑儒的本质与一年前的焚书运动如出一辙，是不折不扣的文化专制主义。正是在这个意义上，后人将焚书与坑儒相提并论，紧密地联系在一起。

关于焚书坑儒，后世批评甚多。主流观点认为，焚书运动造成文化典籍的重大损失，是中国古代文化的一次大浩劫。同时，以焚毁诗书的方式禁锢人们的思想，以迫害读书人的方式堵塞言路，压制不同意见，影响恶劣。知识、思想、文化，老百姓知道得越少，封建统治者就越容易管控，这是文化上的专制主义与愚民政策。

从历史细节来看，焚书的范围有明确限定，并不彻底。与此同时，民间读书人冒死藏书，西汉初年焚书令一解除，士人纷纷献书，诸子百家许多典籍重见天日。焚书令事实上并没有将天下典籍焚烧殆尽，但焚书坑儒开启压制言论自由的先例，被后世封建帝王竞相效仿，所造成的严重后果不容忽视。

钳制言论自由，控制舆论导向，统一人们的思想，这些目的最终不仅没有成功，反而激起民众反抗，加速秦王朝的灭亡。诗书可以烧光，但知识和思想烧不尽，百姓对于暴政的仇恨之火则越烧越旺。

刺杀疑云

统一之后，秦始皇下令，收缴全天下的兵器，汇集到咸阳，将这些刀枪剑戟全部销毁，熔铸成乐器钟鐻，以及十二尊铜人，放置在宫廷中，供人观赏。

朝廷对兵器严加控制，禁止民间私藏武器，是为了防范六国贵族东山再起，以及民众对秦暴政的反抗行动。所以，后来陈胜、吴广起义初期，找不到像样的兵器，用的都是锄头、木棍，只能"斩木为兵，揭竿为旗"。

销毁天下兵器这项举措具有浓厚的象征意味，这是在向世人宣示，太平盛世已经到来，从此国泰民安，再无刀兵。不论是钟鐻还是铜人，都有太平、吉祥的寓意。

可是，和平真的到来了吗？

嬴政执政三十多年，从秦王到秦始皇，刺杀的阴影一直伴随着他。统一之前，他遭遇过荆轲、高渐离的行刺。统一之后依然危机四伏。

秦王政三十一年（前216年），嬴政夜间在咸阳城中微服出巡，身边只带四名武士。在蓝池宫附近，夜色掩映之下，一伙盗贼冲杀出来，袭击赢政车驾。经过一番搏杀，武士击退强盗，赢政侥幸逃过一劫。

天子脚下，国都之中，贼寇当街作乱，这还了得！赢政龙颜震怒，下令在关中地区"大索"（大肆搜捕）二十日，抓捕这伙强盗及其同党，最终却一无所获。

这帮强盗究竟是误将微服出巡的赢政当成平民百姓，还是已然知晓赢政的身份，就是冲着刺杀皇帝而来，成为一个无人知晓答案的谜。

另一次重大险情发生在秦王政二十八年（前219年）。这一年，赢政第三次出巡，途经阳武博浪沙（今河南原阳县）。皇帝的车队浩浩荡荡，缓慢地向前行驶。突然，一片黑色的"乌云"破空而来，迅疾无伦，在场的人还没有看清是什么东西，只听砰的一声巨响，天地震动，一个巨大的铁锤砸在车队前方其中一辆车上，车厢被砸得稀烂，车内的人当场毙命。所幸，大铁锤砸中的不是赢政所乘坐的御辇，而是车队的副车。

"抓刺客！"

现场迅速被封锁，侍卫开始全面搜捕，但刺客早已逃之夭夭。赢政下令"大索"十日，可天下之大，人海茫茫，一点儿蛛丝马迹都没有，刺客何处去寻？

后来，人们知道，博浪沙行刺的幕后主使名叫张良。

张良是出身韩国的贵族，他的祖父、父亲都曾担任过韩国相国，累世官宦，他的弟弟在秦国灭韩的战争中被秦人所杀。秦统一后，张良变卖家产，散尽家财，投身于反秦事业，到处招募武士，策划刺杀秦始皇。

张良招募了一名大力士，趁着赢政巡游的大好时机，事先在博浪沙设下埋伏。大力士力能扛鼎，神乎其技，朝着皇帝车驾，扔出重达一百多斤（秦制，相当于今天的五六十斤）的大铁锤。

行刺失败后，张良隐姓埋名，藏身在下邳（今江苏睢宁县）这个地方，后来几经辗转，成为汉高祖刘邦的头号军师，辅佐刘邦推翻秦朝，建立大汉王朝。这是后话。

说回始皇帝。不论是蓝池遇险，还是博浪沙遇袭，刺杀事件频发，致使嬴政内心极度缺乏安全感。他不信任任何人，感觉身边处处有危险，于是在皇宫里实施了极为严格的安保措施。譬如阿房宫的大门由磁石制成，携带兵刃经过磁石门，铁器藏得再深也很容易被查出，以此防止刺客携带兵器入宫。

嬴政还将自己封闭起来，主动与外界隔离，成为一个彻头彻尾的"孤家寡人"。没有人知道他每一天究竟居住在哪一座宫殿里，没有人能够清楚地掌握他的行程。从这一点来看，博浪沙的铁锤没有砸中或许并非巧合，因为没人知道嬴政本人到底身处哪一辆车里。皇帝的御辇有好几辆，主车、副车外观一模一样，以混淆他人视听，再加上嬴政频繁随机地更换所乘车辆，以此最大程度地保障人身安全。

嬴政如此重视他的安全保障，李斯偏偏在这一点上，栽了跟头，险些闯下大祸。

秦王政三十五年（前212年），嬴政巡幸梁山宫，在山峰之上极目眺望，远远瞧见山脚下一支车队驶过，车骑众多，浩浩荡荡，比起皇帝的御辇竟然毫不逊色。

"山下何人？"嬴政的声音冰冷异常。

"回陛下，那是左丞相的车驾。"

"哦，排场倒不小。"嬴政冷笑一声，淡淡地说。

李斯为官几十年，在朝中的关系盘根错节，在皇宫也有不少相熟的人。梁山宫的事情发生后，皇帝身边的一位贴身侍从，偷偷向李斯报告了当时的情况。

李斯大惊失色，急忙问："圣上还说了什么？"

"'排场倒不小'，除了这一句，再也没说什么了。"

"没有其他表示？圣上脸色如何，是否动怒？"

"这个……似乎怒了，又似乎没有，小人不敢妄言。"

这可教李斯犯了难，嬴政到底是什么意思，是大为光火，还是调侃一句一笑置之，李斯把握不准。

嬴政晚年，越来越寡言少语，越来越喜怒无常，越来越令人畏惧。几十年来，李斯一直小心谨慎地揣摩皇帝心思，不敢有一丝一毫的违逆。但君心难测，李斯感觉到，与嬴政越来越疏远。

　　李斯知道，法家学说中君王的驭臣之术，讲究的正是君王不轻易袒露真实想法，令臣子捉摸不透。他和嬴政，君臣二人之间玩了几十年的博弈游戏，互相猜忌，彼此防范，李斯实在是累了。人在局中，身不由己，他也毫无办法。

　　虽然摸不准嬴政的内心想法，但李斯没有选择，只能马上削减出行车驾。可是这么一改，更是触犯大忌，踩到了皇帝的雷区。

　　原本，事情就这么过去了，嬴政再没有提起，也没有责罚李斯。后来，嬴政又一次瞧见丞相车驾，脸色一下子沉下来。

　　这回李斯轻车简从，只乘一辆破旧的马车，几个随从步行紧跟其后，很是低调。敏感的嬴政瞬间明白发生了什么，雷霆震怒。

　　"到底是谁泄露朕的话！查！给我彻查！"

　　比起丞相的铺张排场，嬴政更忌讳的是，他身边竟然安插了大臣的耳目，他的一举一动、一言一行，竟然这么轻易地被泄露出去，这决不能容忍。

　　李斯得知消息后，意识到自己点燃了炮仗："这可如何是好？圣上虽然没有冲着我来，但这事儿再这么闹下去，越发不可收拾，我终究脱不开干系！"

　　他惴惴不安，左思右想，决定入宫面见嬴政，主动向皇帝坦白认错。

　　而那一边，排查了一轮又一轮，那个泄露消息的"耳目"究竟是谁，始终毫无头绪。

　　嬴政说："那就都杀了！一个不留，全杀光！"

　　从侍卫到宦官，当天在场的所有人被下令全部处死。反正那"耳目"必定在其中，宁可错杀一千，绝不放过一个。

　　李斯一入宫内，正撞见侍卫、宦官一个个被捆绑着，拖出去斩首。

"救我！大人救我！"

那位向他泄露消息的侍从，远远瞧见李斯，仿佛抓到了救命稻草，高喊起来。

李斯被吓得一激灵，呆立在大殿外的广场上，一步也不敢挪，更不敢对那位侍从有所回应。他与那侍从相距尚有一段距离，完全可以装作没听见，他迅速撇过脸去，不再往那边看。

事发只在几秒钟，很快，那侍从被拖走行刑。李斯回过神来，皇帝震怒，正大开杀戒，他哪里还敢在这时候面圣，仓皇失措地离开皇宫。

那侍从绝望、恐惧的眼神，一直刻在李斯的脑海里，他的内心遭受铁锤般的重击。他意识到，自己触碰了皇帝的"逆鳞"。

龙有逆鳞，触之必怒。据传说，龙的喉咙下端有一片一尺长的倒着长的鳞片，呈月牙状，被称为"逆鳞"。龙这样的神兽，可以与它游戏，可以驾驭它，但是只要有人触碰到它的"逆鳞"，龙必定杀之而后快。龙是君王的象征，君王也有他的"逆鳞"，做臣子的绝对不能去触碰，否则有性命之忧。（夫龙之为虫也，柔可狎而骑也。然其喉下有逆鳞径尺，若人有婴之者则必杀人。人主亦有逆鳞，说者能无婴人主之逆鳞，则几矣。《韩非子·说难》）

李斯自从踏入仕途以来，如履薄冰，谨小慎微。他明白，但凡有半点儿差池，他的权势爵位、荣华富贵顷刻间就将灰飞烟灭，甚至可能性命不保。在秦始皇的暴政中，李斯阿顺依附，少有忠言直谏，显露出性格中懦弱胆怯的一面。

梁山宫事件发生后，嬴政诛杀了一批侍卫、宦官，但毕竟没有查出"耳目"是谁，没有什么直接的证据，因此对李斯没有任何责罚，事情到此为止。但这丝毫不能减缓李斯内心的恐慌，高处不胜寒，他的地位越高，功业越是辉煌，内心越是惶惶不安。

李斯在秦国站稳脚跟之后，把家乡上蔡的妻儿全都接到咸阳来，在咸阳安家落户。秦朝建立后，秦始皇与李斯结为儿女亲家，形成政治联姻。

李斯的儿子们都迎娶了公主，女儿们都嫁给了皇室公子。他最引以为傲的长子李由，出任三川郡的郡守。李斯七十大寿这一天，长年在外的李由难得回来一趟，老寿星在家中摆席设宴。

原本只是个家宴，只邀请少数亲朋好友。但消息一传出去，文武百官齐出动，朝堂上有头有脸的人物全都来为李斯祝酒贺寿。丞相府一时间高朋满座，贵宾如云。府院门前车马如云，一辆挨着一辆，挤得水泄不通。

"呦呦鹿鸣，食野之苹。我有嘉宾，鼓瑟吹笙……"（《诗经·小雅·鹿鸣》）

乐师演奏着悠扬欢快的歌曲，李斯面对眼前钟鸣鼎食、热闹繁盛的景象，却感受不到一丝一毫的喜悦。乐曲越是欢快，他的内心越是伤感，不禁喟然长叹，发出一番感慨。

"哎呀！当年我求学于兰陵，有幸聆听恩师荀卿的教诲，他告诫我，一定要谨记'物禁大盛'的道理。当时我还年轻，不能领会其中深意，转眼间数十年就这么过去了。

"说起来，我李斯原本只是上蔡的一介布衣，混迹于闾巷的小小庶民，得遇皇恩浩荡，陛下不了解我的驽钝无能，将我擢升至丞相之位。放眼当今朝廷，做大臣的人里面，大概没有人地位居于我之上，可谓荣华富贵到极点，这是好事吗？

"诚如荀卿所言，'物禁大盛'，物极则衰，此乃天地之常理，不可违逆。人这一生啊，如同一辆一直往前行驶、不能回头的马车，我不知道它最终将驶向何方，我的归宿在哪里？"（嗟乎！吾闻之荀卿曰"物禁大盛"。夫斯乃上蔡布衣，闾巷之黔首，上不知其驽下，遂擢至此。当今人臣之位无居臣上者，可谓富贵极矣。物极则衰，吾未知所税驾也！《史记·李斯列传》）

李斯从一个不得志的基层小吏，一步步往上爬，官运亨通，权倾一时。此刻，他站在高高的山巅之上，茫然无措。他知道，再往前踏出一步，便是万丈深渊。

主人意兴阑珊，宾客难以尽兴，宴会很快不欢而散。

夜深了，李斯和李由父子难得相聚，秉烛夜谈。

"父亲寿诞，百官来贺，门庭若市，好不热闹，应该开心才是，父亲何故伤感？"

李斯深叹一口气："热闹都是别人的，物禁大盛，今日门庭若市，明日便门可罗雀，今日越是热闹，明日越是凄凉。"

"父亲可是还在担心梁山宫之事？此事我也听说了，是不是圣上……"李由何其敏锐，一下子就抓住李斯恐惧的根源。

"为君不易，为臣也难哪！"李斯摆了摆手，示意李由点到为止，不要再往下说。

"父亲侍奉圣上数十年，我相信，父亲的忠心，日月可鉴，圣上一定是知道的。圣上向来信任、倚重父亲，父亲不必太过忧虑。"

"信任？信任……"李斯喃喃自语，思绪万千。

李斯这一生，对他影响最大的人无疑是嬴政，回顾三十多年在秦国的从政生涯，君臣二人之间的复杂关系，有时候连当事人都感到困惑。

李斯在嬴政十三岁登基那年来到嬴政身边，经历了平定嫪毐之乱、吕不韦罢相、逐客风波、兼并六国，逐渐成为嬴政的头号辅政大臣。他们是亲密的战友、志同道合的知己、帝王与帝王师，共同开疆拓土、建功立业。

与此同时，他们是权力博弈的君臣，臣下揣摩上意，君王猜疑权相，互相猜忌、防范，彼此之间并没有真正的信任。李斯对嬴政，忠诚、敬服、畏惧，君心似海深，他与嬴政的距离时近时远，若即若离。

伴君如伴虎，危机从来没有消失，只是潜藏在深海之下。七十岁的李斯不得不思考人生的归宿。功成身退，衣锦还乡，当然是最为理想的结局，可是做到急流勇退谈何容易？奋斗一辈子打下的基业，这是他的富贵"粮仓"，他舍得吗？况且，如今他已经不是孤身一人，他背后还有一个庞大的家族，从丞相之位退下，家族众人便失去庇护，哪能轻易说退就退？李斯深切感受到某种身不由己、无可奈何。

一直以来，李斯总有一种患得患失的心态，总觉得眼前的热闹繁盛并不真正属于自己。他又想起上蔡郡府里的那两只老鼠，如今他已经如愿成为衣食无忧的"仓鼠"，内心深处恐惧沦为"厕鼠"的不安并没有消散。

水满则溢，月满则亏。眼前的荣华富贵，那么虚无缥缈，随时可能烟消云散，如同空中楼阁，顷刻间说坍塌就坍塌。

热闹背后，尽是虚空。浮华之下，一片荒凉。

第九章

李斯的抉择：沙丘政变

不祥的诅咒，最后的巡游

时间来到秦王政三十六年（前211年），这一年，离奇诡异的事情接连发生，它们有一个共同点，全都指向秦始皇的生死问题，为危机四伏的秦帝国笼上了一层晦暗的阴影。

据史书记载，"秦始皇三十六年，荧惑守心"。（《史记·秦始皇本纪》）

奇异天象出现，负责观测天象的太卜不敢隐瞒，立刻上报。

嬴政问："什么叫'荧惑守心'？"

"赤红的星辰，运行到心宿旁边，与心宿交相辉映，熊熊荧荧，长久不息，是为'荧惑守心'。"

古人将火星称为"荧惑"，火星外观呈现明亮的红色，荧荧似火，所以叫"荧"；火星运行极不规律，轨迹变幻莫测，令观测者感到困惑，所以称"惑"。"心"指心宿，二十八星宿之一，由三颗星星构成，西方称为天蝎座。当火星运行到天蝎座三星周围，并且停留一段时间的时候，古人将这一天象称为"荧惑守心"。

"'荧惑守心'，有何寓意？"

"臣不敢隐瞒，此天象大不吉，预示'大人易政，主去其宫'。"

火星看起来熊熊燃烧的样子，被视为不祥，象征旱灾、战乱、疾病、饥荒。古人认为，心宿三星中间最亮的一颗代表皇帝，另外两颗代表太子和庶子。火星留守在心宿周围，预示着大人物不再当政，君主将离开他的宫殿。说白了，荧惑守心象征天子陨落，是极为险恶的凶兆。

嬴政怏怏不乐，说："天象虚渺，太卜又老迈，莫不是看花了眼？"

"天象示警，攸关江山社稷，老臣不敢看花眼，更不敢胡言。"

嬴政脸色沉下来，郁郁寡欢，良久无言。

如果说，天上的星辰多少显得虚无缥缈、遥不可及，那么一颗从天而降的陨石，结结实实地砸在大秦的土地上，也砸在嬴政的心头。

同年，一颗陨石坠落于东郡。陨石倒不稀奇，当时的人已经见过，可这陨石上头竟然刻有七个大字，非同小可，每一个瞧见的人无不骇然，张大嘴却不敢读出声来。

东郡的郡守进京汇报，也是瞻前顾后、语焉不详。

"天降巨石，石上刻有文字，却没有人告诉朕，上头到底刻了什么？"

嬴政这个再简单不过的问题，令东郡郡守犯了难："微臣……微臣不敢说……"

"有什么不敢说的！朕恕你无罪。"

郡守鼓足勇气，几次开口，话到嘴边又咽了下去，半天吐不出一个字来，额头上早已热汗涔涔。

越是如此，越令嬴政好奇石头上究竟写了什么。

丞相李斯出了个主意："既然说不出口，写下来便是。"

郡守长舒一口气，跪在地上，执笔的右手抑制不住地颤抖，歪歪扭扭地在竹简上书写，汗如雨下，滴在墨迹未干的竹简上，晕开了凶险不祥的文字。

"传上来，让朕瞧瞧，究竟是什么了不得的惊人之语……"嬴政接过竹简一瞧，脸上霎时间染上一层严霜。

"始皇帝死而地分！"

"大胆！"嬴政将竹简狠狠摔在地上。

郡守急忙说："陛下恕罪！东郡民议沸腾，都说天降怪石，带来上天旨意……微臣不敢隐瞒，特来汇报……"

"上天旨意？哼！朕就是天！"嬴政转头问李斯，"你怎么看？"

"必定是别有用心之人装神弄鬼，从中作祟。这当然不是什么上天旨意，而是犯上作乱者暗中在巨石上刻字。"

嬴政点点头："妖言惑众，罪无可恕！马上彻查，将幕后主使抓起来！"

李斯说得没错，天降陨石，有人借此机会，刻下谶语，不仅诅咒始皇帝将死，而且预言嬴政死后天下将重新分裂。"地分"二字巧妙地一语双关，陨石坠落，撞击大地，使土地开裂，同时也隐喻大秦国土四分五裂。

对嬴政而言，这是恶毒的诅咒、猖狂的挑衅，绝不能容忍。他派出御史前往东郡抓人，御史四处搜捕，动用了所有调查手段，还是一无所获。

"废物！全都是废物！查不到，就全部抓起来，通通杀光！"

始皇帝冲天的怒火之下，陨石周边居住的庶民全部被杀害，那块不祥的陨石被烧毁。

民众借天降陨石，对暴君发出怨毒的诅咒。暴君可以烧毁陨石，但烧不掉百姓心中对暴政的怨怒与仇恨。

怪事一桩连着一桩，这一年秋天，一位使者奉皇命前往关东办事，回来之后，向嬴政报告了一件奇人奇事。

在回咸阳复命的路上，使者赶夜路途经华阴道，被一人拦下。此人面目寻常，平平无奇，手持一块璧玉，对使者说："请替我将这块璧玉交给镐池君。"使者接过璧玉，那人又神经兮兮地冒出一句："今年祖龙将死。"（有人持璧遮使者曰："为吾遗镐池君。"因言曰："今年祖龙死。"《史记·秦始皇本纪》）

这话没头没尾，令人费解。使者一头雾水，正欲追问详情，一抬头，那人已消失在苍茫夜色之中。稀朗的月光下，璧玉皎洁冰冷，透着阵阵寒意。回到咸阳后，使者奉上璧玉，如实禀报。

送璧者是谁？为什么送璧？璧玉从哪里来？为什么要交给水神镐池君？祖龙又指什么？为什么今年祖龙将死？有太多的谜团需要破解。

嬴政将璧玉小心翼翼地拿在手中，仔细察看，上面没有文字，也没有什么奇异图纹，就是一块寻常的玉石。嬴政失了魂似的，沉思良久，好像在对使者说话，又像喃喃自语："你一定是遇到了山鬼，不过这山鬼，只能预知一年之内的事情。"后来，使者退下，嬴政又没头没尾地说了一句："祖龙，应当是指人类的先祖。"（始皇默然良久，曰："山鬼固不过知一岁事也。"退言曰："祖龙者，人之先也。"《史记·秦始皇本纪》）

嬴政显然对"今年祖龙死"这句话耿耿于怀。他拒绝承认，祖龙指向的是他本人，不愿承认这是诅咒皇帝的谶语。他先断言使者遇到的是山鬼，而山鬼只能预知一年内的事情，呼应"今年祖龙死"中的"今年"，再认定祖龙代表人类祖先，其实都是在自我安慰。

"祖"的确可以理解为祖先、始祖，可"龙"作为君主、皇帝的象征，又怎能掩耳盗铃、视而不见呢？

怪事远没有结束。璧玉交由御府查验，看看有什么稀奇古怪之处，御府中的一名守吏一见此玉，大惊失色。

"臣认得此物！此玉乃御府旧物。"

守吏言之凿凿，说起此玉的来由。秦王政二十八年（前219年），嬴政第二次巡游，东渡长江，曾将一块璧玉投入水中，祭祀水神。那守吏当时负责保管此玉，因此识得。

嬴政不愿相信："无稽之谈！一派胡言！沉水之玉，怎会……怎会在此？"

"下臣不敢妄言欺君！此玉正是当年祭祀水神之物，小人不会看错……"

较为合理的推断是，十年前祭祀沉江的璧玉，被别有用心之人打捞起来，又通过使者送回到嬴政面前。其目的当然不是送玉，而是对嬴政说出"今年祖龙死"这句不祥之语。这就能解释，使者遇到的送璧人为什么说"请替我将这块璧玉交给镐池君"，镐池君正是传说中的水神，既然是祭祀水神之物，自然要归还水神。

种种不祥的谶语、诡谲的歌谣、荒诞不经的传言，背后都是民心的投射，都是百姓深重的怨与恨。

这些年来，嬴政的身体状况越来越差，人也变得越来越迷信，对于神鬼之事，愈发深信不疑。

"速召方士，算卦卜吉。"

精通卜筮的方士就沉璧一事算了一卦，给出的卦辞只有三个字："游徙吉"。意思是，皇帝巡游，百姓迁徙，做到两件事，方能趋吉避凶。

嬴政下令，将内地三万户百姓，强行迁徙到北河、渝中，算是完成了"徙"。至于"游"，同样不敢怠慢。秦王政三十七年（前210年）十月，新年伊始（秦历以十月为一年之始），嬴政开启第五次也是最后一次巡游。

秦始皇登基后的每一次出巡，左丞相李斯都未曾缺席，他肩负着一项重要任务——在巡游途中撰写碑文、立石刻碑，歌颂始皇帝的丰功伟绩。

嬴政的小儿子胡亥主动要求同行。秦始皇一共有二十几个儿子，长子扶苏因为数次直言劝谏，被嬴政打发到上郡做监军，与将军蒙恬一起戍守边境。其他儿子当中，嬴政最宠爱胡亥，爽快地答应了他随行的请求。这一次巡游，除了胡亥，没有其他皇子随行。（始皇有二十余子，长子扶苏以数直谏上，上使监兵上郡，蒙恬为将。少子胡亥爱，请从，上许之。余子莫从。《史记·李斯列传》）

此时胡亥二十岁左右年纪，关于他少年时期的事迹，后人知之甚少，只有一件踢鞋的小事流传下来。有一回，秦始皇设宴招待群臣，胡亥奉命赴宴。这位不安分的顽皮少年借故离席，来到殿门外，瞧见群臣的鞋子整整齐齐地排列着。按照当时秦宫的规矩，大臣进入宫殿之前必须把鞋子脱下，安放在殿门外。胡亥不知是撒酒疯，还是顽劣成性，抡起大脚，将鞋子踢得横七竖八，搞得一团乱，才心满意足地离开。"踢鞋"固然是件小事，史官唯独将这件小事记录在册，这是春秋笔法，其中暗含对胡亥不守规矩、恣意妄为的批评之意。少年时，他将整齐摆放的鞋子踢得一团乱；成年后，他也将国家搞得一团糟。

还有一位随行的关键人物与胡亥关系密切，名叫赵高。赵高身兼多重身份，正式的官职是中车府令，掌管皇帝的车马，同时他还是奉嬴政之命教授胡亥法律知识的老师。谁也没想到，这个看似不起眼的小角色，却在这趟幽暗的旅程中，彻底改写了历史。

嬴政最后一次大规模出行，在五次巡游中历时最长、行程最远，从北国到江南，从西部边陲到东海之滨，足迹踏遍大半个中国。他先是来到湖北云梦，然后前往湖南九嶷山，祭祀虞舜；再乘船沿长江而下，来到浙江钱塘江，登上会稽山，祭祀大禹，并在此立石刻碑，歌颂秦德；离开吴地，沿着东海边一路北上，前往山东琅琊。

在琅琊，方士徐福求见。

嬴政上一次在咸阳见到徐福，还是九年前。这九年来，徐福当然没有找到什么长生不死的仙药。他虽然远在琅琊，一定也听说了两年前卢生、侯生的出逃引发的坑儒事件，当时嬴政痛骂的一批人当中，也包括徐福。这回始皇帝御驾亲临，来到琅琊，徐福意识到，躲是躲不掉了，倒不如主动求见，孤注一掷，看能不能寻得一线生机。

"臣徐福叩见吾皇陛下！"

嬴政冷笑道："好一个不知死活的徐福，竟然还有脸来见朕！历时九年，耗资甚巨，朕就问一句，仙药何在？"

"请陛下恕罪，陛下有所不知，九年来，臣兢兢业业，一刻也不敢懈怠，只是……只是……"徐福做出为难的样子，"本来，臣与海中大神都商量好了，蓬莱仙山上的神药已经唾手可得，可没想到，每次出海都遇到巨大的鲛鱼水怪。大鲛鱼掀起惊涛骇浪，可把臣给害苦了呀，想尽办法都靠近不了蓬莱仙山。如今陛下御驾亲临，臣之大幸啊！恳请陛下赏赐一批善于射箭的武士，随臣一同出海，倘若再遇鲛鱼，便以连弩射杀。"（蓬莱药可得，然常为大鲛鱼所苦，故不得至。愿请善射与俱，见则以连弩射之。《史记·秦始皇本纪》）

又是一套精心编织的谎言，嬴政将信将疑。那天夜里，他做了一个怪梦。梦中，嬴政孤身一人，立于苍茫大海之上，瞧见海神从海底现身。海神依稀长着人的模样，高大如山，面目模糊。还没等嬴政开口，海神不由分说向他发起攻击，在滔天巨浪之中大战百余回合，不分胜负。

梦醒之后，嬴政回味许久，不解梦中深意，找来随行大臣中一位精通解梦的博士，请他解一解，此梦是凶是吉？

博士说："圣上梦中所见，恐怕并非海神。海神常年隐匿在深海里，轻易不可见。但海神时常派出大鱼、蛟龙作为他的先导，圣上所见，可能是大鱼、蛟龙幻化而成的人形。这些年来，圣上祭祀水中神灵，礼仪一向恭谨，祝祷一向虔敬，真正的海神对圣上应当没有恶意，与圣上为敌的恐怕是大鱼、蛟龙这些恶神。如今有此恶神，应当速速除去，恶神一除，善神自然现身。"（水神不可见，以大鱼蛟龙为候。今上祷祠备谨，而有此恶神，当除去，而善神可致。《史记·秦始皇本纪》）

"没错！恶神不除，朕寝食难安！"

嬴政的怪梦、博士的解语，与徐福的鲛鱼之言相互印证，嬴政又一次相信徐福的鬼话，派人四处搜罗捕杀大鱼的工具，亲自学习连弩的使用方法，学成之后连弩不离身，随时准备与海怪一战。

皇帝车驾离开琅琊继续北上，在芝罘这个地方，果然瞧见一条大鱼沉浮于海上。嬴政认为，那一定就是鲛鱼海怪，张弓搭箭，以连弩射杀。"恶神"已除，秦始皇心满意足，继续巡游的旅程。

至于徐福，嬴政命他继续出海寻药。徐福带走三千童男童女、百工、五谷，从此彻底消失。徐福究竟去了哪里？有人说是朝鲜半岛，有人说去了日本，众说纷纭，成为一个千古之谜。他向嬴政索要的人与物，倒是留下一些值得玩味的线索，譬如索要童男、童女是为了繁衍后代，要谷物种子是为了开垦种植，需要各种工匠是为了从事手工业生产。看来，徐福为远游不归、在大海之外的某处开辟独立王国，早早做足了准备。

话说嬴政在芝罘连弩射鱼之后，取道临淄，往西走，渡过黄河，来到平原津（今山东平原县）。在这里，嬴政病发。

古代皇帝的疾病状况，不仅仅是皇帝个人的健康问题，更事关国家社稷。作为最高机密，向来讳莫如深，只限于皇帝身边极少数核心人物知晓内情。

死亡是嬴政最大的忌讳，他不愿意听到"死"这个字，一听到就要发怒，发怒就要杀人。随行的官员没有人敢提一个"死"字，更没有人胆敢擅自谈论皇帝的病情。（至平原津而病。始皇恶言死，群臣莫敢言死事。《史记·秦始皇本纪》）

嬴政的身体越来越虚弱，不得不有所行动，他命令上卿蒙毅前往各处祭祀山川之神，为自己祈福，向神明祈求延续他的生命。

蒙毅领命而去，巡游的车队离开平原津，继续往西走，来到巨鹿郡的沙丘平台（今河北邢台市广宗县境内）。黄河上游的泥沙在这里堆积，河床干涸，留下堆积的沙土，所以名为"沙丘"。此处有一座战国时期赵国国王修建的行宫（帝王出行临时居住的宫室），是驻扎休整的好地方。

秦始皇的车队在沙丘停下，历史的车轮也在这里停下。

秦始皇驾崩，李斯秘不发丧

死神的脚步在逼近，嬴政能感觉到。

无人敢言"死"，不代表死神的脚步会停歇。对于自己的身体状况，嬴政本人最清楚，他能听见身体在大声呼救，巨大的病痛折磨着他，信号很清晰，他已经病入膏肓，生命正在一点一点地衰败、耗竭。

嬴政感觉到，他精神意志与肉身似乎分离开来，他的灵魂眼看着自己的身体不可遏止地衰败下去，毫无办法。这位不可一世、无所不能的帝王，在这场与死神的斗争中败下阵来，不得不承认自己大限将至、时日无多。

病榻之前，嬴政传召李斯和赵高。他抬起手，指着赵高："你……替朕拟一份诏书。"

"陛下想要传诏于何人？"赵高轻声问。

这个问题的答案关系着帝国未来的命运，李斯和赵高都屏住呼吸，时间在那一刹那静止，显得如此漫长。

"扶苏。"嬴政几乎是用气息吐出这两个字，声音虽然微弱，但十分清晰，"传朕的诏令，边防军务交由蒙恬全权负责，公子扶苏即刻启程，速回咸阳，主持朕的丧葬诸事。"（始皇帝至沙丘，病甚，令赵高为书赐公子扶苏曰："以兵属蒙恬，与丧会咸阳而葬。"《史记·李斯列传》）

嬴政一直没有册立太子，继承人始终悬而未决。依照惯例，国君的葬礼由太子、储君主持，指定扶苏主持葬礼，可以理解为指定他作为继承人。

最大的悬念尘埃落定。一边是成熟稳重、颇得人望，但是政治观念与嬴政存在差异的扶苏；另一边是日渐受父皇宠爱，但终究年少、看不出什么大才干的胡亥。二人之间，为国家考量，嬴政最终还是选择扶苏。

嬴政意识到他很可能死在巡游路上，撑不到回咸阳的那一天，所以尽早交代后事。如果他真的死在途中，遗体也必定要回到咸阳。他要求扶苏即刻从上郡启程，回咸阳与他的灵柩会合，主持国丧。

这大概是嬴政第一次也是唯一一次，主动谈及自己的死亡。赵高扑通一声在嬴政榻边跪下，哭嚷道："陛下洪福齐天，万寿无疆，怎会……"

嬴政嘴角挤出一丝冷笑："什么万寿无疆！什么蓬莱仙山！什么灵丹

妙药！全都是骗人的鬼话，朕听得够多了！朕这一生，是斗争的一生，与天斗，与地斗，与人斗，朕喜欢争斗，唯有争斗才能分出高下、决出胜负。朕一辈子从来没有败过，可最后……最后还是败给了病、败给了死……"

赵高惶惶然磕头不止，不敢再多言，跪在御榻之前，摊开帛书，奋笔疾书，很快拟好诏书。

嬴政看过之后，点点头，说："御玺……"

皇帝的御玺由赵高负责保管，他取出御玺，在帛书上盖印，诏书这就拟好了。这份至关重要的文书交给赵高代为保管，由他安排使者发往上郡。

这些年来，对于死亡的恐惧像是一座巨大的牢笼，将嬴政困住。如今，死亡迫近，嬴政承认自己终有一死的事实，诚实地面对死神，他忽然在某一瞬间感受到自由，牢笼消失了，这辈子少有的坦然和平静降临。

"赵高，去把诏书收好……"

赵高在嬴政身边服侍多年，迅速会意，捧着诏书退出去，屋内只有嬴政和李斯二人。

"丞相……"

"臣在。"李斯此时的心情如潮水汹涌，久久不能平静。

"丞相在朕身边，多少年了？"

"陛下登基为秦王那一年，臣孤身一人来到咸阳。如此算来，臣有幸侍奉陛下，整整三十七年了。"

"还记得三十七年前，你我初次相识、长谈的情形吗？"

"怎能不记得？当时，陛下少年风华，臣三十有余，正当壮年，一腔热血，与陛下高谈阔论，纵论万世之一时，如今想起来就像是昨天的事情……"

"转眼已经三十七年了，白驹过隙呀，快瞧瞧，丞相都老成什么样啦！"

"臣老迈衰颓，早已半只脚踏进棺材，大概命不久矣！"

"你还不能死，朕不准你死。三十七年来，丞相替朕办了许多大事，尽忠职守，功成不居，这些朕都知道。如今，朕还有最后一件大事，要交给你去办。"

李斯强忍心中悲怆，哽咽道："臣一定鞠躬尽瘁，尽心竭力！"

"替朕，好好辅佐扶苏。"

李斯跪地叩首，郑重回答："臣谨受命！"

嬴政颤巍巍地抬起右手："李斯，你近前来。"

李斯往前凑近，跪在床榻边。在他的印象中，他们二人之间的距离从来没有这么近过。哪怕面对的是奄奄一息的将死之人，李斯依然不敢直视秦始皇。

"李斯，朕百年之后，你受命辅政，朕大体是放心的，但有一点要提醒你。你我君臣一场，相交近四十年，满朝文武数你最了解朕。同样，朕也最了解你。你这个人呀，才气、见识俱佳，智计、韬略一流，唯一的缺点是什么，你知道吗？"

嬴政直视李斯的眼睛，李斯迅速低下头，回避始皇帝的目光。

"臣愚钝，请陛下指正。"

"你唯一的缺点，是心中始终存有一份怯懦。以前有朕在，不要紧，误不了事。将来朕不在了，李斯，你要有所担当啊！"

"陛下教训得是，陛下信任李斯，李斯必不负陛下重托！"

"信任？信任可是比金子还要贵重的东西。朕不信任任何人，从十三岁当上秦王的那一天起，朕就不再完全相信任何人。自古以来，真正的帝王都是孤家寡人，帝王从来是孤独的。可如今，上天要带走朕，朕只能相信你。李斯，你担得起朕的这份信任吗？"

那一刻，李斯忽然热血上涌，双手不禁抓住嬴政的右臂，说："老臣拼上这把老骨头，粉身碎骨，肝脑涂地，也要对得起陛下的信任！"

嬴政轻轻点头："朕虽然不轻信任何人，不能与任何人交心，但对你李斯，终究与对别人不同。朕的公主嫁到你家，朕的皇子迎娶你的女儿，不是为了以姻亲作为交换，换取你的忠诚，是因为什么，你懂吗？"

"因为……因为陛下倚重老臣，看得起老臣……"

"是因为朕把你当成一家人！你是朕的姻亲，朕的老师，朕的丞相，朕的左膀右臂，说到底，不是朕的外人……"

嬴政的声音越来越微小，人越来越衰弱，像一缕火苗渐渐熄灭。李斯泣涕涟涟，无语凝噎。

秦王政三十七年（前210年），"七月丙寅，始皇崩于沙丘平台"。（《史记·秦始皇本纪》）

嬴政十三岁成为秦王，三十九岁一统天下，成为秦始皇。统一全国十一年后，嬴政撒手人寰，享年四十九岁。

嬴政不是死在深宫内苑，而是巡游途中，由于这一特殊情况，李斯得以目睹嬴政的死亡。李斯眼见侍奉了三十七年的君主，无所不能的始皇帝，就这样在自己面前咽气，如同一个普通的老人，心中不知作何感想。要知道，这一年，李斯已经七十多岁，对于近在咫尺的死亡，或许更有一番深刻的感受。

李斯没有时间沉浸在悲伤之中，嬴政的死亡太过突然，令人猝不及防。只要嬴政还活着，他就是绝对的权威。但嬴政一死，新君未立，急需新的"权威"，带领巡游车队继续往前走。左丞相李斯作为车队里最位高权重的大臣，成为接下来这段过渡时期拍板做决定的人。

李斯效忠嬴政三十七年，一直是辅佐、参谋的角色，只负责提供他的意见和建议，由嬴政做出最终的决策。此时不同了，李斯必须独自面对一个又一个难题，由他来做决定。

首先面对的问题是，秦始皇驾崩的消息要不要对外公布何时公布，以及如何公布。

如此重大的消息早晚都会公之于世，瞒是瞒不住的，关键在于公布的时机。如果嬴政像大多数帝王一样死在皇宫里，事情就好办得多。此时特殊情境在于，嬴政死在巡游途中，皇帝遗体被运回咸阳尚需时日，不是两三天可以办到的。此外，虽然嬴政立下遗诏，钦点了继承人，但是公子扶苏远在北方边境，等他火急火燎地回到咸阳，少说也需要一两个月的时间，情况于是复杂起来。

李斯意识到，接下来这一个月是大秦帝国没有皇帝的"空档期"，充满各种变数和不确定性，这段时间尤为关键，也十分凶险。

李斯设想，如果此时贸然发布皇帝驾崩的消息，会出现什么结果？这么做无异于引爆一颗惊雷，一定会导致天下大乱。

首先，乱在咸阳、乱在皇室。还没等巡游车队、公子扶苏回到国都，咸阳城估计早就闹翻天。诸公子当中如果有人觊觎大位，势必趁着这大好时机篡位夺权，进而引爆残酷的宫廷斗争。

嬴政临终才指定继承人，实在太晚了。李斯考量的关键点，就是大秦"无真太子"。（李斯以为上在外崩，无真太子，故秘之。《史记·李斯列传》）嬴政直到死前，都没有册立朝廷与宗室公认的正式储君，所以说没有"真太子"。没有名正言顺的"真太子"，意味着诸公子谁都有争夺大位的机会。嬴政临终之际着急忙慌地选定扶苏，太过于仓促突然。而且只有李斯和赵高知道，王室、朝廷方面是否心悦诚服，还需要打一个问号。这一切，都是变数。

嬴政有二十多个儿子，生前为什么不立太子？始皇帝没有公开谈论过这个问题，后人只能试着揣摩他的心思。有一种观点认为，或许嬴政始终相信他能够长生不死，所以不必立储。又或者说，即便他内心深处对能否永生有所怀疑，但一立储就意味着承认自己终有一死，不愿立储，是不愿意面对这一终将到来的结局，这是一种颇为微妙的心理感受。另外，二十多个儿子当中，嬴政最器重的应当是长子扶苏，可惜在焚书坑儒事件中，扶苏选择站在嬴政的对立面，被打发到北部边郡做监军。太子热门人选一走，立储之事也就搁置起来。

李斯还考虑到，贸然宣布皇帝驾崩，不仅王室会乱，全国上下恐怕都将乱作一锅粥。这些年，严刑峻法、繁重徭役之下，民怨沸腾，受苦受难的民众一旦得知始皇帝死了，仇恨之火会不会越烧越旺？会不会趁机造反？还有，各地郡县原来都是六国故土，六国虽然灭亡，但那些旧贵族却阴魂不散，潜伏在暗处，伺机复仇。嬴政生前多次遭遇刺杀，背后就有六国势力幽灵般的影子。到时候，这个脆弱的帝国将乱成什么样子，李斯越想越害怕。

在权力交接的过渡时期，稳定是第一要务。李斯做出重要决定：秘不发丧。（丞相斯为上崩在外，恐诸公子及天下有变，乃秘之，不发丧。《史记·秦始皇本纪》）

"秘不发丧"的具体细则如下：此时知晓嬴政死讯的人，只有李斯、赵高、胡亥，以及贴身服侍皇帝的宦官，总共五六人。秦始皇驾崩的消息不能对外扩散，必须严密封锁。等到巡游车队运载嬴政遗体回到咸阳，公子扶苏应该也已经受诏归来，那就按照始皇帝遗愿，由扶苏主持丧事，正式继位。皇位的承继顺利完成，过渡时期结束，李斯肩上的重担也就卸下来了。

接下来的问题是，秘不发丧，怎么瞒？瞒得住吗？

为了瞒天过海，李斯做了三件事。第一件事，让秦始皇"活"过来。

嬴政所乘坐的"辒辌车"，是一种密闭的厢形车，车内可以躺卧，两边有窗，开窗通风凉爽（辌），关窗密闭温热（辒），通过开闭窗户来灵活调节温度。嬴政的遗体依然安置在辒辌车里，李斯找来贴身服侍皇帝的宦官。

"从今日起，你在这辒辌车中，好生伺候大行皇帝，不得离开车厢半步。每日送来的餐食由你代食，百官奏事，由你代为回应。"

"奴臣惶恐，不知如何应答？"

"怕什么！只要不是哑巴，能说一个字就行。"

那宦官成为嬴政的影子，百官群臣每天依然能够看到辒辌车中"嬴政"的剪影。官员们照常奏事，剪影端坐在车里，听完汇报，不管什么内容，只说一句"可"，不再多说半个字。（棺载辒辌车中，故幸宦者参乘，所至上食、百官奏事如故，宦者辄从辒辌车中可其奏事。《史记·秦始皇本纪》）

这个诡计乍一看风险极高，很容易败露，但最终成功瞒天过海，究其原因，与嬴政晚年古怪的作风有关。自从受了方士蛊惑，嬴政变得行踪不定，不愿见人，越来越少与众臣面对面接触。众臣对此早已见怪不怪，当他们跪在车外，瞧见车内隐隐约约的剪影，见不到皇帝真容，听不到皇帝多说话时，并不觉得有什么异常，更想象不到那剪影并非嬴政本人。

第二件事，李斯必须解决一个新问题：尸身的腐臭。

时值盛夏，正是一年中最炎热的时候，嬴政的遗体一天天腐烂，散发出阵阵刺鼻的臭味，就算是辒辌车可以调节温度也不管用。

这时候，机敏的赵高出了个"以臭乱臭"的主意，既然臭味不可消除，那就索性弄来一车臭咸鱼，紧跟在辒辌车后面，两种味道混杂在一起，以咸鱼的臭味掩盖尸体的臭味，也掩盖着皇帝驾崩的秘密。

最后一件事，李斯决定，巡游车队返程路线不变。

一切安排妥当，事不宜迟，赶快出发。这支臭不可闻的车队，并没有着急赶回咸阳。李斯考虑到，这样浩浩荡荡的车驾，不论走到哪儿都引人注目，没有任何隐蔽的可能。为了不让外界瞧出什么异样，车队遵照此前定下的路线继续巡游，一路北上来到九原郡（今内蒙古包头），然后才加快速度，返程回咸阳。

先帝驾崩，新皇未立，突然出现巨大的权力真空，最容易滋生祸乱。面对极大的风险和不确定性，李斯作为过渡时期的掌舵人，如同在钢索上行走。他考虑得如此周密妥帖，事无巨细，煞费苦心，体现出一名政治家应对危机的果决与老到。

然而，情势瞬息万变，并没有按照李斯预设的轨道发展。此时此刻，帝国的命运，历史的走向，都系于这支缓缓前行的车队。车队之中，有人心怀不轨，蠢蠢欲动，想要操控历史车轮前行的方向，想要让它偏离嬴政、李斯所主导的路线。

轮到赵高粉墨登场。

赵高的阴谋，李斯的抉择

赵高何许人也？关于他的出身背景，迷雾重重。

据记载，赵高的祖先是赵国王室，但他们家是赵国宗室较为疏远的一支。赵高的父亲因为什么来到秦国，入秦后做了些什么，已无从知晓。人们只知道，他的母亲因为触犯法律，受过刑罚，刑满释放后留在"隐宫"。

隐宫是朝廷用来安置刑满释放人员的作坊，犯人出狱后可以在里面劳作。赵高的母亲刑满后留在隐宫做苦力，赵高和他的几个兄弟全都在隐宫出生、长大。（赵高者，诸赵疏远属也。赵高昆弟数人，皆生隐宫。其母被刑僇，世世卑贱。《史记·蒙恬列传》）

赵高虽然祖上与赵国王室沾亲带故，但到他这一辈，沦落异国，地位卑贱，作为苟活于隐宫的囚犯之子，境遇恐怕连庶民都不如。

赵高从小混迹于隐宫这样鱼龙混杂的环境里，从社会底层拼杀出一条发迹之路。秦国最重视司法刑律，赵高勤奋好学，精通律法，成为一名刀笔吏。精明强干的他，很快受到嬴政赏识，被调到宫廷内任职，来到皇帝身边。

赵高出任中车府令，负责管理皇宫的车马，安排皇帝出行事宜。中车府令虽然只是九卿中太仆的属官，官位职级不高，但近水楼台，与皇帝十分亲近，只有深受秦始皇信任的人才能担当这一职位。

还有一件事，可以看出嬴政对赵高的倚重。赵高虽然精通律法，却知法犯法，曾经被捕入狱。具体所犯何事，又是一个记载缺失、无处查证的谜团。可以确定的一点，他所犯下的罪行可不小，属于该当杀头的级别。

此案交由大臣蒙毅审理，蒙毅不敢枉法，判处赵高死刑。命在顷刻之际，嬴政把他从悬崖边上拉了回来。赵高是个难得的全才，像他这样精通吏治、法律、驾御、书法等多项技能的人并不多见，始皇帝爱惜他的才干，赦免他的死罪，职位不变，仍然出任中车府令。后来，嬴政还安排赵高担任公子胡亥的老师，负责教导胡亥法律知识，时间一长，师生二人建立起深厚密切的关系。

关于赵高，还有一个关键点存在疑问，那就是，赵高到底是不是太监？这一问题尚有争议。站在秦始皇身边那个卑微又狡诈的阉人形象，已经成为不少人对于赵高的既定印象，但这很有可能是对史书记载的误解。史书中的确记载了赵高是"宦者""宦人"，但在秦汉时期，"宦者"一般指在宫廷内任职的人，例如皇帝身边的亲近内侍，并不一定指太监。此外，《史记》中记载，赵高有一个女婿，他将女儿嫁给咸阳令阎乐，阎乐后来还参与了赵高发动的宫廷政变，这也是一个赵高很可能不是太监的佐证。

无论如何，赵高这个地位不高、此前一直不太受关注的小人物，却在秦始皇驾崩之后，掀起滔天巨浪。

先帝驾崩，新君未立，正是兴风作浪的最好时机。嬴政死后，赵高的心一直不能平静，他看到了巨大的机会，一辈子只此一次的机会。

赵高的野心伴随着危机感，他在心里盘算：如果一切依照嬴政生前的安排，由公子扶苏继位，扶苏与蒙恬亲近，到时候势必重用蒙氏兄弟。而他作为公子胡亥的老师，向来与扶苏没有什么交往，此前更是因为蒙毅依法惩办他这件事与蒙氏一族结下梁子。扶苏上位，他赵高捞不到什么好处不说，很可能连眼前的荣华富贵都保不住。

如果胡亥继位，那么一切就都不一样了，这个念头在赵高脑中一扎根便再也挥之不去。赵高颇受胡亥信任，立胡亥为皇位继承人，一人得道鸡犬升天，对于赵高自然是重大利好。（高雅得幸于胡亥，欲立之，又怨蒙毅法治之而不为己也，因有贼心。《史记·蒙恬列传》）

赵高惊喜地发现，眼前的局面对他而言，天时、地利、人和兼具，"简直天助我也！"

秦始皇突然驾崩，这是"天时"。

因为事发突然，李斯选择秘不发丧，只有少数几个人知道这个绝密消息，赵高作为嬴政近侍，正是其中一位。利用信息不对称，大有文章可做。更重要的是，皇帝的御玺，以及赐予扶苏的遗诏，这两件关键之物全都在赵高手上。遗诏是嬴政口授，由赵高亲笔所写，只有李斯和他亲眼见过遗诏长什么样、写了些什么，这为赵高尝试篡改遗诏创造了极为有利的条件。

秦始皇驾崩于巡游途中，这是"地利"。

一则，皇帝死在路上，回到咸阳尚需时日，为赵高发动政变留出了充裕的时间。再则，比起戒备森严的皇宫，在长途跋涉的巡游车队里干点儿什么坏事，可要容易得多。

胡亥的在场，蒙毅的缺席，这是"人和"。

先说胡亥。胡亥是此次巡游唯一一位随行的皇子，扶苏不在场，这为册立胡亥提供了大好条件。而且，胡亥对赵高言听计从，易于操控。

再说蒙毅。蒙毅贵为上卿，深受始皇帝信任，原本一直陪同巡游，不离嬴政身侧。偏偏在不久前，蒙毅离开车队，奉命前去各地祭祀山川，为身染重病的皇帝祈福。赵高与蒙毅有旧怨，蒙毅不在，少了最为强大的一个对手。否则，如果需要同时面对蒙毅和李斯，赵高以一打二，胜算渺茫得多。

总结来说，嬴政突然驾崩，继承人远在千里之外，完成政权交接尚且需要一段时间，仇人蒙毅外出，御玺、遗诏全在赵高手上，而知道嬴政驾崩的只有寥寥数人……他手头上的筹码实在太多了。

辒辌车晃晃悠悠地行驶在华北大地上，缓慢而颠簸。此时此刻，看似风平浪静，实则暗潮汹涌。赵高处心积虑，要办一件惊天动地的大事。

根据嬴政的遗旨，那份命令扶苏回咸阳治丧的遗诏，应当由赵高交给使者，发往扶苏所在的上郡。赵高将遗诏扣留下来，前去与公子胡亥密谈。胡亥是他要攻克的第一关，通过这些年的交往，他极为了解胡亥的性情，对于如何说服胡亥，他胸有成竹。

赵高对胡亥说："公子已经大难临头啦！始皇帝驾崩，没有颁布诏书封立诸公子为王，唯独赐一道遗诏给长子扶苏。长子一来，即位称帝，殿下及诸公子既没有尺寸封地，也没有王侯爵位，到时候该怎么办呢？"

胡亥说："本来就应该如此呀。我听说，圣明的君王最了解他的臣子，开明的父亲最知晓他的儿子。父皇捐命宾天，不封诸公子为王，自有他的道理，做儿子的有什么可以多说的呢？"

"不对！"赵高见傻小子不开窍，不再拐弯抹角，直言道，"如今，天下之权柄，国家之存亡，全系于公子、左丞相李斯以及臣赵高三人身上，希望公子能有所图！"

"有所图？图什么？"

"改遗诏、废扶苏，图谋大位！"

胡亥瞪大了眼，一时怔住了，不知说什么好。

"统治他人还是受制于人，作为君主驾驭群臣还是作为臣子向他人俯首称臣，完全不可同日而语！如何选择，只在公子一念之间。"

胡亥沉思良久，说："废黜兄长，改立幼弟，这是不义；不尊奉父皇遗诏，反而畏惧担忧个人的存亡，这是不孝；才能浅薄，勉强依靠别人的帮助才能成事，这是无能。不义、不孝、无能，此三者皆大逆不道，天下人必定不服，到时候，不仅我自己身受灾殃，国家社稷恐怕也有断绝之忧。"

看来，胡亥年纪虽轻，并不算太糊涂，还是懂得一些事理的。赵高也不着急，他知道胡亥耳根子软，意志并不坚定。

"公子所理解的不义和不孝，实在太过偏狭。如果公子还当臣是老师，请听臣谈一谈什么是真正的'义'和'孝'。"

"赵君说的是哪里话？胡亥始终是赵君的学生，还请先生教诲。"

"我听说，商汤王、周武王还是臣子的时候，杀死当时无道的君王夏桀和商纣，天下人称他们是义，而不是不忠。卫庄公杀死他的父亲，卫国人称颂他的功德，孔子特地记录这件事，并不认为这是不孝。办大事不必拘泥小节，行大德不能在意那些琐碎的批评指摘。顾及小节而忽视大事，之后必有祸害；狐疑犹豫，不能果决，之后必定后悔；果断而敢作为，鬼神都要恐惧躲避，行事必定成功。希望公子按照我说的去做，机不可失，顺势而为。"

胡亥并不是那种思想坚定、富有主见的人，很容易被说动。赵高把握住胡亥优柔寡断的个性，以一番雄辩之词打消胡亥内心的顾虑。胡亥开始动摇，喟然叹息："如今大行皇帝还未归朝，丧礼尚未举行，拿这样的事情去麻烦丞相，合适吗？"

"这件大事，如果不与丞相一同谋划，恐怕不能成功。时不我待啊公子！就算是扬鞭跃马，都唯恐耽误时机。臣请命，替公子做说客，前去与丞相商议。"

"那就有劳赵君了。"

赵高深知，以他一人之力，就算加上胡亥，也不能够篡夺大位。只有此时真正掌控局面的李斯加入进来，方才"大事可图"。

说起来，赵高和李斯多有相似之处。他们都出身低微，都不甘于卑贱的命运，一心想往上爬。他们都精明强干，深受嬴政赏识，甚至所擅长的领域也多有重合，都精通律法、吏治，善于书法。赵高参与了李斯主持的统一文字工作，撰写《爱历篇》六章，与李斯的《苍颉篇》一起作为小篆文字的范本。

赵高与李斯互为镜像，虽然看起来颇为相似，但李斯贵为帝国丞相，论资历、声望、地位，赵高远不能及。在人格上也有高下之别，李斯虽然贪利、世故，终究不像赵高藏着一肚子坏水。赵高拉胡亥下水很顺利，想要说服李斯可没有那么容易。二人之间的纠葛与缠斗，才刚刚开始。

"赵高冒昧来访，想与君侯谈一谈眼前的局势。"

李斯的爵位是通侯，也称彻侯、列侯，是秦朝二十级军功爵位中的最高等级，所以赵高尊称他为"君侯"。

"但说无妨。"

"圣上驾崩，赐诏书于长子扶苏，命令他回到咸阳主持葬礼，也就是说册立扶苏为继承人。现在，诏书还没有发出，圣上驾崩这件事，没有被更多人知晓。诏书和御玺都在公子胡亥手上，定立谁为太子，只在于君侯和我一句话而已。君侯以为，这件事该怎么办？"

赵高开局不凡，没有过多的迂回试探，一上来就把核心议题摆出来。有一个细节值得注意，"所赐长子书与符玺"明明在赵高手上，赵高却谎称在胡亥那里，这是在告诉李斯，胡亥有意篡位，而他赵高已经选择和胡亥站在同一阵营，接下来就看你李斯怎么选了。

李斯脸色一沉："足下怎能说出这等亡国之言！这不是为人臣子应当议论的事情。"

废长而立幼，既不符合政治伦理，而且从历史经验上看常常引发动乱。所以，李斯将赵高的提议斥责为"亡国之言"。

赵高闻言，狂笑不止。

李斯皱眉道："足下何故失态狂笑？"

"我笑君侯聪明一世糊涂一时，命在顷刻却毫无觉察，危在旦夕而不自知！可笑！可惜！可叹哪！"

"足下何必危言耸听！"

"君侯往北边看一看，危机在北方啊！赵高斗胆问一句，君侯自以为，您与蒙恬将军相比，谁的才能更卓越？谁的功勋更辉煌？谁的谋略更为深远、从无失误？谁更不为天下人所怨恨？"（君侯自料能孰与蒙恬？功高孰与蒙恬？谋远不失孰与蒙恬？无怨于天下孰与蒙恬？《史记·李斯列传》）

赵高一口气抛出四个与蒙恬有关的问题，针针见血，击中李斯的要害。

李斯回答："你说的这四点，我都不如蒙恬将军。那又怎样呢？李斯素来平庸无能，忝居高位，足下何苦对我如此苛求。"

"君侯莫急，我还有最后一问：论起与公子扶苏的关系，君侯与蒙恬，谁与扶苏交情更深？谁更受这位储君的信任呢？"

李斯何等聪明之人，怎会听不出赵高话中深意，他扭过脸去，不再言语。

与扶苏之间的微妙关系，的确是李斯的命门。当年，扶苏之所以被发配到边境，是因为在焚书坑儒事件中进谏，惹嬴政不满。而提出焚书这个主意的，不是别人，正是李斯。扶苏为人仁厚，素有贤名，在朝野上下深孚众望，他同情儒生，在思想观念上偏向儒家，大概对践行法家路线的李斯没有什么好感。在治国理念、政治立场上，扶苏的确与李斯大相径庭，倘若扶苏继位，李斯是不是得靠边站呢？赵高的提醒并非没有道理。

蒙恬的存在也令李斯心怀不安。可以想象，过去两年多，扶苏在上郡监军，与蒙恬共事，二人的关系应当愈发深厚。更何况，蒙恬背后还有功勋卓著的蒙氏家族。蒙氏一族代代人才辈出，曾在统一战争中立下汗马功劳，如今蒙氏兄弟二人，一文一武，蒙恬在外戍守边关，抵御匈奴，蒙毅则在朝为臣，贵为上卿。李斯说"他不如蒙恬"，一方面是自谦；另一方面，放眼朝堂，论政绩与威望，能与李斯一争高下的，也就只有蒙氏兄弟。

赵高把李斯一直不愿意面对，又终究不得不面对的问题摆在台面上：扶苏继位之后，李斯将何去何从？到那时，蒙恬受到重用，朝堂上可还有李斯的位置？

赵高狐狸一样犀利狡黠的目光，紧盯着李斯脸上表情微妙的变化。开局不错，赵高并不着急，他知道欲速则不达，需要循序渐进，一步步攻破对方的心理防线。赵高放缓劝说的节奏，没有进一步向李斯施加压力，开始东拉西扯聊起自己的过往经历。

"说起我呀，原本只是卑微的内侍，宫廷里无足轻重的一个小仆役。因为懂一点儿律法文书，凭借一点儿刀笔吏的本事进入皇宫，当差二十余年。时间一长，见的事情也就多了，以我二十多年之所见，凡是被秦王罢免的丞相、功臣，都不可能将爵位、财富顺利地传给下一代。其中许多人甚至被株连九族，下场悲惨啊。"

赵高当然不是在和李斯聊闲天，他指出一个重要现象，在秦国数百年历史中，宰执功臣能有善终者寥寥无几。李斯仔细一想，的确如此，商鞅、白起、吕不韦……这些带领秦国走向富强的文臣武将，有的被政敌害死，有的被君主逼死，总之功劳越大，结局越悲惨。赵高没有说出口的潜台词是：那么，李斯你呢？

李斯的脸色越来越难看。

赵高乘胜进击："始皇帝一共有二十多个儿子，您都是了解的，其中最受瞩目的当数长子扶苏。扶苏刚毅而勇武，能取信于人，懂得如何收揽人心，身边围绕着一群誓死效忠的士人、武将。正所谓，'一朝天子一朝臣'，扶苏继位后，蒙恬必定被任命为丞相，到那时……"

李斯打断赵高："我本就忝居高位，早该告老还乡，丞相之位另请高明，由贤者居之最好不过。"

"君侯何苦自欺欺人！"赵高起身近前一步，语调上扬，咄咄逼人，"风口浪尖，激流之中，如何安然退去？真到江山易主之时，君侯以为，还能够怀揣通侯印信全身而退、平安无虞地告老还乡吗？"

"依足下高见，该当如何？"李斯的声音听起来有些消沉沮丧。

已经铺垫到这里，赵高不再遮掩，正式摊牌："我受始皇帝诏命，教习公子胡亥多年，不曾见他有什么过失。据我的观察，胡亥仁慈忠厚，礼数周全，敬重贤者，他虽然口拙不善言辞，但内心能够明辨是非，这一点难能可贵。如今宗室诸公子当中，没有人能够比得上他，公子胡亥才是立为储君、继承大统的最佳人选。此乃国之大事，请君侯仔细考虑，做出定夺。"

虽然李斯早有预料，但当赵高平静地说出谋权篡位的提议时，他还是不由得心中一颤，说："李斯遵奉始皇帝遗诏，听从天命行事，哪里还有什么需要考虑、定夺的呢？为人臣子，各安其所，各司其职，如此天下才能安宁。请足下谨守本分，回到自己的职位上，去干您该干的事情吧。"

李斯的话表面上说得客气，其实是在斥责赵高僭越人臣的本分，竟然胆敢过问册立储君之事。李斯嘴上仍是拒绝，但语气并不强硬。赵高看得出来，他的内心正在翻江倒海，还在做最后的挣扎。

"安全与危险之间的情势随时会发生转变，安可以为危，危可以为安。如果一个人连最基本的存亡安危都不能保障，再谨守人臣本分又有什么用！"

"我李斯原本就是上蔡闾巷之中的一介布衣，仰赖圣上恩宠，擢升为丞相，封爵为通侯，子孙全都地位尊贵、利禄丰厚，这是将国家存亡安危的重担交给我，我岂能辜负！请足下不要再多说了……"

眼看就要击溃李斯的心理防线，赵高怎么可能不再多说："天下万物时时处在变化当中，哪有什么固定不变的道理？圣人变化无常，随机应变，并不会拘泥于什么人臣本分。现如今正处在剧变时刻，君侯怎能视而不见？您听从我的计谋，必将长保侯位，世代相传。如果放弃这大好机会，必将遭受灾殃，而且祸及子孙！君侯智计无双，乃是天下第一聪明人，聪明人懂得趋利避害，逢凶化吉，而不是一步步踏入险境，走向灭亡！"

李斯陷入长久的沉默。此刻他站在分岔路口，迈出这一步，关系着危机四伏的秦帝国，究竟是走向拯救的彼岸，还是无尽的深渊？

最终，李斯仰天长叹，双目垂泪，叹息道："唉！偏偏遭逢这动荡的乱世，既然不能尽忠死节，那么该向何处托付我的命运呢！"（斯乃仰天而叹，垂泪太息曰："嗟乎！独遭乱世，既以不能死，安托命哉！"《史记·李斯列传》）

李斯选择了屈从，他做不到尽忠死节，只能将自己的命运托付给赵高、胡亥，托付给阴谋与背叛。

赵高得胜归来，还没等他开口，胡亥急切地问："事情办得怎么样？

丞相同意了吗？"

得意的神色浮现在赵高脸上，他故作轻松地说："臣可是遵奉太子的命令，前去告诉丞相应该怎么做，丞相怎敢不唯命是听！"

胡亥愣了一下，这是他此生第一次听见别人称呼他为"太子"，好一会儿才反应过来。

赵高说服李斯参与政变的过程，是两人之间的一场心理攻防战，赵高主攻，李斯主守。赵高攻得猛烈，步步紧逼；李斯从一开始的严词拒绝，到中途的犹疑摇摆，再到最终的同流合污，一步步失守。

几个回合下来，赵高威逼、利诱、恐吓、教唆、胁迫、洗脑，软硬兼施，使出浑身解数。之所以游说谈判的过程如此艰难、漫长，是因为李斯终究与赵高不同，对于发动沙丘政变，他的内心始终在挣扎，在坚守道义与功名爵禄之间，在先帝信任和个人利益之间，摇摆不定、彷徨无措。对于李斯来说，这既是被赵高说服的过程，更是一个自我说服的过程，一个痛苦的抉择。

北宋文学家苏轼认为："李斯听赵高之谋，非其本意，独畏蒙氏之夺其位，故勉而听高。"（《东坡七集·续集》）

苏轼敏锐地拆分出李斯的"本意"与"独畏"。从李斯的本意来说，没有发动政变册立胡亥的本心。而赵高游说成功的关键，在于抓住了李斯的"畏"，成功地勾出李斯内心深处的忧虑与恐惧。

李斯"畏"什么？赵高话里话外、明里暗里说得很清楚了。李斯混迹官场半辈子，深知政治斗争之残酷，今天他贵为帝国丞相，位极人臣，然而风云变幻，明日新帝登基，难保他官爵尽失，甚至身陷囹圄。从天上到地下，从山巅到谷底，往往只在一瞬之间。

李斯此时的心境也值得注意。七十多岁的李斯，刚刚亲眼见证不到五十岁的嬴政撒手人寰，他也已经垂垂老矣，功名已极，别无所求，只希望家族子孙无忧无虞，只希望能保住打拼一辈子得来的一切。他背后还有一个庞大的家族，那么一大家子人都依附着他，仰赖他的富贵与权势。

权势是他最大的保护伞，只要权势还在，一切都可以保全，所以权势不能丢。

赵高提出的沙丘之谋，能够确保李斯在新帝登基后稳固地保住丞相之位。李斯贪恋富贵权势的软肋被抓住，于是在与赵高的攻防战中败下阵来。

李斯放弃原则立场、决定屈服就范的那一刻，发出"命运无处依托"的嗟叹，似乎他身不由己、无可奈何。其实，选择权一直在他手上，人生中的所有重要决策，都来自他的自由意志，是他主动选择与魔鬼做交易，出卖灵魂与良知。一旦蹚入这趟浑水，再也无法后撤一步，只能越陷越深，亲手将秦帝国推向覆灭的深渊。

公子扶苏自杀，蒙氏兄弟遇害

沙丘政变由三人同盟完成，赵高是始作俑者，李斯是同谋，胡亥是受益者。

事不宜迟，三人聚集在一起，秘密商议下一步的行动计划。

赵高对李斯说："接下来应当如何行事，还请君侯定夺。"

"足下想必早有成算，何必老夫越俎代庖？"

"那下臣就僭越了。"赵高从袖口中掏出一物，往火盆里一扔，火星四溅。

"这……这是父皇遗诏？"胡亥睁大了眼，试探着问道。

赵高面色诡谲，既没有否认，也没有承认："这世上除了公子、君侯和下臣，没有人知道此物的存在。待其烧为灰烬，灰飞烟灭，这世上便不曾有过此物。"

嬴政留下的这封命令扶苏回咸阳治丧的诏书，一直在赵高手上，没有发往上郡。赵高认为，诏书只要被销毁，就如同不曾存在过，他可以烧掉遗诏，烧掉真相，烧掉一切阻碍他的东西。

李斯的心情略有不同，他望着篝火出神，由精美绢帛制作而成的诏书，正一点一点地化为灰烬。那一瞬间，李斯忽然意识到，侍奉秦始皇将近四十年，他几乎圆满完成了嬴政交办的所有任务，唯独这最后的遗愿正在被烧毁，李斯心中怅然若失。

"胡亥公子即将继承大统，那么北境那位，又该当如何呢？"

赵高的话打断李斯的思绪，李斯明白他的意思，低头迟疑道："公子扶苏远在上郡……"

"君侯怎么糊涂啦！天无二日，国无二君。扶苏是公子胡亥的祸患，蒙恬是君侯的祸患，今日不除，遗患无穷啊！"

李斯不说话了。他心里明白，既然决定册立胡亥为储君，那么扶苏和蒙恬是必须解决掉的对手。下手要狠辣，斩草要除根，就像他当年对付韩非一样。

真诏书已毁，赵高紧接着伪造出两份假诏书。第一份说的是，秦始皇临终前，顾命于左丞相李斯，立胡亥为太子。第二份写给扶苏与蒙恬，是一道"催命符"。

诏书写好后，赵高拿出御玺，在上面盖章，赋予两份文书合法的效力。第二份诏书由使者发往上郡。

赵高意味深长地说："成败在此一举，君侯以为，上郡之行前景如何？"

政变能否成功，尚存诸多变数。假诏书会不会被识破？扶苏和蒙恬会不会乖乖就范？一切都是未知数。

李斯面色严峻，眼中露出肃杀之气："废立大事，不是他死，便是我亡！此事只能成，不能败！"

使者带着"催命符"来到上郡，扶苏、蒙恬跪地接旨。

"圣上诏曰：朕巡行天下，祈祷名山，祭祀诸神，以求长寿延年。如今，公子扶苏与将军蒙恬，统领数十万大军屯守边关，已经十年有余（扶苏来到边关只有两年多，十余年应当是从蒙恬驻边开始算起），却不能向前进军一步，白白损耗大秦军力。公子扶苏没有尺寸之功，竟然数次上书诽谤朕的作为，想要回京当太子而不得，于是日夜怨望，对朕颇有微词。扶苏作为人子，大不孝，赐剑，自裁以谢罪！将军蒙恬与扶苏同居边地，必定已经知晓扶苏的不轨图谋，却不能匡正公子的错误。蒙恬作为人臣，大不忠，赐死。北境大军全权交由副将王离统领。"

这份假诏书给扶苏扣上多项罪名，什么守边无功、诽谤皇帝、为子不孝，等等，说得有鼻子有眼，其实全都经不起推敲。扶苏在坑儒事件之后被发配到边疆监军，其间并无任何过失。说他"日夜怨望"，想要当太子，更是典型的诛心之论，只罗织罪名，却拿不出什么实据。

对于蒙恬的定罪，同样颠倒是非。蒙恬戍边，成功抵御匈奴，组织劳工修建万里长城，有力地巩固了边疆的稳定，怎么能说"没有尺寸之功"？至于说蒙恬不能匡正扶苏，更是欲加之罪，何患无辞。

明明是一封漏洞百出、疑点重重的假诏书，但落款处清清楚楚地盖着皇帝的御玺，显示其真实性不容置疑。公子扶苏接过诏书和宝剑，反复阅览数遍，涕泪涟涟，步履沉重地走入内舍，颓然而绝望。

"儿臣一片赤诚待君父，奈何君父对儿臣误会甚深！"

利剑出鞘，扶苏举起赐剑径直往脖子上抹。蒙恬正好入内，迅速拔剑，电光一闪，两剑相交，只听锵锵两声，扶苏手里的剑被打落在地。

蒙恬劝道："此事尚存疑点，公子何苦急于寻死？一来，陛下此时不在国都，正居外巡行。二来，陛下虽然并未册立太子，但是命臣率领三十万将士戍守边关，公子为监军，这是将天下重任交到公子和臣的手上。如今仅凭一个使者、一份诏书，公子就贸然自杀，怎知其中没有诡诈？依臣之见，公子应当向陛下请求复核，倘若陛下果真有此意，公子再慷慨赴死也不迟。"（陛下居外，未立太子，使臣将三十万众守边，公子为监，此天下重任也。今一使者来，即自杀，安知其非诈？请复请，复请而后死，未暮也。《史记·李斯列传》）

蒙恬倒不糊涂，事前没有一丝征兆，突然冒出来这样一份不明不白的诏书，仅凭着一些无中生有的罪名，就要处决他和扶苏，而且还是在秦始皇巡游途中，其中不合常理的疑点实在太多。

扶苏被派到上郡做监军，表面上是因在坑儒事件中进言冒犯了嬴政，但明眼人看得出来，这里面也有锻炼扶苏的意思。至于蒙氏一族，一直以来深受皇帝恩宠，蒙恬没有犯下任何过错，为何没来由地突然赐死？秦始皇虽然强势暴戾，杀了很多人，却从来不会无缘无故胡乱杀人，这一点蒙恬很清楚。生死存亡之际，蒙恬顾不得避讳，直言"安知其非诈"，提醒扶苏这诏书里很可能潜藏着诡诈的阴谋。

扶苏没有像蒙恬想这么多，父皇一道诏书，犹如洪水冲垮大坝，已经击溃他的心神。他向来性情仁厚，是个彻头彻尾的软心肠。假诏书斥责他不忠不孝，其实恰恰相反，扶苏最重视为人子的孝道、为人臣的忠诚，甚至在后人看来，实在是有些愚忠愚孝。

"公子还请快点动手，臣还急着回去复命呢！"使者像个催命鬼似的，多次在门外催促逼迫。

蒙恬怒斥道："公子乃陛下长子、大秦皇嗣！何以逼迫甚急！"

见蒙恬挥着剑大发雷霆的样子，使者不说话了。

扶苏长叹一声，慨然道："君要臣死，臣不得不死；父要子亡，子不得不亡，此乃人伦之大义。就算扶苏再怎么无德无行，大义不能忘。父皇已经赐儿臣一死，还有什么好请求复核的呢？"

扶苏拾起地上的剑，自刎而亡。惊变转瞬之间，蒙恬一时愕然，呆呆地望着倒在血泊里的公子，半天说不出一句话来。

门外的使者听见响动，闯了进来，见此情景，既大受惊吓又如释重负，他的任务总算完成一大半。

"蒙将军，轮到你了。"

"我蒙氏家族，累世功勋，谁人不知？陛下对蒙氏向来恩宠有加。仅凭一使者、一诏书，岂能轻易赴死？我要面见陛下！"

那时候的蒙恬还不知道，他永远见不到他的陛下了。

"……那就只好委屈将军了。"

蒙恬不愿自杀，使者命令法吏将蒙恬捆绑起来。

"大胆！"

"怎么？将军抗旨不遵，已经犯下死罪，难道还想要谋害皇帝使者不成！"

蒙恬虽然心中存疑，但毕竟面对的是皇帝使者，不敢轻举妄动。他手握三十万精兵，在双方的博弈中，其实大有胜算，这么轻易地束手就擒，关键在于他并不知道嬴政已死。

那封假诏书以秦始皇的名义发出，在蒙恬的视角里，虽然对诏书的旨意大为不解，但也没有想到嬴政已经驾崩、诏书纯系伪造。只要嬴政还活着，蒙恬便不敢轻举妄动。同时，他也相信，等到他面见皇帝，一切自有公论。所以蒙恬才乖乖受缚，没有继续反抗。

据说在民间，老百姓将贤明的公子扶苏视为真正的储君。后来，陈胜、吴广发动起义，曾经打出扶苏的旗号，陈胜说："我听说，胡亥是小儿子，不应当立为皇帝，当立为皇帝的是公子扶苏。扶苏因为多次进谏的缘故，始皇帝派他外出统兵。我还听说，扶苏没有任何罪过，胡亥将他谋杀。百姓多听闻扶苏的贤德，许多人不知道他已经死了。"（吾闻二世少子也，不当立，当立者乃公子扶苏。扶苏以数谏故，上使外将兵。今或闻无罪，二世杀之。百姓多闻其贤，未知其死也。《史记·陈涉世家》）

扶苏为什么仅凭一封诏书，就如此轻易地终结自己的生命？恐怕只有回到具体的历史情境当中，设身处地地体察当事人的心境，才能更好地理解这看似不合常理的举动。对此，宋朝的苏轼有一段精彩的分析：

> 李斯之立胡亥，不复忌二人者，知法令之素行而臣子之不敢复请也。二人（指扶苏、蒙恬）之不敢复请，亦知始皇之鸷悍而不可回也，岂料其伪也哉！……秦人视其君，如雷电鬼神不可测

也。……故其子如扶苏之仁，则宁死而不请，……李斯之智，盖足以知扶苏之必不反也。（《东坡七集·续集》）

苏轼认为，扶苏不要求向秦始皇复核诏书内容（"不复请"），与秦国的令行禁止、严刑峻法有关，也和秦始皇一直以来不容置疑的绝对权威有关。扶苏不敢复请，因为他知道秦始皇的诏命一旦发出就不可能收回。秦人看待他们的君主，尤其是嬴政这样的君主，向来都觉得君主如雷电鬼神般神秘莫测，不敢去揣度、质疑皇帝的任何决定。再加上扶苏仁慈、忠孝的性格，遵从儒家"父要子亡子不得不亡"的孝道，宁可一死也不愿复请。李斯、赵高正是算准了这一点，才铤而走险，靠着一份假诏书轻松解决两大政敌。

扶苏自尽的消息传回来，胡亥、李斯、赵高大喜过望，心里一块大石头终于落地。

使者同时汇报了蒙恬的情况，请示后续如何处置。

胡亥说："长公子已死，蒙恬将军于国有功，解除其军职，不再任用便是。"

赵高急忙说："不可！公子难道没听见吗，蒙恬抗旨不遵，猖狂至极，而且坚持要面见始皇帝，此人留不得！"

胡亥有释放蒙恬之意，令赵高不安，他对蒙氏心中有怨，担心蒙氏兄弟只要还活着，将来就有东山再起的机会。（使者还报，胡亥已闻扶苏死，即欲释蒙恬。赵高恐蒙氏复贵而用事，怨之。《史记·蒙恬列传》）

"这……"胡亥犹疑不定。

赵高朝李斯使眼色："老丞相以为如何？"

李斯说："姑且交由法吏看管，先行羁押，待公子归得咸阳，国丧已毕，再做打算吧。"

三人达成一致，将蒙恬羁押在阳周（今陕西子长市）。胡亥瞧见赵高还是一副忧心忡忡的样子，问道："赵君还有何忧？"

"臣怎能不忧啊？公子、丞相是不是忘了，蒙氏家族还有一位重要人物！"

胡亥问："还有谁呀？"

李斯替赵高回答："赵君说的是上卿蒙毅。"

"不错。臣得到消息，蒙毅为始皇帝祈祷山川，如今正在返程途中，眼看没几天就能追上巡游车驾。蒙毅一回来，对公子大大不利啊！"

"这话怎么说？"

赵高说："臣听说，当初先帝在世时，曾经想要举贤立嗣，册立公子为太子，蒙毅极力反对，所以先帝才有改立扶苏之意。蒙毅明知公子贤明，却反对册立公子，这是不忠而且惑乱君主。如今扶苏已死，蒙毅必将犯上作乱，为扶苏复仇。依臣愚意，不如诛杀此人。"

胡亥拿不定主意，转而询问李斯。

还没等李斯开口，赵高抢先说："只要蒙氏兄弟在朝中一日，公子、丞相就永无宁日。先发制人，后发制于人，丞相万不可心慈手软！"

李斯说："如今公子尚未回京，人心未稳，大局未定，不宜大开杀戒。至于蒙氏兄弟，老臣还是那句话，先抓起来，待公子即位，朝局稳定之时，再行处置。"

胡亥同意，派出人马，在代郡将蒙毅缉捕。

车队继续前行，回到咸阳之后，秦始皇驾崩的消息昭告天下。第二份假诏书发挥效用，时年二十一岁的胡亥即位，史称秦二世。

胡亥一登基，赵高青云直上，被任命为郎中令。郎中令位列九卿，作为皇帝身边的近臣，掌管宫殿门户，负责宫廷宿卫警备诸事。李斯官职不变，依旧担任左丞相。

这时候已经是秦王政三十七年（前210年）九月，极为特殊的一年接近尾声。

秦朝历法以十月为岁首，一年从十月开始，十月、十一月、十二月、一月、二月……直到九月，才是岁末年终。

秦始皇三十七年，是嬴政生命中的最后一年。

当年十月，新年伊始，嬴政开启最后一次巡游，将近十个月的游历，走遍大江南北。

七月，嬴政发病于平原津，驾崩于沙丘平台。李斯秘不发丧，与赵高、胡亥联手发动沙丘政变，巡游继续。

九月，车队回咸阳，胡亥即位，嬴政被安葬于骊山陵，从此深埋地下。

秦二世胡亥说："先帝后宫之中，那些受过宠幸但没有生下子嗣的嫔妃，放出宫去并不合适，让她们追随先帝而去吧。"

胡亥下令，后宫中没有生育的嫔妃全都进入墓中，为秦始皇殉葬，死者甚多。下葬之后，胡亥又有新想法："那些修建陵墓的工匠，负责设计墓室内部的重重机关，而且墓中藏着那么多为先帝陪葬的奇珍异宝，他们负责搬运，宝物在哪个位置一清二楚。不论是地下宫殿的机关设计，还是陪葬珍宝的消息，一旦泄露出去，可都坏了大事！"（工匠为机，臧皆知之，臧重即泄，大事毕。《史记·秦始皇本纪》）

"工匠人数甚多，正在搬运随葬珍宝，如何处置，还请圣上示下。"

"我有个好主意，把墓门一关，将他们锁在墓中，不就万事大吉了吗？哈哈！"

胡亥下令，随葬品全部搬入墓室之后，趁着工匠们还没有出来，迅速关闭墓门，封锁墓道。墓室里门、外门等好几道闸门全部封锁。工匠们纵然十分熟悉陵墓内部结构，也无济于事，他们被永远关在地下，和那些珍宝一样，成为秦始皇的陪葬。

胡亥即位后，赵高一刻不得闲，只要心腹大患一日不除，他就不能高枕无忧。赵高四处搜罗蒙氏兄弟的"罪证"，天天在胡亥耳边说他们的坏话，诽谤、构陷、诬告，无所不用其极，反复教唆胡亥惩办蒙恬、蒙毅。

胡亥向来耳根子软，对赵高又极为信任倚重，于是决定诛杀这两位重臣。

御史曲宫奉秦二世之命，乘坐驿车前往代郡。曲宫向蒙毅传达胡亥的谕旨："当初，先帝想要立朕为太子，上卿却加以反对，并对此事发难。卿为臣不忠，应当株连宗族。朕于心不忍，赐卿一死，不祸及宗族，也算卿之大幸了。"

蒙毅说："这样的无端指控，究竟从何说起呀！臣从小在先帝身边侍奉，一直到先帝驾崩，不曾受过先帝一句责备。先帝举用太子，这样的大事一定经过多年考察，臣怎敢僭越，就此事发难！我总不能承认自己没有做过的事情，蒙受不白之冤啊！"

蒙毅不接受莫须有的指控，反复为自己申辩。曲宫不为所动，杀害蒙毅。

蒙毅死后，秦二世又派使者马不停蹄赶往阳周，下一个要处决的是蒙恬。

蒙恬已经知道秦始皇驾崩、秦二世继位的消息，此外，使者还带来了更令他痛心的噩耗，他的弟弟已经命丧黄泉。

使者向蒙恬传达秦二世诏令："圣上说，蒙君的过错实在太多，你的弟弟蒙毅同样犯有大罪，已经依法论处，同时也牵连到蒙君。你莫要抵抗，依法伏诛。"

蒙恬满腔悲愤，慷慨陈词："蒙氏一族，从祖父到我这一辈，三代人呕心沥血，为大秦建功立业。我领兵三十余万，虽然身为囹圄之囚，也有足够的力量发动兵变，叛秦而自立。但我没有这么做，是因为不敢有辱先祖的荣光，不敢忘记先帝对蒙氏一族的厚恩。蒙氏对大秦忠心耿耿，从来没有二心。陛下对臣心存疑虑，一定是乱臣贼子污蔑构陷、从中挑唆。臣所说的这些，并不是为了乞求免于责罚，臣不惧因直言劝谏而死，只希望陛下能够为了天下万民，遵从圣贤之道。烦请圣使将我说的这些话，如实禀报陛下。"

使者说："臣奉诏而来，任务是为将军施加刑罚，至于将军说了些什么，臣不敢擅自禀报。"

蒙恬喟然叹息："我何罪于苍天！难道要在毫无过错的情况下，无辜赴死吗？”

苍天当然回答不了他的质问，没有人能回答他。

蒙恬仰天长叹，沉默良久，自己回答："如果非要说蒙恬有罪的话，那的确罪该万死。这些年来，西起临洮，东至辽东，我带着将士们修筑城墙、挖掘壕沟，总计万余里，其中难免截断地脉，这大概就是我蒙恬的罪过吧。"（恬罪固当死矣。起临洮属之辽东，城堑万余里，此其中不能无绝地脉哉？此乃恬之罪也。《史记·蒙恬列传》）

当时人们相信，地底之下有地灵附着在地脉上，地脉孕育着帝王之气，损伤地脉将遭到天谴。蒙恬实在想不通自己犯下什么罪行，只能说大概是修长城破坏了地脉。事实上，蒙恬驻守边关，赶跑进入河套地区的匈奴人，修建万里长城，防御外敌入侵，这是他的大功，不是他的大罪。

威逼之下，蒙恬脖子一仰，吞下毒药，自尽而亡。

第十章

悲剧的宿命：帝国陨落与李斯之死

暴君无道，秦二世大开杀戒

秦二世胡亥登基之后，穷奢极欲，横征暴敛，鱼肉百姓，种种倒行逆施的行为，比起秦始皇来，有过之而无不及。

胡亥对大臣们说："朕年少，刚刚即位，黔首百姓尚未诚心归附。先帝在时，先后五次巡行郡县，展示皇权之强大，威服海内。朕倘若不效法巡行，便是向天下人示弱，今后还如何统治国家？"

秦二世元年（前209年）春天，胡亥龙椅还没坐稳，便马不停蹄开启大规模巡游。凡是秦始皇曾经到过的地方，他都要再走一遭。沿着此前的巡游路线，前往泰山、琅琊、会稽等地，这里竖立着当年嬴政立下的石碑，胡亥命李斯在石碑旁再立新碑，补刻一些新的文字，昭告天下秦二世的登场。

不仅效仿秦始皇巡游，胡亥和他的父亲一样热衷于大兴土木。其中最为浩大的一项工程，当属阿房宫的复建。

胡亥说："当初，因为咸阳宫殿太小，先帝下令修建阿房宫。尚未筑造完工，先帝驾崩，工程只能暂停，调集那里的奴役、工匠前往骊山，完成始皇陵的修建。如今，骊山陵园基本建成，只剩下宫殿修了一半，如果就此停建，岂不是表示先帝当初营建宫殿的决定是错误的？朕为人子，一定要完成先帝的遗愿。"

秦二世元年四月，胡亥下令重启阿房宫工程。还没来得及喘口气的数十万苦役，再次投入严酷的劳作当中。

一边是百姓的含辛茹苦，另一边是胡亥的纵情享乐。秦二世征召五万身强力壮的武士守卫咸阳，还饲养了一大批狗马禽兽，供他赏玩嬉戏。要养活众多武士以及狗马禽兽，需要大量的粮食、饲料。等着喂饱的嘴实在太多，咸阳仓库里的粮食很快见底，只能从各地郡县搜刮盘剥，强行征调百姓的粮食。胡亥特地下令，负责运输粮食的人员，你们的粮食自行解决，最好自带干粮，朝廷概不负责。在咸阳方圆三百里内，除了皇宫用度，谁也不许食用这些外调来的粮食。胡亥的骄奢淫逸、胡作非为不胜枚举，这不过是其中一例。

有一天，胡亥闲居无事，百无聊赖，召来赵高。做皇帝已经有一段时间，心中诸多感慨，需要和亲近的人聊一聊。

"人出生，居住在世间，如同驾驶六匹骏马从一道极为狭窄的缝隙中一跃而过，这一生竟如此短暂！先帝勤政，操劳一生，最终积劳成疾，龙驭宾天。如今，朕既然已经君临天下，那么我想要满足全部的耳目之所好，享尽一切令心志愉悦的乐趣。宗庙社稷安宁，百姓万民同乐，朕长久地拥有天下，不敢奢求长生不死，只求颐养天年，寿终正寝。赵君你说，这些想法可以实现吗？"（夫人生居世间也，譬犹骋六骥过决隙也。吾既已临天下矣，欲悉耳目之所好，穷心志之所乐，以安宗庙而乐万姓，长有天下，终吾年寿，其道可乎？《史记·李斯列传》）

嬴政在位时，每天批阅上百斤重的竹简文书，他的儿子则完全走向另一个极端，是一个彻头彻尾的享乐主义者。胡亥登基时只有二十一岁，年纪轻轻，似乎早早看透了人生苦短，产生及时行乐的心理。也许他亲眼瞧见秦始皇操劳一辈子，晚年执迷于追求长生，最终还是骤然离世，令他真切地感受到繁华之虚无、生命之速朽、死亡之残酷，于是选择拥抱享乐主义。或许，一切享乐主义的底色，多少都有些宿命和苍凉。

胡亥与赵高分享内心的真实想法，作为少数能够影响胡亥的人，赵高的回答至关重要。

赵高说："满足耳目之所好，穷极心志之所乐，陛下所说的这些，对于贤明君主来说都是可行的，但是……"

"赵君是朕的老师，是朕最信赖的人，有什么话，但说无妨。"

"冒着杀头的危险，臣斗胆多说几句，希望陛下能够稍加留意。眼下危机四伏，陛下想要长享安乐，恐怕困难重重。"

"自登基以来，朕内心时常惶惑不安，却看不清危险灾殃究竟在何处，还请赵君为朕拨开迷雾。"

"一切还要回到沙丘之谋。对于先帝驾崩时究竟发生了什么，诸公子以及朝廷大臣当中，不少人心存疑虑。诸公子都是陛下的兄长，大臣们是先帝所任命的前朝旧人，如今陛下刚刚登基，这些人心怀鬼胎，并不忠心臣服，恐怕事久生变。"

"我看先帝在时，大臣们唯唯诺诺，很是恭顺，不像心存不轨的样子呀。"

"此一时，彼一时！有些话臣早就想说，只是陛下没有过问，臣不敢多言。先帝任命的这些大臣，一个个都是闻名遐迩、累世公卿的贵人，他们的功勋爵位几世累积、代代相传。臣赵高，本是个卑贱的小人物，三生有幸得陛下错爱，忝居于上位，管理宫中事务，与朝中大臣多有接触。近些时日以来，我发现，大臣们总是一副怏怏不满的样子，表面上对我恭敬服从，但我看得出来，他们心里并不服气，目光中总是不经意间流露出几分轻蔑。我被轻视不打紧，只怕他们轻视的不仅仅是赵高，还有陛下呀！这样的臣子在朝当政，我时常战栗不安，唯恐将来发生不测，陛下想要的安乐又从何而来？"

胡亥完全听信赵高的话，说："大臣不服，官吏强悍，诸公子有意争夺大位，这么说来，眼下很是危险呀！为之奈何？"

"破解危局，说起来也简单，只需要陛下做到两件事：杀旧人，扶新人。"

"杀旧人？扶新人？赵君仔细讲讲。"

"首先，实行严刑峻法，大力推行'一人犯罪株连他人'的连坐之法，将罪犯及其株连者全部杀光，直到灭族，非如此不能立君威。诸公子虽然是陛下的骨肉兄弟，也必须疏远他们，如有必要，该交由法办的绝不能姑息。还有，尽数铲除先帝旧臣，尤其那些心怀不满的人，务必斩尽杀绝。如此，上可以威震天下，下可以清除异己，朝堂上再也没有不听陛下驱使、不能为陛下所用的人。今日之时代，不讲究仁义道德，一切取决于强暴的武力。希望陛下遵从时势，不要迟疑犹豫，趁着群臣尚且来不及谋划应对，迅速采取行动。"

"人都杀光了，谁来替朕办事呀？"

"这正是臣要说的第二件事。新朝当有新气象，陛下应当着力培植亲善大臣，朝堂上全部替换成亲信的人，让原本卑贱的人尊贵、原本贫穷的人富有，和那些与您疏远的人拉近关系。新上位的文武群臣人人得享陛下恩泽，都会对陛下感激涕零，什么祸害奸谋都将根除。这一套君王驭臣之术，概而言之，有十二字秘诀，叫作'贱者贵之，贫者富之，远者近之'。做到这三点，保证朝堂上下全都服服帖帖，陛下可以高枕无忧，纵情随心地畅享欢愉！"

赵高与李斯等老臣不同，作为权力蹿升的新贵，他在朝中毫无根基。刚刚即位、根基不稳的胡亥又何尝不是如此？类似的处境使得师生二人结成君臣同盟。赵高提醒胡亥，不论是有可能与他争夺皇位的诸公子，还是只效忠于先帝的前朝旧臣，对他坐稳龙椅都是巨大的威胁。

赵高为虎作伥，奉胡亥之命，大肆搜捕公子、大臣，为他们扣上莫须有的罪名，从宫室到朝堂，掀起一场血雨腥风的大清洗运动。

对嬴姓宗室来说，扶苏的冤死只是一个开始，随之而来的这场大屠杀才真正令宗室震恐。嬴政的子女们被诬陷为不忠不孝，十二位公子在咸阳街头被枭首示众，十位公主在杜县遭受磔刑被肢解身体而死。公子、公主的财物全部收缴官府，被株连治罪的人不计其数。

诸公子当中，有的人不等胡亥动手主动求死，有的人不愿受辱选择自裁。

公子将闾兄弟三人秉性忠厚纯良，在宗室子弟当中名声上佳。胡亥将他们关押在内宫，派使者传话："公子将闾犯不臣之罪，论罪当死，现在由执法吏来执行刑罚。"

公子将闾申辩道："朝廷礼仪方面，我从来不敢不遵从宾赞司仪的引导；在宗庙面前，我从来不敢丢失礼节；在陛下面前受诏、问答，我从来不敢言辞失当。'不臣'的罪名究竟从何说起？我实在想不明白，想要听一听罪名详情，再认罪赴死。"

"这个……皇帝陛下旨意，臣不敢妄加议论，只能奉命行事。"

公子将闾仰天长叹，大呼三声："苍天啊！我无罪！"兄弟三人抱头痛哭，一起拔剑自刎。

另有一位公子高，本有逃亡的打算，可是转念一想，逃走容易，但只要他一消失，全家老小都会受株连，家眷难逃一死。这么庞大的一家子人，也没办法拖家带口地逃命。

思来想去，公子高主动上书胡亥说："先帝无恙安康的时候，臣一入宫先帝就赐予美食，一出宫就备好车舆。不论是御府的锦衣华服，还是中厩的良驹宝马，臣得到太多赏赐。先帝如此恩宠，臣本应追随先帝而去，却没有做到，为父之子这是大不孝，为君之臣这是大不忠！不忠不孝之人，还有什么理由活在世上！我愿意和先帝一起埋葬在骊山脚下，只求陛下哀怜，恩准我这卑微的请求。"

公子高主动要求殉葬，胡亥很高兴，急不可耐地向赵高展示这份求死之书："赵君快看！竟然还有主动求死的！看来诸公子都被逼急啦！不过，其中会不会有什么蹊跷？公子高会不会因急生变、图谋不轨？"

赵高说："陛下尽管放心，现如今，公子、大臣们担忧自己性命难保都来不及，哪里还敢图谋生变呢？"

"那就好。既然公子高求死心切，朕准了，赏十万钱，作为安葬费。"

公子高孤身一人走入骊山始皇陵，牺牲自己，保全了家人。

秦始皇的子女，除了胡亥本人，其他公子、公主全都死于非命，这在大秦宗室、朝堂引起剧烈震荡。秦国立国五百多年来，从来没有出现过如此血腥惨烈的自相残杀。人们没想到，胡亥行事之狠毒，竟然比秦始皇更甚。毕竟嬴政从来不会无缘无故乱杀人，更没有这种滥杀自家人的举动。一时间，朝堂内外人人自危，不知道什么时候灾殃就将从天而降，砸到自己头上。

肃杀的恐怖，血腥的屠戮，大秦帝国被笼罩在遮天蔽日的阴霾之下，阴霾透着殷红的鲜血，人心离散，天怒人怨。

进退失据，李斯献"督责"之术

眼见胡亥纵情声色、荒废朝政，李斯大概没有想到，他一手扶立的秦二世，竟然这样无能昏聩、恣意妄为。他奋斗半辈子，辅佐秦始皇建立起这巍巍帝国，不能眼看着胡亥将大厦倾毁。

李斯劝谏胡亥："为君王者，放弃《诗》《书》中的治国之道，恣意沉湎于声色，当初商朝贤臣祖伊所担忧惧怕的正是这个。轻视细小的过失，任由错误日积月累，随心所欲地享受长夜之欢，这是商纣王灭亡的原因。"（放弃诗书，极意声色，祖伊所以惧也。轻积细过，恣心长夜，纣所以亡也。《史记·乐书二》）

一向轻视儒家思想的李斯，不得不搬出《诗经》《尚书》中的儒家道义，苦口婆心地规劝秦二世。

胡亥眉头微皱，很是厌烦，说："朕心中一直有个疑问，来自老丞相的故交韩非。据韩非所说，从前，帝尧统治天下，他家的殿堂只有三尺高，用栎木做柱子，不加以雕刻修饰，用茅草铺屋顶，不加以修剪，就算是住客栈旅店，也没有比这条件更差的了。帝尧冬天披着几片鹿皮，夏天穿麻葛布衣，用粗糙的米饼做食物，用豆叶子做羹汤，就算是看门人的日子，也没有比这更艰苦的了。再说大禹，开凿龙门，疏浚河道，筑造堤防，他辛勤劳作，腿上的毛全都脱尽，手上长满厚厚的老茧，面目因终日暴晒而黝黑，最终死在外面，葬在离家很远的会稽山上。论辛劳程度，即使奴隶俘虏，也没有比这更繁重的了。老丞相，韩非说的这些可是真的？"

李斯说："陛下所言，韩非在《五蠹》中确有记述。"

"没错，《五蠹》，朕读了这篇名文，心中产生一个大大的疑问：世人都说，人世间最大的尊贵莫过于拥有天下，可是拥有天下，难道是为了像帝尧、大禹那样，苦形劳神，身体仿佛住在临时的客栈里，嘴里吃着看门人才吃的食物，手里干着奴隶才干的苦活累活吗？这还有什么尊贵可言？"

"帝尧、大禹皆为上古圣贤，为民操劳，夙夜在公，方为圣贤……"

话音未落，胡亥打断他："那些操劳的事情，应当交给不贤不肖的人勉力去做，而不是圣贤的任务。贤明的君王统治国家，专门将世间一切可用的东西全都拿来满足自己，这才是君临天下的尊贵所在。所谓圣贤，必定能够安定社稷、治理万民，如今连自身的利益好处都不能享受，还怎么赐予百姓万民利益好处？还谈什么治理好国家？丞相你说，是不是这个道理？所以，朕的愿望，就是放任心志，扩充欲望，长享天下，没有祸害灾殃。请问，这有什么错吗？"

"这……"李斯不置可否。

胡亥这一通歪理邪说，强词夺理，为他的穷奢极欲寻找依据。李斯没有据理力争，在那一瞬间，他忽然意识到，面对这样一个昏庸的皇帝，费再多唇舌、讲再多大道理都毫无用处。

李斯不愿意承认，他越老迈，就越软弱。或者说，从成为大秦臣子的那一天开始，不论是侍奉始皇帝还是秦二世，在君权面前，他从来都是软弱的，少有冒死直谏的勇气。这一次也不例外，李斯退缩了。

秦二世实行严刑峻法，法令刑罚越来越严苛，百官群臣人人自危，暗中有反叛之心的人越来越多。阿房宫、直道、驰道等工程继续修建，赋税繁重，徭役不止，百姓不堪重负。（法令诛罚日益刻深，群臣人人自危，欲畔者众。又作阿房之宫，治直、驰道，赋敛愈重，戍徭无已。《史记·李斯列传》）

严法与苛政都是为了稳定，然而，高压之下的稳定何其脆弱，民生凋敝，必然导致民怨沸腾。秦二世元年（前209年），胡亥当上皇帝的第一年，就爆发了陈胜、吴广起义。

当年七月，九百多名戍卒奉命前往渔阳戍边，途经泗水郡大泽乡，天降瓢泼大雨，不能继续行军，无法按照规定时间抵达渔阳。依照大秦律法，他们将以"失期罪"斩首论处。

戍卒们陷入进退两难的境地，军中两位屯长陈胜、吴广商议，去渔阳赴任必死，起兵造反最多也是个死，索性揭竿而起，鼓动大伙儿共同反秦。他们以陈郡陈县为首都，以复兴楚国为旗号，建立"张楚"政权。参与起事的戍卒多为楚人，"张楚"是"张大楚国"之意。

天下苦秦久矣，多年以来大秦暴政在民众身上所累积的痛苦与仇恨，一夕之间爆发出巨大的能量。陈胜、吴广振臂一呼，仇恨的怒火被迅速点燃，天下群雄云集响应，各地反秦起义风起云涌，秦帝国开始分崩离析。

张楚起义军攻打三川郡，代表朝廷镇守于此的三川郡守正是李斯长子李由。面对起义军的猛烈进攻，李由坚壁高垒，闭门固守。吴广领军围攻荥阳，由于李由的坚守，吴广久攻不下。

另一支起义军由陈胜部将周文率领，十万大军挥师西进，攻破函谷关，打到骊山脚下，直逼秦都咸阳。

危急之中，主持修建骊山秦始皇陵的秦国少府章邯向秦二世建议，将骊山的数十万刑徒奴隶赦免，组成临时部队，补充力量，协助京师军队抗敌。胡亥别无他法，只能死马当活马医。章邯临危受命，在骊山东面的戏水边，与周文军展开生死决战，最终击退起义军，挽救了大秦的危局。

章邯危难中救主，立下大功，被任命为秦军主帅。在章邯的主导下，各地秦军被调动起来，开始疯狂反扑，镇压各路义军，一度遏制了反秦运动的声势。

咸阳的危机虽然解除，但它给王公贵族们所带来的震慑和恐惧没有那么容易消退，从皇室到群臣，人人心有余悸。叛军竟然打到家门口，这种事情简直闻所未闻，究竟何以至此？谁该为此负责？喧嚣的舆论中，矛头逐渐指向李斯、李由父子。

朝中开始流传一种似是而非的言论，声称正是因为李由没能守住三川郡，才使得叛军如入无人之境，轻易攻破函谷关。甚至有传言称，李由故意给叛军放行，涉嫌通敌卖国。

李由远在千里之外，在咸阳的朝堂上，各种刺耳的声音如利箭般朝他的父亲射来。

"左丞相位居三公，重任在肩，何以令群盗猖獗至此？"

"左丞相之子、三川郡守李由，为何没能抵挡贼军西进，禁盗不力该当何罪！李由是否玩忽职守，必须彻查！"

"传言李由与叛贼过从甚密，更有书信往来，可有此事？还请老丞相如实回答！"

李斯昂着头，面色铁青，一言不发，冷眼瞧着这些落井下石的人。别人不管不顾地朝他身上泼脏水，他知道，这种情况下，多说无益，怎么辩解都是徒劳。

身居咸阳的大臣对前线尤其是三川郡的情况并不了解，武断地将咸阳危局全部归咎于李氏父子，恐怕没有什么真凭实据。这一番针对李氏父子的攻击，疑似背后有人在暗中操控，只是此时幕后主使还隐藏在黑暗之中。

胡亥问："老丞相，就没有什么要说的吗？"

李斯冷笑一声："欲加之罪，何患无辞！老臣无话可说。"

胡亥撇嘴道："既然如此，那就查，好好查一查。"

舆论汹汹，秦二世必须做出回应，他派出监察使者，前去调查各地方长官在平叛过程中玩忽职守的情况，重点调查对象自然是三川郡守李由。

退朝之后，李斯的心情阴郁。沙丘政变之后，他的内心再也没有平静过，总有隐隐的不安与恐慌，搅得他心乱如麻。平乱前线究竟什么情况，他并不清楚，但他决不相信李由会通敌。

山雨欲来风满楼，朝堂上对他的群起攻之没有那么简单。李斯已经嗅到危险的气息，能感觉到一股躲在暗处的势力，正在谋划着什么阴谋诡计，试图对他不利。

他已经七十多了，该有的都有了，早已厌倦朝堂上的权谋斗争，厌倦在皇帝身边战战兢兢、提心吊胆。但就算再厌倦，也不能退却，因为他不是一个人，还养着一个庞大的家族，他一个人的倒台，必然导致整个家族的覆灭。此时此刻，李氏家族正面临严重的危机，他就算拼上这把老骨头，也不能撒手不管。

对手想要扳倒他，关键在于秦二世。李斯想要逆转局面，关键同样在这位小皇帝身上。每逢危急时刻，以文章来破局是李斯的拿手好戏，他大笔一挥，写就奏书一篇。书中言道：

"贤明的君主，必定是能够全面掌握为君之道，而且能对臣下行使'督责'之术的人。对臣下严加督责，那么臣下就不敢不竭尽其所能为君主效力。君主专制天下，而且不受任何人制约，这样才能穷尽享乐的极致。

"所以申不害说：'君主拥有天下却不懂得纵情恣欲，就如同把天下当作自己的镣铐。'这句话没有别的意思，正是说君主如果不能够督责臣下，反而为百姓辛苦操劳，像尧、禹那样，这是为自己戴上'镣铐'。君主不能让天下使自己舒适快乐，徒劳无功地苦形劳神，拼命为百姓操劳办事，那便沦为黎民黔首的奴仆，而不是统治天下的君王，还有什么尊贵可言！让别人为他奉献，那么他尊贵而别人卑贱；他为别人奉献，那么他卑贱而别人尊贵。从古至今，都是这个道理。

"所以韩非子说:'慈爱的母亲会养育出败家的儿子,而严厉的主人家绝对不会有强悍的奴仆。'什么原因呢?因为严厉的主人能够对犯错的奴仆严加惩戒。所以商鞅的新法才规定,在道路上撒灰要被判刑。在道路上撒灰是轻罪,被判刑是重罚,只有贤明的君主才会对轻罪施加重罚。轻罪尚且严厉处罚,更何况重罪呢?民众有罪被深重处罚,他们才不敢触犯法律。

　　"真正实行了'督责',臣下才能没有离异之心,天下才能安定。天下安定君主才能拥有他的尊荣,君主有尊荣,'督责'才能更严格地继续执行。唯有如此,国家才能富强,国家富强了君主就能享受更多。所以,'督责'之术一旦实现,君主的任何欲望就都能够得到满足。严刑峻法之下,百姓急于弥补自己的过失都来不及,哪里还敢图谋造反?如此,可以说是掌握了'帝王之术'的奥义,了解了驾驭臣子的方法。即使申不害、韩非子死而复生,也不会有比这更高明的'帝王之术'了。"(译自《史记·李斯列传》,有删节)

　　"老丞相又有大作啦,朕瞧瞧。"

　　李斯忐忑不安地将奏书上呈秦二世,胡亥向来不爱读长篇大论,耐着性子,打着哈欠,浮皮潦草地浏览起来。李斯的目光紧盯着胡亥的脸,密切留意他的反应,不放过胡亥脸上任何细微的表情变化。

　　李斯这篇奏书,后世称为《奏请二世行督责书》,简称《行督责书》。"督责",就是督察并且施加刑罚的意思。《行督责书》的核心内容,是建议秦二世通过严刑峻法,监督控制百官群臣,镇压黎民百姓。李斯重申法家"轻罪重罚"的理念,呼吁采取重刑主义,以刑去刑,强力镇压臣下和百姓,使他们不敢有任何谋逆之举。全文通篇都在说,如何严控、惩罚臣民,让民众生活在恐惧之中。

　　"帝王要实现他极端的欲望,就要对百姓施加极端的刑罚。"李斯以这样的奇谈怪论,去附和胡亥"为君当享乐"的思想观念,为胡亥的穷奢极欲、恣意妄为涂脂抹粉。他引经据典,颠倒黑白,使出浑身解数,竭力证明专制君主奢靡享乐的合理性、正当性，为胡亥一系列倒行逆施的胡作非为寻找理论依据。

《行督责书》是李斯从政履历上的一大污点，千百年来饱受批评。那么，李斯究竟为什么要写这样一封上书？

从李斯曾经数次劝谏胡亥来看，他还没有老迈昏聩到是非不分的程度，他清楚地看到了秦王朝的危机。然而，在利害得失与伦理道义发生冲突的时候，个人利益为先，自我保全为重，这是李斯一以贯之的处世原则。

秦二世派往三川郡查案的使者一拨接着一拨，朝中批评李斯"位居三公却禁盗不力"的声音一浪高过一浪，李斯真切地感受到一股墙倒众人推的强大力量，感受到秦二世对他的疏远和猜忌。他恐惧地位的沦落、富贵的丧失、家族的覆灭，于是对秦二世极尽阿谀奉承之能事，投其所好，写下这么一篇未必完全遵从他内心本意的《行督责书》，希望能够获得皇帝的宽容和接纳。李斯彻底丧失政治立场，曲意逢迎，苟且求容，只为讨胡亥欢心。（使者覆案三川相属，诮让斯居三公位，如何令盗如此。李斯恐惧，重爵禄，不知所出，乃阿二世意，欲求容。《史记·李斯列传》）

"此文甚妙！老丞相笔下生花，督责重刑之术，深得朕心！"胡亥读后，大喜过望，拍案叫好，李斯这一回可是句句说到他的心坎儿上。

见胡亥如此欣喜，李斯长舒一口气。他个人逃过一劫，却造成更多人的深重灾难。

《行督责书》的负面效应很快发酵。大秦律法的刑罚本就严苛，"督责"之术推行后更是雪上加霜。街市上"赭衣满道"，走在路上的人竟然有一大半穿着赤褐色囚衣的罪犯。集市里尸积如山，许多被处决的死囚尸体被随意丢弃。朝廷对于官吏的考察、评价机制更是荒唐，向百姓收取苛捐杂税，对人民压榨得越厉害，就越被视为好官，表彰他们为"明吏"；大臣杀人越多，就越被认为是"忠臣"。对于种种泯灭人伦、草菅人命的惨状，秦二世极为满意，他说："只有这样，才可以说真正实行了'督责'啊。"

在劝行"督责"这件事上，说李斯"助纣为虐"一点儿都不为过。胡亥愈发肆无忌惮，各地叛乱风起云涌，帝国的危机越发深重。

事实上，李斯个人的危机只不过暂时解除，更大的危险正在悄然逼近。一直藏匿在暗处、紧盯着他的眼睛，渐渐浮出水面、露出真容。

请君入瓮，赵高布设连环局

赵高自从出任郎中令以来，权势愈盛，他打击异己，四处树敌。害人甚多的同时，他不是没有担忧，最害怕的是他的政敌入朝奏事，在皇帝面前揭发他的恶行。

必须想个办法，杜绝这种情况的出现。赵高一边在幽幽深宫中独自踱步，一边沉思应对之法。重重叠叠的垣墙，鳞次栉比的殿宇，宛若一座巨大的迷宫，赵高走着走着，一时迷了路。他抬头望着眼前的深宫内苑，忽然想起来，秦始皇晚年深居简出，行踪隐秘，大臣们没有传召根本见不到皇帝。

根本见不到皇帝……有了！

赵高心生一计，他对胡亥说："先帝君临天下多年，群臣唯命是听，不敢有什么妄言邪说，更不敢为非作歹。可是陛下不同，陛下富于春秋，刚刚即位未必什么事情都懂，每日上朝，在众臣面前处置政务，如果有什么不妥当的地方，岂不是向群臣暴露了陛下的短处。"（先帝临制天下久，故群臣不敢为非，进邪说。今陛下富于春秋，初即位，奈何与公卿廷决事？事即有误，示群臣短也。《史记·秦始皇本纪》）

"赵君说到朕心坎儿上了！朕每日坐在朝堂上，应付那帮文武群臣，处置那些烦琐政事，简直如坐针毡、度日如年啊。"

"天子之所以尊贵至极，在于百官群臣只能听见他的声音，不能够轻易见到他的真容，陛下不妨效仿始皇帝，深居禁中。至于政事嘛，无非是那些奏章文书，完全可以交由臣和精通法律的侍中来处理，陛下有什么指示，由臣代为向群臣发布。这样一来，朝堂上不会再有任何质疑的声音，天下人都会称颂陛下为圣主！"

"此法甚妙！就依赵君说的办！"

从此，胡亥不坐朝堂，不见大臣，深居于宫中。大臣们有什么事情要汇报，都要先通过赵高，才能传报到胡亥那儿。

赵高成功地在皇帝与群臣之间筑起一道高墙，而他自己，处在把守这道高墙的关卡位置。这个关卡是关还是闭，全在赵高一念之间。他是居中的枢纽，是联结百官与秦二世的关键节点，他可以决定胡亥能听见什么、听不见什么。如此一来，胡亥自然再也听不到任何批评攻击赵高的声音。

赵高成为躲在胡亥背后的实权者、大秦帝国的幽暗魅影，愈发恣意妄为。不过，总是有人不甘心，试图打破高墙，赵高在皇宫内的眼线向他汇报了发生在宫门前的一场冲突。

那日，左丞相李斯、右丞相冯去疾、将军冯劫三人入宫面圣，在宫门外被拦住。

眼线报告说："没有郎中令大人的指示，侍卫谨守宫门，不敢放行。左丞相勃然大怒，怒斥侍卫，言语之间，似乎还提及郎中令……"

"左丞相说了什么？"

"左丞相言道，郎中令独断擅权，将陛下与众臣隔绝，实乃……实乃乱臣贼子之所为……"

赵高冷笑道："呵！好大的罪过呀！可知三位大人因何事入宫？"

"据说是为了停建阿房宫一事。"

"阿房宫……"赵高若有所思。他暗自忖度，看来李斯不除，终究是个祸患，可此人立足于朝堂三十余年，树大根深，想要拔掉这棵大树绝非易事，需要精心布局。

没多久，赵高造访丞相府，李斯对于赵高的登门颇为讶异。

"郎中令不在圣上身边尽心服侍，怎么得空到老夫这里来？"李斯话中暗藏机锋，讽刺赵高身为秦二世宠臣，是如今唯一能够见到皇帝的人。

"臣为圣上，为天下百姓，特来求助于君侯啊！"

"所为何求？"李斯冷冷盯着赵高那张说变就变、堪比俳优伶人的脸，闹不清他葫芦里究竟卖的是什么药。

"现如今暴民作乱，关东群盗甚多，剿匪平乱乃头等大事。可圣上却急于建成阿房宫，增发徭役不止，劳师动众。再则，圣上毕竟年轻，终日沉湎于狗马玩乐之物，长此以往，怎生是好！"

听赵高这么说，李斯更加意外，他正有劝谏秦二世停建阿房宫之意。

"赵君终日在圣上身旁服侍，应当尽人臣之职，好好规劝圣上。"

"臣何尝不想呀，只是赵高人微言轻，如何劝得动？此乃国之大事，君侯为何不替天下百姓进言，劝一劝圣上？"

说到这儿，李斯气不打一处来："本就该如此！我早就想要进言，可是圣上不坐朝堂，不见大臣，幽居于深宫，我纵有千言万语，却传不到圣上耳朵里，连面圣的机会都没有。我怎么听说，这都是郎中令办的好事？"（固也，吾欲言之久矣。今时上不坐朝廷，上居深宫，吾有所言者，不可传也，欲见无间。《史记·李斯列传》）

伏低做小、扮猪吃老虎可是赵高的拿手好戏，他语调夸张地大声嚷道："下臣冤枉啊！赵高位卑权轻，哪来这么大的本事？君侯折煞我也！下臣曾经是圣上的老师不假，圣上如今年岁渐长，也有自己的主意，深居宫中不见朝臣，可不是赵高能够左右的呀。"

"可赵君却是如今唯一见得到圣上的人。"

"下臣也就是服侍圣上的日子久了，离得近，能说上一两句话。此次冒昧登门，正是想请君侯出面，如若君侯愿意劝谏圣上，我愿意竭尽所能，寻找机会，协助君侯入宫面圣。"

"此话当真？"

"君侯面前，赵高不敢有半句虚言！"

"如此甚好。"

"还请君侯静候消息，一旦时机合适，我便派人前来传信。"

赵高愿意为李斯引见秦二世，李斯心中不是没有疑虑，但不管赵高打的什么主意，眼下的局面，能够见到皇帝最为要紧。李斯没有意识到，一场狡诈险恶的阴谋在等待着他，他正一步步掉入赵高设下的连环陷阱。

那一天，胡亥正在后宫和嫔妃狎昵亲热，一旁的赵高瞧在眼里，唤来身边人："快去，马上去相府，告知左丞相：圣上正在休息，此时得空，可以入宫奏事。"

李斯收到消息，一刻不敢耽搁，火急火燎地驱车直奔皇宫。

"不见！不见！就说朕没空。"胡亥撇着嘴，心里老大的不痛快。

赵高说："老丞相急着求见陛下，兴许有要事禀报。"

胡亥虽然不情不愿，还是传召李斯。李斯难得面见皇帝，费尽口舌陈说百姓徭役之繁重，恳请秦二世暂停修建阿房宫。在他滔滔不绝的讲述过程中，胡亥眯着眼，打着哈欠，心不在焉，只盼李斯赶快说完。

"朕知道了，兹事体大，容朕考虑考虑。老丞相先退下吧。"胡亥毫无耐性，一门心思只想早点儿将这招人烦的老头儿打发了。

没过几天，李斯又收到赵高派人传来的消息，要他即刻入宫。这一回，赵高还是瞅准胡亥寻欢作乐的时候，故伎重演。李斯哪里知道其中的诡诈，还以为胡亥有了决断，赶忙入宫。第一回是白天，这回可是深夜。

"又来？深更半夜，老东西又有何事？"胡亥吹胡子瞪眼。

胡亥憋了一肚子闷气，接见李斯，没想到李斯说的还是停建阿房宫，火气直往上冒："朕不是说过了吗，此事容朕再考虑考虑，老丞相何苦逼朕甚急！"

"老臣不敢。"李斯碰一鼻子灰，灰溜溜地退下。

赵高的奸计屡次得逞，第三回，还是在胡亥玩乐之时，又派人前去通报李斯。

这回，李斯不再一人单独前往，邀请右丞相冯去疾、将军冯劫一同入宫，希望群策群力，共同促成阿房宫的停建，没想到适得其反。

"老丞相三番五次前来叨扰，究竟意欲何为？"胡亥脸色铁青，他不再窝火动气，而是生出一股怨怼与愤恨。

李斯作为三人代表，近前奏报："如今，关东群盗并起，王师发兵诛击，虽然剿灭不少贼寇，怎奈贼寇实在太多，叛乱始终未能完全平息。盗贼猖獗，究其根源，是由于戍边、漕运等事征发大量民丁，加之赋税繁重，百姓的日子愈发困苦。臣等恳请陛下，停止修建阿房宫，减省各地戍边、漕运等徭役，令民众得以休养生息。"（关东群盗并起，秦发兵诛击，所杀亡甚众，然犹不止。盗多，皆以戍漕转作事苦，赋税大也。请且止阿房宫作者，减省四边戍转。《史记·秦始皇本纪》）

"说完啦？"

"说完了。"

"轮到朕说了。先帝崛起于诸侯之间，兼并天下，四方安定之后，先帝下令兴建宫室殿宇，彰显大秦之盛威、君王之得意。先帝如何创下这不朽功业，诸君都上了年岁，必定都亲眼所见。可现如今呢？朕即位不满两年，群盗并起，诸君不能灭贼平叛，竟然妄图停建阿房宫，终止先帝留下的这件大事。诸君所为，其一无以报效先帝，其二不能为朕尽忠，在其位不能谋其政，朕只问一句，诸君还有什么脸面居于丞相、将军之位？"

这样严厉的斥责出自胡亥之口并不常见，这回是真给逼急了。李斯在皇权面前，向来是个唯命是听的好臣子，不敢为自己辩解半句，更不敢顶嘴，赶忙和冯去疾、冯劫一起悻悻地离开。

李斯等人离开，只剩下胡亥和赵高，小皇帝积蓄许久的怒火终于爆发。

"朕处理政务的时候，李斯不来；朕得闲无事的时候，他也不来；偏偏朕一开始享受燕私之乐，就来请事奏报，可真会挑时候！赵君你说，李斯是不是瞧不起朕，欺负朕年纪轻，故意要给朕难堪？当初李斯服侍先帝的时候，也没见他这般无礼猖狂！"

赵高做出左右为难、欲言又止的样子："这个嘛，臣不敢妄言。倘若真如陛下所说，那恐怕离灾殃不远了！"

"此话怎讲？"

赵高俯身低声向胡亥耳语："陛下难道忘了，沙丘之谋丞相也参与了。如今陛下已经立为皇帝，丞相的尊荣却丝毫没有增加，近日丞相屡次三番前来面圣，表面上为停建阿房宫而来，背后真正的意图，恐怕是想要裂土封王。"（夫沙丘之谋，丞相与焉。今陛下已立为帝，而丞相贵不益，此其意亦望裂地而王矣。《史记·李斯列传》）

"封王？大秦早已废分封、置郡县，封哪门子的王？"

"大秦没有封王，乱臣贼子却可以自封为王啊！臣听闻，楚地反贼陈胜，便自封为'楚王'。"

胡亥愕然："赵君的意思是……丞相也有此心？"

"无凭无据，臣不敢乱讲。只不过，丞相执政数十年，权势之盛，恐怕重于陛下。如今朝野上下，关于丞相及其子的流言甚多。反贼陈胜来自楚地，叛军中以楚人居多，丞相也是楚人，据说还与那陈胜是邻县老乡。丞相长男李由出任三川郡守，传言贼军经过三川郡的时候，李由竟然不愿出城灭贼，闭门自守，听之任之，任由贼军畅通无阻，这才有了不久前叛军进逼咸阳的危机。甚至有传言称，李氏父子与反贼暗通款曲，有书信往来，疑有通敌之嫌！"（丞相长男李由为三川守，楚盗陈胜等皆丞相傍县之子，以故楚盗公行，过三川，城守不肯击。《史记·李斯列传》）

"竟有这等事！为何不早早上报？"

"通敌之事，还只是传言，未经确证。陛下派出的监察使者尚未归来，调查未有结论，事关丞相声誉，臣不敢贸然上报。"

"哼！丞相声誉重要，还是大秦社稷重要！通敌叛国可是死罪，将李斯抓捕归案，严加审问，如何？"

"……还请陛下三思，毕竟眼下尚无实据。"

"没有实据，那就查！从李由查起，定要查个水落石出！"

胡亥一度有意抓捕李斯，最终作罢，但下令继续彻查李由，这些消息很快传到李斯耳朵里。李斯这才意识到，从三次不合时宜的入宫劝谏，到调查李由通敌，背后都是赵高在搞鬼。

"赵高城府之深，心肠之歹毒，手段之狡诈，令人叹为观止啊！如今才算看清了此人的真面目，从前可真是小瞧了这位车夫！"

李斯实在太轻敌了，从政近四十年，论资历、威望在朝中已经无人在他之上，没想到竟然被一个后辈耍得团团转。也许李斯从骨子里就轻视赵高，将他视作皇帝身边卑躬屈膝的一个奴仆，正因为这种轻视，才瞧不见赵高的阴谋与诡诈。

局面对李斯很不利，赵高将秦二世与众臣隔绝，必须突破这堵看不见的高墙，争取机会向胡亥当面陈情，揭穿赵高的真面目。

李斯通过他在内宫的关系打听到，胡亥出京，去往咸阳郊外的甘泉宫。他马上赶往甘泉宫，却被拦在宫门外。一问才知道，胡亥正在里头观看摔跤比赛、俳优之戏，没有传召不见任何人。对此，李斯早有准备。

"这里有奏书一封，事关国家危亡，务必上呈陛下。老臣就在宫外，等候陛下传召。"

奏书被送到胡亥手上，大好兴致又被败坏，胡亥本想扔在一边，转念一想，看看也无妨。于是耐着性子打开奏书。

"臣听闻，大臣的权势如果堪比君王，必将危害国家；妻妾的声势如果堪比丈夫，必将危害家庭。如今陛下身边就有这样一位大臣，独揽大权，发号施令起来简直与皇帝没有什么两样。臣以为，这实在太危险！

"从前，司城子罕担任宋国相国，掌握刑罚大权，威势纵横于全国，令臣民畏惧，一年之后他弑君夺权，杀了宋桓侯。齐国的田常，原来是齐简公的大臣，爵位权势在国内无人能敌，他的私家财富与公家朝廷一样多，凭借雄厚的财力，布施恩惠笼络人心，下得百姓爱戴，上得群臣拥护，最终窃取齐国朝政大权，杀戮齐简公，完全占有齐国。这些是天下人都知道的事情。

"如今，请陛下睁开眼，看看大秦的朝堂！郎中令赵高，其奸邪之心志、谋反之行为，如同司城子罕在宋国的所作所为一样。他的私家财富，简直和齐国田常一样多。赵高兼有子罕、田常的谋逆之心，掌控着杀戮刑罚的权力，劫持了本应属于陛下的威信。陛下如果不早做图谋，设法除奸，恐怕日久生变啊！"

李斯以史为鉴，告诫秦二世，奸臣专权之祸多么危险。而且，这一回他不再有所顾忌，痛斥奸佞，直言赵高之恶，正式向赵高宣战。

只可惜，在李斯与赵高之间，胡亥始终坚定地站在赵高一边。

胡亥对赵高的亲近和信任，是李斯这样的先帝旧臣难以相比的。李斯、冯去疾、冯劫等人，总是在限制和规范胡亥的言行。可赵高不同，他作为老师看着胡亥长大，摸透了胡亥的性情脾气、所思所想，处处阿谀逢迎。赵高知道胡亥既无治国能力，也没有帝王雄心，只求纵情享乐，抛却人生的忧愁。他抓住这一点，成功隔绝胡亥与朝臣，将大权揽在自己手上。胡亥也乐得清闲自在，一切烦心事都习惯性交给赵高，两人之间形成君臣、师生甚至类同父子的亲密关系。

"赵君快瞧瞧吧，老丞相都在胡言乱语些什么！"胡亥将李斯的奏书交给赵高。

赵高读得很快，但十分仔细，不漏掉任何一句话。他表面上不动声色，但心念电转，李斯这回可是彻底和他撕破脸了，他必须先下手为强。两虎相争，赵高占据优势，他手中最大的王牌，正是眼前这位被他玩弄于股掌之上的傀儡皇帝。

赵高没有对李斯的奏书发表任何评论，却望向宫外："臣听说，丞相此刻还在宫外，等候陛下召见。"

"不见！不见！就说朕不得空，让他改日再来。"

"不！陛下要见。"

胡亥怔住，指着赵高手中的奏书："可是这……"

"臣对陛下忠心耿耿，心中无愧，没有什么好怕的，不怕这一封奏书，也不惧怕丞相。丞相执意要见陛下，恐怕有些话，未必写在文书里。陛下还是见一见，听一听丞相说些什么为好。"

"那好吧，有些话，朕索性和老丞相说明白。"

"臣姑且回避。"赵高悄然撤入内室，留下胡亥单独接见李斯。

这对李斯倒是意外之喜，他原本已经不抱希望，没想到真能得到召见，还以为是奏书起了作用。

李斯入殿，还没开口，胡亥抢先说："老丞相的奏章朕看了，说的都是什么话？赵高这个人，朕最了解，他就是个皇宫里当差的，丞相平白无故为何要怀疑他呢？说赵高有不臣之心，可拿得出什么真凭实据？"

胡亥劈头盖脸一通指责，李斯有点蒙，不等他回答，胡亥继续往下说。

"朕年纪轻轻就失去父皇，什么都不懂，不知道如何治理国家，身边需要有贤能的人辅佐。老丞相为国效力几十年，如今两鬓斑白、年老体衰，恐怕不能长久地在朕身边。朕不依靠赵君，还能依靠谁呢？赵君年富力强，精廉能干，上能体察朕的心意，下知民间风俗人情，殊为难得。老丞相不要再与他为难，二位应当和睦相处才是。"

"并非如此啊陛下！"李斯心急如焚，慨然陈词，"赵高，原本只是个地位卑贱的人，在事理学问方面没有什么见识，又贪得无厌，追求私利不知道停止，权势地位已经仅次于君主，还在不断追求欲望的满足，没有穷尽。所以老臣才说，此人极为危险啊！"（不然。夫高，故贱人也，无识于理，贪欲无厌，求利不止，列势次主，求欲无穷，臣故曰殆。《史记·李斯列传》）

"危险？朕听人说，朝中某些大臣，把持朝政数十年，位高权重，一手遮天，恐怕这才叫危险吧！"

李斯闻言，一时哑然。胡亥突然冒出这么一句，虽然没有点名，但矛头直指李斯。胡亥脸沉下来，也不再言语，把李斯给打发走了。

李斯走后，赵高从内室出来。

"赵君可都听见了？这老东西，冥顽不灵啊！"

赵高突然跪地，高声大呼："恳请陛下，救救赵高！救救大秦！"

"赵君快快请起，何出此言？"

"方才臣在内室，一字一句全听明白了。如今丞相害怕的，只有我赵高一人，看来丞相非杀我不可。只要赵高一死，就再也没有人能够阻拦丞相，去做齐国田常所做的事情。"（丞相所患者独高，高已死，丞相即欲为田常所为。《史记·李斯列传》）

李斯大概做梦都想不到，他奏书中抨击赵高的"田常所为"，被赵高使出一招"乾坤大挪移"，以彼之矛攻彼之盾，对李斯进行栽赃诬陷。

"田常所为？"

"正是，陛下难道忘了李斯、李由父子通敌叛国的传言？倘若没有李斯坐镇朝堂，在背后撑腰，恐怕李由一个小小的三川郡守断然不敢如此胆大妄为。李斯想要犯上作乱，他知道臣乃陛下身边亲信近臣，所以想要置臣于死地。死一个赵高不足惜，唯恐将来危及陛下、危及大秦，还请陛下早做防范！"

"好！那就先将李斯羁押入狱，交给赵君好好审查，查明李氏父子谋反实据。"

"陛下别忘了，还有冯去疾、冯劫等人，与李斯一同兴风作浪，究竟是何居心，都得好好查一查！"

"说得是，依赵君说的办。"

在赵高和李斯的矛盾公开化的第一时间，赵高迅速出手反击。此前他一步步的精心铺垫很是充分，这时候教唆胡亥逮捕李斯，可以说水到渠成。

赵高布设的这个连环局，环环相扣，步步为营。通过欺骗、构陷、挑拨等种种卑劣的手段，引发胡亥对李斯的厌恶、忌惮与憎恨，李斯就这样不知不觉地踏入滔天陷阱之中。

李斯和赵高有许多相同点，都出身底层，都精明强干，都精通刑律、吏治、书法，但二人还是有着本质的不同。明代思想家李贽直言："斯，龙也；高，蛆也。后人以两人同传，冤哉！"（《史纲评要·后秦记》）李贽认为，后世有人将二人相提并论，对李斯实在是天大的冤枉，甚至是一种侮辱。李斯虽然自私、好利，但良知没有泯灭，他终究是帝国宰臣、国之栋梁、人中龙凤。而赵高则是一只卑劣的蛆，人格卑下，作恶多端。论玩弄权术、搞阴谋诡计，李斯恐怕不是赵高的对手。

身陷囹圄，李斯屈打成招

当一群擐甲操戈的武士踏破丞相府的门槛，鱼贯而入，将李斯团团包围，那一刻，大概是李斯这辈子最为幻灭的时刻。

"奉皇帝陛下谕旨，左丞相李斯涉嫌通敌叛国，即日起罢免左丞相之职，接受御史审查。"

李斯不是没有嗅到危险逼近的气息，甚至写下《行督责书》讨好秦二世，可是怎么也没想到，这个由他亲手扶持上位的小皇帝，竟然如此昏聩，又如此狠毒，真的要置他于死地。

见李斯正襟危坐，纹丝不动，前来传令的谒者说："还请足下起身，随我等走一趟。"

李斯忽然生出一股怨怒之火，斥道："尔等什么东西！也配与本相说话！"

谒者冷笑一声："足下已非丞相，大可不必向小人耍威风。我等奉命行事，皇命不可违，希望足下认清形势，别像冯去疾、冯劫两位那般糊涂。"

李斯愣住："怎么？冯丞相、冯将军也……"

"足下若想要再见二位，只能到阴曹地府喽！"

赵高同时派出武士缉拿右丞相冯去疾、将军冯劫，面对武士的逼迫，二冯拒不从命，拔剑自刎。

李斯问："二位大人可留有遗言？"

"好像说什么'将相不可辱'，总之倔得很，抗旨不遵，宁死不肯伏法。"

"将相不可辱……"李斯呢喃着二冯的临终之语，心里五味杂陈。

重义而轻生，这是春秋遗风。春秋时期留下许多刺客、士人、贵族舍生取义的故事。生命固然珍贵，比生命更珍贵的是人的尊严、天下的道义。士可杀不可辱，宁可舍弃生命，也不愿为了苟活而受辱。

这显然不是李斯的作风，他没有慷慨就义的勇气。况且，他本无罪，不能死得这么不明不白。

李斯被打入大牢，但他绝不会坐以待毙。许多年以前，逐客风波席卷秦国，他被驱逐出境，危急之中上书一篇，秦始皇读了他的《谏逐客书》，局势为之逆转。如今又一次深陷绝境，他还能再次上演逆势翻盘的奇迹吗？

李斯恳请狱卒，为他寻来竹简、毛笔。摊开竹简，写些什么呢？往事一幕幕在他脑海中呼啸而过，近四十年的从政历程，披荆斩棘，建功立业，怎么也想不到，最终竟然落到身陷囹圄的境地。大秦以法治国，这深牢大狱是为有罪之人所设，我李斯何罪之有，竟沦落至此？想到这儿，李斯灵光乍现，提笔挥毫，许多话源源不断地从笔尖流淌而出：

"臣有罪。

"臣担任丞相，治理庶民百姓已经三十多年了（李斯出任丞相十余年，这里所说的三十多年，应当是从他入秦为官算起）。记得当年，秦国的土地还很狭小，先王的时候，秦国土地不过千里，兵力不过数十万。臣倾尽微薄的才能，恭谨地奉行法令，秘密派遣间谍，资助他们金玉钱财，安排他们前去游说诸侯。同时，暗中修缮甲兵，整饬政教法令，任用英勇善战者为军官，对那些战场上的功臣，赐予尊贵的爵位、优厚的俸禄。做了这么多努力，大秦才能够胁迫韩国、削弱魏国、击败燕国和赵国、消灭齐国和楚国，最终兼并六国，俘获他们的国君，秦王被拥立为天子。如果说'臣有罪'，那么这是我的第一条'罪状'。

"大秦的疆域不可谓不广阔，却还要往北边扩张，驱逐胡人、貉人；还要往南边推进，平定百越族，以此彰显大秦之强盛。这是我的第二条'罪状'。

"赐大臣予尊荣，提高他们的爵位，使得大臣与皇帝之间的关系更为稳固密切。这是我的第三条'罪状'。

"建立社稷，修缮宗庙，以此彰显君主之贤明。这是我的第四条'罪状'。

"统一度量衡，统一文字，并且颁布天下，以此树立大秦威名。这是我的第五条'罪状'。

"修筑驰道，兴建离宫别馆，以此彰显君主之志得意满。这是我的第六条'罪状'。

"宽缓刑罚，轻徭薄赋，以此满足君主赢得民心的意愿，使万民拥戴君主，至死不忘皇帝恩德。这是我的第七条'罪状'。

"像我李斯这样的臣子，犯下这些'滔天大罪'，早就应该处死无数回了。但是先帝希望我能够为国家尽忠竭力，让我苟活到今天。以上，希望陛下明察。"（译自《史记·李斯列传》）

李斯这封《自"罪"书》十分奇特，正话反说，表面上历数自身的七宗罪行，其实说的全是他为大秦立下的赫赫功勋。七宗"罪"，乃是七大"功"。

从这份《自"罪"书》可以感受到李斯当时的心境。即便沦为阶下之囚，他依然自负、高傲。胡亥、赵高不是要逼我认罪吗？那就来好好数一数我的"罪过"，让你们看一看，这些"罪过"究竟是如何辅佐秦始皇开创伟大的秦帝国。回首这一生，他无愧于大秦，更无谋反之心，他没有向秦二世摇尾乞怜，卑微地恳求饶恕，算是捍卫了最后一点儿尊严。李斯希望胡亥读后，能够幡然醒悟，然后赦免他。（斯所以不死者，自负其辩，有功，实无反心，幸得上书自陈，幸二世之寤而赦之。《史记·李斯列传》）

只可惜，《自"罪"书》通过监狱方面呈报上去，石沉大海，杳无回音。胡亥从始至终压根儿不知道这样一份奏书的存在，监狱长把它第一时间送到赵高手上。

赵高读后，冷笑道："夸夸其谈，这哪里是自罪？分明是在邀功请赏！简直恬不知耻！"

监狱长小心翼翼地询问："此书是否上呈圣上？"

赵高狠狠瞪了对方一眼："阶下之囚，有什么资格上书圣上！烧了它！就在这里烧！烧成灰烬为止！"

竹简被扔进火盆里，火越烧越旺，将李斯最后一丝求生的希望燃烧殆尽。

赵高望着火盆出神，突然冷冷地冒出一句："监狱长，你可知罪？"

监狱长吓得不轻，急忙跪地叩首道："卑职愚钝，有什么做得不对的地方，还请郎中令多多提点！"

"李斯逆贼，都被关到牢房里了，还不安生，竟然还有力气上书，看来贼人在牢里的日子，很是悠哉快活呀！你这个监狱长是怎么当的！"

监狱长大惊失色，把头磕得噔噔响，不停求饶。

"逆贼招供了吗？"赵高问。

"未曾招供。"

"一群废物！大秦最重法治刑罚，该上刑上刑，不受点皮肉之苦，逆贼怎会招供！"

李斯的上书非但没能扭转厄运，反而为他带来严酷的刑讯逼供。

"犯人李斯，你可知罪？"

"我忠于大秦，鞠躬尽瘁数十年，何罪之有啊？"

"你私通反贼叛军，欺君罔上，意图谋反！"

"荒唐至极！"

"你暗中指示李由，任由叛军作乱，贼势猖獗，以致酿成咸阳之危！"

"无稽之谈！"

"哼！不见棺材不掉泪！上刑！"

眼见木板、刑杖、荆条等刑具纷纷被搬进来，作为秦律主要制定者的李斯怎么也想不到，自己有朝一日竟会亲身体验秦律的严酷刑罚。

起初，李斯遭受的是较为轻微的笞刑，用木板拷打臀部、背部。后来，刑罚不断加码，升级为杖刑，不用木板，改用荆条。荆条上密密麻麻一根根棘刺重重地钉在身上，瞬间的刺痛火辣辣像针扎一样，此后长久不止的疼痛又如同温火炙烤。

一开始，李斯还咬着牙，硬撑着。但他不招，鞭笞就不会停，前前后后他被严刑拷打一千多下，被打得皮开肉绽、血肉模糊。李斯养尊处优半辈子，哪里承受得了这样的剧痛。这时候，他才切身领悟冯去疾、冯劫所说的"将相不可辱"是什么意思，一千多下拷打，不仅在鞭笞他的肉体，更是在凌迟他的人格与尊严。但与二冯不同，李斯终究没有自裁的勇气，只想尽快结束这巨大的痛苦。

"我认……我全都认……"

"老实交代，你所犯何罪？"

李斯奄奄一息，用尽最后一口气："你们说什么罪……便是什么罪吧……"

他已经七十多岁高龄，遭受一千多下鞭笞，简直赔上半条命。严刑逼供之下，李斯屈打成招，承认了子虚乌有的谋反罪行。（赵高治斯，榜掠千余，不胜痛，自诬服。《史记·李斯列传》）

"禀报郎中令大人，李斯已经招供！全都招了！"

赵高冷笑道："还以为是块硬骨头，原来也不过如此。"

"将供书呈报圣上，此案了结，郎中令立下大功啊！"

赵高面无喜色，很是冷静："寻常案件尚且需要三审定谳，此等大案，当真这么容易了结？"

"可李斯已经招供……"

"招供又如何？嘴长在他身上，今日他可以招供，明日就可以翻供！此案关系社稷安危，必须办成铁案，让逆贼永远翻不了供！"

赵高哪能这么轻易放过李斯，阴谋诡计才刚刚开始。

没过多久，刚刚喘口气的李斯又被拉出来受审，主审官是一位新面孔，自称"御史"。

"老丞相，我是圣上派来的御史，丞相有什么话，尽可直言，我必定如实禀报圣上。"

"圣上派来的？圣上可是看了我的上书，可有谕旨示下？"

"这个……圣上口谕，老丞相一生辛劳，于国有功，如果有什么冤屈，尽管直言，不必顾忌。"

"好！好！李斯有冤，天大的冤屈啊！"

李斯以为遇到救星，大喜过望，哭诉自己遭受刑讯逼供，推翻了此前认罪的口供。

"御史"将李斯的供词一一记录在案，然后离开。一炷香的工夫，几个彪形大汉闯进来，将李斯捆在施刑的木桩上。

"你们要干什么？"虚弱的李斯已经没有力气挣扎，如砧板上的鱼，任人宰割。

"圣上有令，肆意翻供，视朝廷法度如儿戏，杖责一百！"

茫然困惑之中，李斯又遭遇一顿毒打。

原来，赵高指使府上门客，假扮成御史，前来诱导李斯翻供，让他说出实情，然后再以严刑拷打作为对他翻供的惩罚。

更绝的是，这位"御史"走后，第二天，又有一人自称是皇帝的"谒者"，来了解李斯的案情。李斯虽然心中疑惑，还是不放弃一丝希望，再次翻供，直陈冤情。结果，"谒者"走后，又是一顿板子伺候。

赵高前前后后一共派出十多位门客，假扮成"御史""谒者""侍中"，轮番审问李斯。御史负责对朝中大臣的监察，谒者和侍中都是皇帝身边的近臣，他们奉秦二世之命前来了解案情，这一点合情合理。起初，李斯当然想不到，这些人竟然全是冒牌货。后来，事情越来越不对劲，只要他一翻供，马上就将遭受一顿毒打。如果他沉默不言或者干脆再次认罪，便能免于皮肉之苦。如此反复十多次，李斯以切肤之痛，清楚地发现了其中的规律。（赵高使其客十余辈诈为御史、谒者、侍中，更往覆讯

斯。斯更以其实对，辄使人复榜之。《史记·李斯列传》）

赵高这一条诡计，实在是狡诈、残忍、阴毒，像驯化一条狗一样，把李斯当成牲畜对待。将李斯口中说出的真相，变成召唤暴力的警钟，让李斯领悟到原来真相竟是如此危险。最终，驯化成功了，李斯再也不敢翻供，再有人来问，不管是谁，不管问什么，他永远只有一个答案。

赵高将李斯案的审讯报告呈报皇帝，胡亥果真派出自己的人，入狱复审，前去复核审理结果，看看李斯是不是真的认罪招供。

这回，真的御史来了："老丞相，我是陛下派来的御史，丞相有什么话，可以直言，我必定如实禀报。"

这开场白，李斯已经听过十几遍，他眼皮都不抬一下，有气无力地说："我有罪。"

李斯哪里知道，这回来的是真御史，他只知道，决不能再说实话了。

听了御史的回报，胡亥大喜过望，拍案大呼："如果没有赵君，朕几乎要被丞相给出卖了！"（后二世使人验斯，斯以为如前，终不敢更言，辞服。奏当上，二世喜曰："微赵君，几为丞相所卖。"《史记·李斯列传》）

胡亥又向赵高询问三川郡守李由的调查情况，赵高谎称，先前派出的使者已经查实，李由的确与叛军相勾结。事实上，使者报告的情况是，李由已经在平定叛乱的过程中战死，所谓通敌叛国，并没有查到什么证据。可是九泉之下的李由无法为自己辩解，只能任由赵高自说自话。

就这样，赵高将这起冤案硬生生办成"铁案"。

李斯之死，秦朝之亡

李斯被囚禁在暗无天日的牢房里，时常自言自语，仰天悲叹。

"悲哀啊！无道的昏君，何必再为他谋划考虑，为他费心竭力！

"从前，夏桀王杀掉关龙逢，商纣王戕害王子比干，吴王夫差赐死伍子胥。这三位臣子，难道不忠诚于君王吗？他们终究难逃一死。是他们错了吗？不！是他们效忠的君王错了！大错特错！

"如今，我李斯的智慧与德行，远远比不上那三位贤臣，而二世皇帝的无道昏庸，比起桀、纣、夫差，有过之而无不及。我因忠诚而死，也算死得其所。

"快瞧瞧！秦二世究竟如何治理这个国家，难道还不够混乱吗！谋害兄长扶苏，自立为皇帝，残杀忠良之臣，令赵高这样的卑贱小人尊贵，复建阿房宫，对百姓横征暴敛，种种暴行苛政，简直罄竹难书！我看在眼里，心急如焚哪！不是我不劝谏，而是小皇帝置若罔闻，根本不听我的呀！

"二世皇帝陛下，你杀害兄弟姐妹，完全不顾及有什么祸患；侵杀忠臣，丝毫不考虑可能招致灾殃；大兴土木，营造宫室，加重对百姓的劳役赋税，用之无度，毫不爱惜国家的钱财。这三条恶行实施之后，民心尽失，百姓再也不听你的了。

"如今，反叛大秦的人，已经占据天下疆土之大半。陛下那颗糊涂昏聩的心哪，还是浑浑噩噩，未能醒悟，还将赵高那样的小人留在身边，作为辅政大臣。在朝，君王昏聩，奸佞当道；在野，叛乱四起，贼盗横行。我仿佛看见，在不久的将来，叛乱的贼寇蜂拥而至，杀入咸阳城，偌大的朝廷殿堂成为麋鹿嬉戏游走的地方，大秦就这么亡了……"

李斯咒骂赵高的奸恶，为胡亥的昏庸而悲愤，为大秦未来的命运感到悲哀。

经受过暴风骤雨般的严刑摧残，他的身心遭受重创，如同一株行将枯萎的老树，正在萎靡、消亡。李斯觉得自己已经死了，哀莫大于心死。

牢房里有时候很静，静到可以听到自己的呼吸；有时候很吵，监狱中其他囚犯的鬼哭狼嚎，声声入耳，扰人心神。

牢房很小，方寸之地，他被禁锢在逼仄的空间，如笼中之雀插翅难飞。牢房其实很大，根本关不住人的思想与心灵，李斯的思绪时常穿透图圉的高墙，远飞天外，漫长的一生，一幕幕在眼前重演。

很快，李斯通敌一案三审定谳，他收到最终的判决。

"罪人李斯，通敌叛国，罪大恶极。具五刑，腰斩于咸阳市，夷三族。"

"具五刑"，是把各种最为严酷的刑罚全都用在一个人身上。先在脸上刺字（黥），然后割掉鼻子（劓），再砍掉左脚和右脚（斩趾），接着用鞭杖或竹板将犯人活活打死（笞杀），把头颅割下来悬挂在木杆上示众（枭首），在闹市大庭广众之下将尸体剁成肉酱。对于有诽谤咒骂行为的罪犯，还要先割掉舌头。（当夷三族者，皆先黥、劓，斩左右趾，笞杀之，枭其首，菹其骨肉于市。其诽谤诅詈者，又先断舌，故谓之"具五刑"。《汉书·刑法志》）

从李斯临终前还能哭泣、说话来看，这五种刑罚未必真的全都施加在他身上，如此判决只是表示他"罪大恶极"。李斯最终真正遭受的刑罚应当是"腰斩于咸阳市"——在咸阳闹市上，刽子手用铡刀将犯人拦腰砍成两截。此外还有"夷三族"的株连处罚，他的父族、母族、妻族等三族亲戚一同被处死。

秦二世二年（前208年）七月，正午时分，阳光炙热，咸阳闹市，围观的民众人头攒动，都在等待亲眼见证大人物的死亡。

李斯走入刑场，在生命的最后一刻，面对小儿子，喟然长叹："儿啊，你还记得从前在老家上蔡的日子吗？多么逍遥自在！如今，我想要和你一起，牵着咱家的黄犬，出东门，猎狡兔，再也不可能了！"

父子二人相拥而泣，声泪俱下。

李斯临终前的"黄犬之叹"，满是悔意，辛酸悲怆，令人唏嘘感慨。明代思想家李贽认为："李斯杀人众多，应受此报，自是亢龙之悔。"（《史纲评要·后秦记》）

"亢龙有悔"出自《周易》，形容一条乘云飞升的龙，升到最高的地方，再也没有可以往上的更高位置，又不甘心降下来，孤高在上，茫然四顾，堪堪生出忧郁悔闷的心情来。先贤以此告诫世人，身居高位的人，一定要戒骄戒躁、心存敬畏，否则必将因为最终的大溃败而心生"亢龙之悔"。这与荀子告诫李斯的"物禁大盛"异曲同工，都是人生至理。

李斯在生命的最后时刻，感叹平凡安稳的现世人生如此珍贵，奋斗一生得来的功名利禄转瞬之间灰飞烟灭，他终究还是失去了所有，能不悔吗？

可是人生这盘棋局，落子无悔。关键时刻的抉择，一着不慎，满盘皆输。只要有一步行差踏错，一切都无可挽回。他杀过人，焚过书，参与过阴谋，发动过政变，曾经是昏君的鹰犬、暴政的帮凶……每一个关键决策，都像射出去的箭、泼出去的水，这是他自己选择的路。

李斯在七十岁寿宴上曾说，不知道人生这辆马车最终将驶往何处。如今，他驾着马车一路向前，旅程即将结束，谜底揭晓，终点处竟是身死族灭的万丈深渊！可是，他手上已经没有勒马停骖的缰绳，无力阻止马车向深渊驶去。后世有诗叹曰：

上蔡东门狡兔肥，李斯何事忘南归？

功成不解谋身退，直待咸阳血染衣。（唐·胡曾《题李斯墓》）

"午时已至，行刑！"

断头台上，铡刀寒光凛凛，刽子手冷面伫立，监斩官准备就绪。

骂也骂了，叹也叹了，哭也哭了，李斯感到异乎寻常的平静。一切都结束了，何尝不是一种解脱。

他缓缓向行刑台走去，越往前走，脚步越轻盈，轻盈地走向死亡，走向某种自由。

脚步停下，抵达命运的终点处，带着一生的荣耀与悔恨、功勋与罪恶。

一抬腿，站上行刑台，背对着围观的民众，留个世界一个瘦削的背影，背向他充满争议的一生，背向他与大秦帝国这一段荣辱与共、辉煌又嗜血的历史。

一片乌云遮住正午的太阳，背影渐渐模糊，消融在遮天蔽日的黑暗里……

李斯一死，秦王朝离灭亡也不远了。

李斯的命运与秦王朝紧紧捆绑在一起，对于这个岌岌可危的脆弱帝国，他是勉力支撑帝国大厦的最后一根栋梁。李斯一死，最后一根柱子被拦腰斩断，大厦轰然倒塌，摧枯拉朽地滑向灭亡的命运。

面对危局，秦二世胡亥却当起"睁眼瞎"。不断有使者从东方归来，如实汇报起义军攻城略地的情况。胡亥大发雷霆，斥责使者胡说八道，将使者打入大牢。

再有使者前来禀报，一听说前任的遭遇，都学聪明了，只说："作乱的只是些小蟊贼而已，各地郡守、郡尉将他们一一抓捕，贼人尽数落网，圣上不必担忧。"

胡亥似乎还不能安心，召集来三十多位博士、儒生，问他们："朕听说，在楚地，一些戍卒（指陈胜、吴广等人）聚众滋事。诸位博学多闻、见多识广，这件事究竟是什么性质？严不严重？"

"这是造反谋逆啊！危险至极，陛下应当迅速兴兵镇压，勿令叛军声势壮大。"

博士、儒生的意见一致，言辞恳切。但这并不是胡亥想要的答案，他撇撇嘴，快快不乐，眼看怒气又要发作。

"诸生所言，大错特错！"

一位叫作叔孙通的儒生说："如今，天下合为一家，始皇帝曾经搜罗天下兵器尽数销毁，这是在告诉世人：这些兵器再也用不上了，四海安宁，天下从此再无刀兵。而且，诸位睁开眼瞧瞧，今日之大秦，在上君主贤明，在下法令完备，人人奉公职守，四方辐辏，贤才汇聚于朝堂，哪里还有什么人胆敢造反！楚地那些人，不过是一群小蟊贼，干些偷鸡摸狗的勾当而已，何足为虑！各地郡守、郡尉负责搜捕已经足够，这点儿小事哪里值得圣上烦忧！"

胡亥转怒为喜，拍手叫好。再问其他人的意见，没想到还是有不开窍的，坚持说"那是造反的叛军，极为危险"。也有人见风使舵，改口说"只是一伙盗贼罢了"。胡亥面色一沉，不再说话，朝议在尴尬的气氛中草草结束。

退朝后，几位儒生拦住叔孙通，质问他："你为何曲意逢迎，只说圣上爱听的话，这岂是忠臣所为？"

叔孙通面色凝重，说："各位难道没发现，方才刀就架在脖子上，我们险些逃不出虎口之险！"

众人不解其意，但很快就明白了。没多久，胡亥下令，将那些说是"造反"的儒生全部抓捕治罪，说是"盗贼"的也免除官职。唯独叔孙通一人，赏赐绢帛二十匹、精美服饰一套，授予博士职位。

面对这独一份的赏赐，叔孙通一点儿也高兴不起来，因为他从中看见了性命之忧。三十六计走为上策，他悄悄逃出咸阳，投入风起云涌的反秦斗争当中。几经辗转，叔孙通最终效力于刘邦，成为汉朝开国皇帝帐下的重要谋臣。

聪明如叔孙通，早就看穿胡亥的心思。胡亥拒绝相信叛军四起、天下大乱的事实，仿佛只要他不相信，叛乱的事实就不存在。皇帝以这种自欺欺人、掩耳盗铃的方式面对大秦的危局，下属只能报喜不报忧，只上报皇帝想要听到的内容。

胡亥一心只想过他的逍遥日子，将政事全部交给赵高处理。赵高除掉李斯之后，在朝中再无对手，顺利接替李斯丞相的位置。他既不是左丞相，也不是右丞相，给自己封了一个不伦不类的"中丞相"。依照惯例，在官职前加个"中"字，代表可以自由出入内宫的意思。赵高虽然权倾朝野，但他的心思同样不在挽救危局上。

有一次朝会，赵高命人将一头鹿牵上大殿，笑着说："陛下请看，臣重金购得这匹宝马良驹，敬献陛下。"

胡亥愕然："丞相说错了吧，这明明是鹿，怎会是马？"

"陛下看错了。"赵高不慌不忙，语气很是笃定，"这就是马，不信，陛下可以问问在场的大臣、侍从。"

在场的大臣、侍从七嘴八舌，有的说是鹿，有的说是马，有的人选择沉默。

赵高指鹿为马，当然不是瞎胡闹的游戏。此举第一层意思，是在向胡亥的皇权发起挑战，向文武百官展示，他赵高的权势已然凌驾于皇帝之上，可以这样无所顾忌地戏弄皇帝；第二层意思，这是一次针对百官群臣的忠诚度测试，赵高出了一道选择题，测试群臣对他的态度，究竟谁愿意屈从于他的威权，谁还不识时务不肯就范，就看答题者怎么选了。

这一招可谓高明，是敌是友，一试便知，一下子试出三类人。

第一类，说是马的人。这类人够机灵，很快领会赵高的意思，当着皇帝的面，为了顺从赵高，竟然睁眼说瞎话。这些人投靠赵高阵营的信号很清楚，于是，但凡说是马的人，后来都得到提拔重用。

第二类，沉默不语的人。这类人审慎地观察局势，谨小慎微，不敢轻易表态。他们是官场上最常见的一群人，是左右摇摆的中间派，也是赵高未来需要拉拢的对象。

第三类，坚持说是鹿的人。这类人摆明不把赵高放在眼里，不惧怕与赵高为敌，他们揭穿指鹿为马的谎言，坚守良知，也为此付出生命的代价。后来，所有坚持说是鹿的人，全都被赵高以各种罪名处死。从此，群臣畏惧，没有人再敢说一句真话。

胡亥沉迷于享乐，赵高沉迷于弄权，另一边，全国各地的起义一浪高过一浪，形势急转直下，对大秦越来越不利。

起义军涌现出两大领袖：项羽和刘邦。项羽率军在巨鹿破釜沉舟，取得一场辉煌的胜利，歼灭秦军主力二十万。另一支起义军由刘邦带领，于秦二世二年（前208年）八月攻破武关，直逼咸阳而来。

赵高为求自保，派人前去与刘邦密谈。精明的赵高想要和刘邦做一笔交易，请刘邦支持他当关中王，作为交换，他充当内应，帮助刘邦灭秦。赵高甚至说，只要刘邦一句话，他可以拿秦二世的人头来献。

赵高精明狡黠，刘邦也不傻，明确拒绝赵高的提议。一来，刘邦声势正盛，以他自己的力量完全可以灭秦，何必依靠赵高；二来，"关中王"正是刘邦垂涎已久的位置。在此之前，刘邦、项羽等各路起义军首领之间有一个约定，叫作"先入关中者为王"，眼看刘邦就要成为第一个入关灭秦的人，关中王之位唾手可得，怎么可能拱手让人。

赵高与刘邦密谋不成，预感到危机不远，开始称病不上朝。各地军报如纸片般飞来，形势越发危急，胡亥派出使者，严厉斥责赵高。

"陛下口谕：赵君身为丞相，剿匪平乱不力，盗贼不止，危及关中，丞相失责渎职，难辞其咎。陛下勒令丞相，速速归朝，拟定平乱禁盗之策，将功补过。"

这样严厉的口吻，从来不曾有过，危局之中，两人的关系越发紧张。赵高明白先下手为强的道理，对胡亥起了杀心。

胡亥做过一个怪梦。梦中，他乘车出行，遭遇一头白虎拦路。那猛虎通体雪白，宛如神兽。白虎朝胡亥猛然扑来，攻击车驾最左边的那匹马，一口咬住马脖子，将马生生咬死。

醒来后，胡亥心有余悸，闷闷不乐，找来精通占梦的博士解梦。博士说："这是泾水之神在作祟。"

胡亥于是离开咸阳城，移驾泾水之畔的望夷宫，往泾水里沉入四匹白马，作为祭品，祈求泾水之神不要作怪，保佑他平安。

泾水之神当然保佑不了他的平安。趁胡亥不在皇宫，赵高决定对胡亥下手，他找来女婿咸阳令阎乐、弟弟郎中令赵成密谋。

"二世皇帝昏聩任性，不听劝谏，肆意妄为。如今天下形势危急，皇帝不反省、不自责，反而将东方乱局归咎于我，简直是天大的笑话，我赵高何罪之有！眼下局面，再不动手，我赵氏族人恐怕都将成为糊涂皇帝的刀下鬼。我想要废掉秦二世，另立新君，二位意下如何？"

阎乐、赵成举双手赞成。

"如今二世皇帝不在咸阳，正是大好时机。阎乐，这件大事你一定办好，不得有任何差池。你的母亲这几日正在我府上做客，事成之后，立下大功，令堂一定开心得很哪。事情要是办不好，令堂该多难过呀……"

弑君大事，不是儿戏。赵高挟持阎乐的母亲作为人质，防止阎乐中途生变。阎乐只能乖乖遵从赵高的部署，不敢擅自行动。

赵高对外谎称"有大贼"，命令阎乐、赵成出动卫队四处搜捕，真正的目标自然是胡亥所在的望夷宫。

阎乐率领数千名吏卒，进逼望夷宫。在宫殿大门外，负责看守的卫令被五花大绑，阎乐厉声质问："盗贼已经闯入望夷宫内，为何不阻止他们？"

卫令一头雾水："陛下身边守备甚谨，不敢有丝毫怠慢，周庐（皇宫周围的警卫庐舍）内皆有士卒值守，何来贼人？"

"死到临头，还敢狡辩！"阎乐斩杀卫令，率队径直闯入宫内，一边前行，一边乱箭齐发。宫内的侍卫、太监、宫女大惊，有的亡命奔逃，有的格挡反抗，凡是试图反抗的全被射杀，死者数十人。

阎乐闯入胡亥的房间，还没瞧见人，就张弓搭箭，朝帷幄床帐射去。

胡亥正在床榻之上，所幸连片帷幄替他遮挡了乱箭。他急忙高声呼唤左右侍从，树倒猢狲散，屋内只剩下一名小太监。

胡亥怒斥道："这样的大事，为什么不早早来报？延误时机，以致沦落到这步田地！"

小太监实话实说："臣正是因为不敢上报，才得以保全小命。如果臣如实禀报，早就被杀了，哪里还能活到现在。"

胡亥一时哑然，不知道该说什么好。

阎乐带兵将胡亥团团包围。胡亥说："咸阳令，你意欲何为？"

"足下骄奢淫逸，恣意妄为，杀人无数，众叛亲离，唯有一死以谢天下。请足下自己动手吧。"

胡亥尚未退位，阎乐不称"陛下"称"足下"，足见弑君者的无礼与狂妄，也可见懦弱昏君临死前被欺侮羞辱的卑下姿态。

阎乐是赵高的女婿，胡亥当然明白，谁是这一切的幕后主使。胡亥他说："丞相是朕的老师，朕与丞相相交十多年，师徒情深，可否与丞相见一面？"

"不可。"阎乐惜字如金，但斩钉截铁。

胡亥沉默片刻，叹息一声，说："事已至此，朕这个皇位是保不住了，我愿意退位，做一郡之王，可以吗？"

"不可。"

"不称王，那就当一个万户侯，总可以吧？"

"不可。"

胡亥一屁股瘫坐在地上，颓然丧气，言道："恳请咸阳令替我向丞相传话，我和妻子、儿女一起，就做个平民百姓，恳请给我宗室公子的俸禄待遇，保我一家余生无忧，这样总可以吧？"

阎乐冷笑一声："臣奉丞相之命而来，为天下人诛杀足下。足下即使讲得再多，臣不敢向丞相禀报半句。"

胡亥被逼上绝路，自刎而亡。此时，他登基才两年有余，时年二十三岁。胡亥死后被贬为庶民，按庶民之礼下葬。颇为讽刺的是，他想当个平民百姓的愿望，倒是在死后实现了。

从胡亥年少时跟随赵高学习律法的那一刻开始，他这一生的命运便与赵高紧紧捆绑在一起，是赵高将他扶上本不属于他的皇位，也是赵高终结了他年轻的生命，可谓"成也赵高，败也赵高"。

皇帝死了，赵高将胡亥随身的玉玺佩戴在自己身上。这当然是僭越之举，一向胆大妄为的赵高，一颗心也不禁扑通扑通狂跳起来。他往皇宫正殿里走，那是皇帝上朝接见百官的地方。赵高一步一步缓慢前行，脚步不自觉地微微颤抖，左右侍从、文武百官没有一个人胆敢跟随赵高往前。

赵高独自迈过大殿的门槛，进入空旷而昏暗的殿堂。他的呼吸愈发急促，仿佛要透不过气来，索性不再犹豫，径直地往龙椅方向走去。没想到，脚步沉重，脚下像注了铅一样不听使唤，举步维艰。

他忽然感到一阵晕眩，大殿似乎摇晃起来，反复剧烈震动三次，仿佛马上就要坍塌。赵高大惊：是地震了吗？其实，哪里是大殿在摇晃，是他的内心在"地震"，高度的紧张与恐慌在扰乱他的心神。龙椅御座哪里是什么人随便坐得的？赵高清醒过来，意识到上天并不同意他做皇帝，百官群臣也不会认可，只能意兴阑珊地走出大殿。（引玺而佩之，左右百官莫敢从。上殿，殿欲坏者三。高自知天弗与，群臣弗许。《史记·李斯列传》）

赵高从宗室子弟当中选择子婴作为继承人。关于子婴的身份，史书中存在互相矛盾的记载，一说他是胡亥的侄子，也有他是胡亥的叔叔、秦始皇之弟的说法。总归，子婴身上嬴姓宗室的血统如假包换。

子婴不称"皇帝"，只称"秦王"。对此，赵高向诸位大臣、公子解释说："秦，本来就是一个诸侯王之国，秦君本就称'秦王'。始皇帝君临天下，统御九州，所以才称'皇帝'。如今，六国纷纷复立，大秦所管辖的土地越来越狭小，空留'皇帝'称号，已经不合时宜。还是像过去一样，称'秦王'比较恰当。"

当时的形势，秦帝国风雨飘摇。刘邦大军屯兵关外来势汹汹，战国时期的六国纷纷复国，旧贵族们全都冒出来，自立为楚王、赵王、齐王等等，大一统的秦朝在事实上已经不复存在，天下又回到四分五裂的状态，嬴政发明的"皇帝"称号只能取消。

赵高一辈子工于心计，狡诈多谋，他怎么也想不到，由他亲手拥立的秦王子婴，竟然成为他的掘墓人。

依照礼制，赵高安排子婴即位之前斋戒五天，再到宗庙举行典礼，接受传国玉玺。斋戒期间，子婴与他的两个儿子商议："丞相赵高在望夷宫谋害二世皇帝，他担心自己被群臣诛杀，才假意拥立我为秦王。我收到密报，赵高已经和关外叛乱的楚人密谋勾结，相约铲灭我大秦宗室，然后称王于关中。赵高安排我在这里斋戒，数日后入庙受礼，是想在宗庙里动手杀我。我有一计，典礼之时，只要我称病不现身，赵高必定亲自来请，到那时，来则杀之，为国除奸！"

果然，举行大典的那一天，赵高数次派人来催子婴，子婴始终闭门不出。赵高只能亲来，一入斋宫大门，高声呼喊道："宗庙受命这般大事，大王为何迟迟不来？"

这是赵高临终最后一言，事先埋伏好的数名太监一跃而出，乱刀砍来。赵高没有防备，一命呼呜。

从沙丘政变，到诬陷李斯，再到弑杀胡亥，赵高的所作所为遭后人唾骂。他是一等一的阴谋家，长袖善舞，诡计多端。可赵高机关算尽，却轻视了子婴的胆识与谋略，他善于阴谋，最终也被阴谋所吞噬。

李斯、胡亥、赵高……大秦的重要人物一个接着一个死于非命，帝国的末日也不远了。

刘邦的军队向咸阳逼近，驻军灞上。大兵压境，秦王子婴无力回天，只能献降。子婴按照投降的仪式，身穿丧服，脖子系上白绫，坐着白马素车，拉上一副棺材，意思是"我甘愿受戮，要杀要剐任您宰割"。只当了四十六天秦王的子婴，恭恭敬敬地捧着大秦的玉玺、符节，在轵道（今西安东北）向刘邦投降。

刘邦领军进入咸阳，留下子婴的性命。一个多月之后，项羽以诸侯盟主的身份来到咸阳，他可没这么仁慈。项羽不仅杀死子婴，也将嬴姓王族宗室子弟全部杀光，还放了一把大火焚烧咸阳的宫室殿宇，据说大火烧了三个月还未熄灭。（项羽引兵西屠咸阳，杀秦降王子婴，烧秦宫室，火三月不灭。《史记·项羽本纪》）

至此，秦朝灭亡。大秦并没有如始皇帝所愿，万世万代传之无穷，只存在了短短十五年。

是圣是魔？说不尽的李斯

始皇出世，李斯相之，天崩地坼，掀翻一个世界。是圣是魔？未可轻议。（《史纲评要·后秦纪》）

这是明代思想家李贽的一段评论。嬴政与李斯，一帝一相，无疑是秦朝最为举足轻重的两大人物，所以李贽将他们作为一个整体来评说。李贽盛赞二人开天辟地的盛举、破旧立新的伟业。同时，站在道德评判的角度，李贽又审慎地说，嬴政和李斯究竟是圣人还是魔鬼，他不敢轻易盖棺论定。因为他们身上的复杂性，实在不是三言两语可以说得清楚。

千百年来，后人对李斯的评价褒贬不一，人们热烈地争论他的功过是非，剖析他的复杂性格，探究其独特的人生观与处世哲学，试图总结李斯成败得失的经验教训。以上种种，每一个维度都不是非黑即白，都不是简单的是非、善恶、曲直可以轻易论断，所以李斯这个人物才饱受争议，令人爱恨交织。

李斯的历史功过：既是创世之重臣，也是毁业之罪人。

先说"功"。李斯是中国历史上杰出的政治家、文学家、书法家，他辅佐秦始皇，消灭一个旧时代，开创一个新时代，对大秦有功，对后世有功。

西汉史学家司马迁撰写的《史记·李斯列传》，无疑是了解李斯生平最为重要的文献之一。司马迁讲述了李斯波澜壮阔的一生，高度肯定他的历史功绩。他说：李斯出身闾巷平民，游历诸侯，入关辅佐秦国，能够顺应时代潮流，抓住关键机会，辅佐秦始皇，最终完成帝王大业。李斯位列三公，成为秦朝丞相，可以说是尊贵至极。（李斯以闾阎历诸侯，入事秦，因以瑕衅，以辅始皇，卒成帝业。斯为三公，可谓尊用矣。《史记·李斯列传》）

在秦统一六国的进程中，李斯参与秦国兼并天下的战略决策，成功阻止秦王逐客，为秦国留住人才，辅佐嬴政实现"六王毕，四海一"的宏伟理想。秦朝建立后，李斯协助秦始皇建立一系列政治、经济、文化制度，车同轨、书同文、行同伦，统一文字、货币与度量衡，力主废分封、行郡县，建立了中国历史上第一个封建主义的中央集权制国家。对于秦朝的制度建设，李斯功不可没。

李斯作为政治家的雄才大略毋庸置疑，他的功绩还体现在对后世、对历史发展的深远影响上。近代学者梁启超评论道："他的学问很好，曾经做过战国时候第一流学者荀卿的学生；他的功业很大，创定秦代的开国规模，间接又是后代的矩范。……汉之制度，十之八九从秦代学来。后代制度，又大部分是从汉代学来。所以李斯是一个大学者，又是统一时代的宰相，凭他的学问和事功，都算得历史上的伟大人物，很值得表彰一下。"（梁启超《中国历史研究法补编》）

秦朝虽然国祚短暂，但嬴政和李斯创建的政治制度，展现出强大的生命力。皇帝制度、官僚制度、郡县制等，为历代统治者所继承。所谓"汉承秦制""百代犹行秦政法"，秦朝为此后的封建王朝提供了政治制度的基本框架，惠泽后人，影响深远。

再说"过"。较有代表性的观点认为，大秦虽然不是直接亡在李斯手上，但他对秦王朝的覆亡，负有不可推卸的责任。

秦始皇时期，李斯是嬴政诸多暴政的执行者，倡导焚书，摧毁文化典籍，造成极坏的影响。嬴政死后，他与赵高同流合污，发动沙丘政变，矫诏诈立胡亥，逼死扶苏与蒙恬。秦二世时期，他没能阻止胡亥的种种昏聩暴行，阿顺苟合，助纣为虐，加速了秦王朝的短命夭折。

李斯的复杂人格："圣"与"魔"兼而有之。

性格决定命运，李斯的功过是非，与他的复杂人格密切相关。李斯的性格具有两面性，善与恶、圣与魔、光明与黑暗共存在一个人身上。

李斯经由个人奋斗，从郎官、长史、客卿，一直到廷尉、丞相，由布衣平民跻身最高统治阶层，靠的是拼搏进取的精神。他胸怀远大抱负，野心勃勃，积极入世，有雄心、有冲劲、有坚忍的意志，这是一切成就伟业者所共同具有的品质。再则，与野心相匹配的是他的卓越才能。李斯聪明敏锐，悟性极佳，善于审时度势，顺应时代潮流，有魄力、有手腕，具有超越同时代人的格局与视野。

毋庸讳言，李斯的形象并不是毫无瑕疵，他的性格也有饱受非议的一面。他这一生汲汲营营，追求功名利禄，为了获得荣华富贵不择手段，可以诬陷杀人，可以矫诏篡权，可以为虎作伥，人们看到了一个贪利、自私、狠毒的李斯。面对皇权，他谨小慎微，唯唯诺诺，曲意逢迎，是一个驯服顺从的臣子，显露出性格中怯弱的一面。他甚少对秦始皇的政策提出异议，面对秦始皇的一系列暴政，不仅没有加以阻止，甚至积极参与其中。面对秦二世的倒行逆施，他为求自保献上"督责"之术，遗臭万年。中国传统士大夫讲究的操守、气节、德行，在李斯这里难以得见，后世一些史家、文人对李斯评价不高，原因或许在此。

司马迁执笔写作《李斯列传》，流露出复杂的态度。一方面充分肯定李斯的历史功绩；另一方面，以"见鼠惊悟"作为传记开篇，暗含批评之意。世人眼中，老鼠肮脏、丑陋、猥琐、贪婪，作为文化符号，老鼠要么用来比喻贪官污吏，如"仓鼠""硕鼠"；要么用来比喻卑劣怯懦的小人，如"胆小如鼠""宵小鼠辈"。将李斯与老鼠这一形象紧紧捆绑在一起，隐含着太史公对李斯的价值评判。

李斯究竟是圣是魔？其实，他既不是圣人，也不是魔鬼，只是个真实鲜活的凡人，有凡人的欲望和悲欢，凡人的软弱与卑怯，善与恶在李斯身上交织，呈现出丰富复杂的人性。

李斯的人生观与处世哲学：卑贱穷困是人生最大的耻辱与悲哀，利益永远是第一位的。

对于人生，李斯有他独特的看法，辞别荀子时他曾说："人生在世，最大的耻辱莫过于卑贱，最深的悲哀莫过于穷困。"（诟莫大于卑贱，而

悲莫甚于穷困。《史记·李斯列传》）

这样的观念与他的底层出身有直接关系，李斯的人生追求，就是要改变卑贱穷困的处境。他考虑一切问题、做出任何决策，都紧紧围绕这个核心。在这样的人生观指导下，李斯一方面努力拼搏，对于人生有着积极主动的自觉性。另一方面，"老鼠哲学"也有极端个人主义与功利主义的那一面，一切以利益优先，甚至有评价称，李斯简直是"古今第一热衷富贵之人"。

这随之引出人们对于李斯人生成败得失的反思：以鼠为志，终为鼠误。极端地利己终会带来灾殃。

李斯究竟是一个成功者，还是失败者？他曾经位极人臣、风光无限，最终身陷囹圄，受诬陷而冤死。他的人生，既有熠熠生辉的高光时刻，也有阴谋与杀戮的至暗时刻。李斯的故事是一出草根逆袭、逆转命运的励志剧，最终却落得身败名裂、满门抄斩的大结局。李斯这一生，是非成败，兴亡得失，发人深省，引人深思。

司马迁认为，李斯通晓儒家六经的要旨，有经世之才，可是他并不致力于使政治清明，不去弥补秦始皇、秦二世的种种过失，而是只看重个人的高官厚禄，一味地阿谀奉承，趋炎附势，苟合于大秦暴政。李斯推行严刑峻法，听信赵高的邪说，废除长子扶苏，册立庶子胡亥。等到诸侯反叛、义军四起，天下大乱，才幡然醒悟，勉力劝谏秦二世，试图逆转局面，为时已晚！（斯知《六艺》之归，不务明政以补主上之缺，持爵禄之重，阿顺苟合，严威酷刑，听高邪说，废嫡立庶。诸侯已畔，斯乃欲劝谏争，不亦末乎！《史记·李斯列传》）

法家思想认为，人生来"好利"，趋利避害是人的本性。儒家思想则指出，人除了趋利避害的本性，还有舍生取义的高贵灵魂。逐利无可厚非，问题的关键在于"义"与"利"产生矛盾时，如何取舍，如何选择。孔子给出了他的答案："君子喻于义，小人喻于利"，"不义而富且贵，于我如浮云"。

当利益与道德发生冲突，李斯选择利益优先，他一生受利益的羁绊，因利而兴、因利而衰、因利而亡，一辈子毁在一个"利"字上。

在生命历程中的关键时刻，李斯有过几次叹息，或许可以从中一窥他的精神世界。

上蔡"仓鼠厕鼠"之叹："人之贤与不肖，譬如鼠矣，在所自处耳！"

这是对人生命运的惊奇。借仓鼠与厕鼠之别，感叹人与人之间境遇之悬殊。这一叹，多少不甘、野心和欲望在其间，为李斯追名逐利的一生定下基调。

宴会"物禁大盛"之叹："物极则衰，吾未知所税驾也！"

热闹的宴会上有此一叹，这是巅峰之上的茫然与慌张。功成名就之后，感叹功名之虚无，繁华落尽之处无尽荒凉；感叹命运之无常，今日之荣景，明日便化为焦土，功名权势转瞬即逝；感叹终局之迷惘，不知道人生这辆马车将驶向何方，不知道归宿何在，心灵依然无处安顿。

沙丘"独遭乱世"之叹："嗟乎！独遭乱世，既以不能死，安托命哉！"

这是作恶之后良知未泯的嗟叹。李斯决定与赵高同流合污的那一刻，高呼身不由己，怪罪这乱世。他的内心在挣扎，良知与利益在撕扯，只能这么自我说服，为不义之举寻找理由和借口，将作恶的责任全部推脱给无处寄托的命运。

刑场"不得复牵黄犬"之叹："吾欲与若复牵黄犬，俱出上蔡东门、逐狡兔，岂可得乎！"

这是生命尽头的悲怆与惘然。当死亡近在咫尺时，蓦然发现，最怀念的还是平凡的日子、简单的快乐。然而，平凡生活已不可得，人生的结局竟然是最残忍的身死族灭，李斯除了与儿子抱头痛哭，流下悔恨的眼泪，又能如何呢？

李斯跌宕起伏的一生，酸甜苦辣，爱恨嗔痴，百般况味全在这几番感叹里了。

世事一场大梦，人生几度秋凉。无非是一唱三叹、一枕黄粱。

大梦已醒，斯人已逝，空留几声叹息，悠悠荡荡，在辽远的历史里回响。

（全书完）

读客传记火爆畅销！

《知行合一王阳明》大全集

百万畅销书！通俗讲解王阳明
及其心学思想的经典全集！

《曹操：打不死的乐观主义者》

越是逆境，越要乐观！

《秦始皇：创造力一统天下》

领略秦始皇如何用无穷无尽的创造力一统天下！

《成吉思汗：意志征服世界》

比智慧更强大的是意志！

《李世民：从玄武门到天下长安》

层层解读玄武门风云突变的疑点细节，
条条理析李世民名垂千古的曲折历程，
领略千古一帝先发制人的决断和心怀天下的胸襟。

《深不可测：刘伯温》

乱世攻城略地，拿下元朝万里江山；
盛世安邦治国，定下大明百年基业。
翻开本书，领略刘伯温深不可测的谋略智慧！

读客传记火爆畅销！

《善败者刘备》

刘备一生吃尽败仗东躲西藏，
越败越强，最终称霸一方！

《三国不演义》全三册

刘关张从未桃园结义？
诸葛亮更没草船借箭？
还原历史上真实的三国人物！

《孔子这一生》

无论你处于人生的哪个阶段，都能从孔子十五志于学，
三十而立，四十不惑，五十而知天命，六十而耳顺，
七十而从心所欲不逾矩的一生中找到过好人生的答案。

《曹操多阳谋》

曹操的可怕，在于他
光明正大、防无可防的阳谋。

激发个人成长

　　多年以来，千千万万有经验的读者，都会定期查看熊猫君家的最新书目，挑选满足自己成长需求的新书。

　　读客图书以"激发个人成长"为使命，在以下三个方面为您精选优质图书：

1. 精神成长

熊猫君家精彩绝伦的小说文库和人文类图书，帮助你成为永远充满梦想、勇气和爱的人！

2. 知识结构成长

熊猫君家的历史类、社科类图书，帮助你了解从宇宙诞生、文明演变直至今日世界之形成的方方面面。

3. 工作技能成长

熊猫君家的经管类、家教类图书，指引你更好地工作、更有效率地生活，减少人生中的烦恼。

每一本读客图书都轻松好读，精彩绝伦，充满无穷阅读乐趣！

认准读客熊猫

读客所有图书，在书脊、腰封、封底和前后勒口都有"**读客熊猫**"标志。

两步帮你快速找到读客图书

1. 找读客熊猫

2. 找黑白格子